中公文庫

昭和の動乱（上）

重光　葵

中央公論新社

目次　上巻

緒言　9

第一編　満洲事変（若槻、犬養政党内閣）　13

天剣党　13
三月事件　22
満洲事変　その一　28
満洲事変　その二　33
満洲事変　その三　48
十月事件と血盟団　65
犬養内閣　69
上海戦争　71
老首相の暗殺　79

第二編　二・二六叛乱（斎藤、岡田海軍内閣）　83

斎藤海軍内閣　83

海軍軍縮問題の破綻　88
満洲国と関東軍　94
広田三原則　99
二・二六叛乱　106

第三編　北進か南進か（広田、林弱体内閣）　117

広田内閣　117
北進か南進か　122
北支工作　128
防共協定　その一　136
ナチ・ドイツ　140
防共協定　その二　152
国防国家　158

第四編　日支事変（近衛第一次内閣）　162

近衛公　162
蘆溝橋　165

支那革命小史　169
日支事変　188
和平工作　194
海軍の南進　201
三国同盟　その一　203
支那工作　210
張鼓峯　217

第五編　「複雑怪奇」（平沼中間内閣）　225

中間内閣　225
汪兆銘　228
三国同盟　その二　232
欧州の風雲　その一　240
欧州の風雲　その二（チェッコ問題）　245
欧州の風雲　その三（チェッコとポーランド問題）　252
欧州の風雲　その四（独ソ不可侵条約と開戦）　257
ノモンハン　263

第六編　軍部の盲進（阿部、米内軍部内閣）　268
絶好の転換期　268
米内海軍内閣　274
欧州の急変　284
史上の偉観　294
恥ずべき軽燥　300
資　料　308

昭和の動乱　上巻

緒　言

昭和年間二十余年の出来事は、日本歴史上内外にわたる大きな動乱であったと同時に、敗戦による開闢以来の革命でもあった。その革命は今日なお継続している。

この動乱は終始支那問題に関係するものが多い。記者は、満洲事変勃発当時は駐支公使として、また戦時、一時駐支大使として日本を支那で代表する地位にあった。満洲事変後、三年ほど外務次官として中央に留まり、のち昭和十一（一九三六）年から昭和十三（一九三八）年末まで世界動乱の震源地ソ連、それから昭和十六（一九四一）年六月まで、西欧の中心地英国に大使として欧州に在任し、それから日本が戦争に参加した後、戦争中二年間外務大臣の職にあったので、世界の動向に眼を注ぐ便宜があった。

敗戦の結果、記者は連合国側東京軍事裁判の俎上に上ること二年有半、その間、連日、検事側の提出する多くの材料や弁護側の反駁資料に耳を傾ける機会を得た。これらの資料によって、記者のこれまで知らなかったことや、事件の発展について理解の出来なかったことが、初めて明らかになった点がすこぶる多い。動乱全部を通じて、内外にあって多少とも責任の地位にあった記者にして既に然り、直接関係のなかった多くの人々には、この内外多年にわたる事件の発展について、合点のゆかぬことが少なくなかったに違いない。二年半にわたって繰り展げられた資料を、出来るだけ客観的に整理して置くことは、ひとり記者の興味のためのみではない、と信ずるに至った。けだし昭和動乱は、史上未曾有の出来事として、日本人として仔細に研究し、将来国家再建のための自己反省の資料とすべき多くの事柄を含む、と思われるからである。記録の材料は、記者の過去の地位上知り得たこと、及び裁判資料中その都度手記したもの、または記憶に残ったものが、主たるものであった。そのほか、四年間牢獄生活を共にした他の、過去において、日本の指導に直接関係した人々について聴取し得た貴重な資料をも含むものである。

昭和の動乱について、責任を正当に批判することは容易のことではない。達識ある歴史家でも将来多くの時間を必要とすることと思われる。記者は、もとより、歴史上の審判を試みんとするものではない。単に局に当ったものの義務として、自分の正確であると信じたことを、若干の観察をも加えて、歴史の資料の一つとして提供せんとするに過ぎない。

東京軍事裁判は、もとより、戦勝者の戦敗者に対する一方的且つ敵味方の関係においてする軍事的の裁判であって、日本の侵した国際的犯罪の存在を前提として行われたものであった。多数判事の判定はこれを確認したものであったが、少数判事の判定は、比島判事の判定を除き、これと全く趣きを異にしたものであった。特に印度判事パール氏の判定は、全面的に、多数判定とは反対に、日本の行動を是認したものであった。東京裁判そのものについては、すでに大体世界の定評の存するところである。歴史研究家は多数判定のみならず、少数判定をも見遁すことなく、また裁判資料については、検事側及び弁護側提出の総ての材料について、裁判所において受理されたものまた受理されなかったものも共に、慎重に検討することが必要と思われる。

昭和動乱の由って来たるところ、及びその経過の日本将来に及ぼす影響について、科学的研究が進めば進むほど日本民族の将来に有益であると思われる。

昭和二十五（一九五〇）年三月一日

於巣鴨獄中記

第一編　満洲事変（若槻、犬養政党内閣）

天剣党

軍備縮小の風潮

第一次世界戦争（一九一四―一九一八年）が終って、ヴェルサイユ条約によって国際連盟が出来た（一九二〇年）。第一次世界戦争は、戦争を根絶するための戦争であって、国際連盟は、之によってもたらされた世界平和を永久に確保せんとする国際機構であった。そこで、国際連盟は戦争の具に供せられる各国の軍備を縮小して、戦争の種を絶滅せんと試みた。これが戦後、国際連盟によって取り上げられた最も大きな軍備縮小の問題であった。旧敵国であったドイツは、武備を殆んど禁じられているのであるから、戦勝国も平和維持のためには衡平に軍備の縮小を実現せねばならぬ、という議論が、大勢を制した。

東亜及び太平洋問題を処理せんとして開かれた華府《ワシントン》会議においても、この見地から審議が進められて、米、英、日の三大海軍国の主力艦の比率が五・五・三に定められ、西太平洋方面の防備制限規定を含む海軍条約が成立した（一九二二年）。当時は空軍の意義は顕著でなく、唯一の海軍攻撃力は主力艦であって、主力艦の制限は即ち海軍力の制限であった。この武力的背景を以て政治問題が決定せられて、その結果、太平洋四国条約や、支那に関する九国条約及び決議が成立し、日英同盟は廃止せられ、支那の要望は好意を以て迎えられた。

戦争を根絶したいというので、戦争を政策実現の具に供することを禁止する条約がパリで出来た（一九二八年八月）。ケロッグ・ブリアン＝パクト又は不戦条約と称せられるものがこれである。何れも皆、既存条約尊重の観念の上に、国際関係の現状を維持せんとする企てであった。華府会議に次いで、国際連盟は愈々陸軍をも含む軍備縮小を実現するために活動を始めた。戦後、欧州国際問題の中枢を為していたのも亦、軍縮問題であって、新興ドイツを恐れるフランスは、これがために苦しい立場に立ち、第二次世界戦争において恢復すべからざる打撃を蒙ったのである。一国が、自衛のために必要なる国防力を有することは、国内的に見ても又国際的に見ても必要なことであるが、過ぎたる軍備の縮小を企図することは当然の政策である。当時の軍備縮小の風潮は、不幸にして行き過ぎた世界の平和運動に煽られた点もないではなかった。当時は、戦後、西も東も、平和と安逸の空気が漂った時代であった。

軍備縮小の観念は、もとより是認さるべきものであって、必要以上の軍備を擁することほど、政策として愚にして且つ危険なものはない。日本では、海軍軍縮に対して、陸軍でも田中大将を継いだ山梨陸相及び宇垣陸相の下に、政党内閣の要望によって、相次いで陸軍軍備の縮小を行った。軍備縮小の空気が直ちに一般的に軍人軽視の風潮となったのは、浮薄の俗論に負うところが多い。軍備縮小の反動として、これを好まぬ一般軍人のこれら先輩に対する感情は激変し、その結果政党に対する悪感も甚だしくなった。

金権の跋扈

日本は第一次世界戦争では、日英同盟の誼によって参戦し、日本軍はドイツの租借地たる支那山東省における膠州湾を攻略し、欧州に対しては有力な駆逐艦隊を地中海に送り、印度洋の輸送路を防護したほか、その生産力を挙げて、連合国に対して経済的援助を行った。然し、この経済的援助は、同時に日本商権の海外拡張であり、日本貿易の膨脹を意味した。自由貿易あるを知って未だ統制経済の意義を知らなかった日本は、その漸く発達したる軽工業が、世界の市場を荒すのをそのままに放任して、戦後到るところにおいて日本品排斥の種を蒔いたのであるが、とにかく戦争中の繁栄によって富をなしたのは、明治以来の政商として大をなした三井、三菱、住友等の財閥のみでなくして、東京・大阪・名古屋を中心とする大小商人が急に莫大の富を蓄積することが出来た。これがために、戦後においても日本には成金の氾濫時代が現出した。戦時獲得した利得の一半は、その後の世界的経済激変と、京浜地方の震災とによって失われたが、多くの新旧大小財閥は、残存し且つ繁栄することを得て、新興資本家の傍若無人な横暴振りを発揮した。かかる成金風潮が、穿きちがえた自由主義思想に便乗した結果、社会に与えた悪影響は、名状し難きものとなった。国民的道徳は低下し、風俗は紊れ、自己主義は極端に流れ物質主義は横行した。金権が直ちに政治を左右するようになるのは当然である。

派閥政治

明治藩閥政治が、ようやくデモクラシーによる大正以後の政党政治に進化して、自由主義思想が顕著となっても、日本の社会機構は多く旧套を脱することが出来なかった。明治維新はあっても、封建制度は貴族の特権制度に温存せられて、政治生活においても日常生活においても、主張に依らず合理的に動かず、むしろ派閥的にまたは感情的に動くという風習は抜けなかった。第一次世界戦争は、デモクラシーの勝利に帰したために、世界は挙げてデモクラシーを謳歌し、日本においてはむしろデモクラシーの弊害のみが輸入せられ、時を得た政党政治は、時流を競う社会生活とともに無自覚無責任の方向に走った。国民の代表たるべき政党は、党利を計るに汲々として、国家の休戚を第二次的に見ることが屢々であった。また進んでその政治資金を新旧財閥の門に仰いだのみならず、これをもって政治家の個人的勢力培養に利用した。経済界の繁栄も、順調な資本主義の発達によったものではなく、時の政権と結んだ閥族的成長によったものであった。国家国民の協力によって大をなした大小財閥は、政党と結託し、これを操縦して金権と化し、莫大なる富は、一般公共のために使用せらるること少なく、多くはこれを私生活に濫費し、または政治的社会的野望の実現若しくは勢力の伸長のために使用された。国を挙げての拝金風潮は、遂に政治社会の隅々にまで波及し、貧富の差による思想問題は悪化し、農村は極度に疲弊し、富の濫用による弊害は、急テンポをもって簇出《そうしゅつ》するに至った。日本の二大政党と称せられた政友、民政両党は、デモクラシー政治の指導的責任を果し得なかったのみならず、これら政党と金権との関係が、遂に政治頽廃の主たる原因と看做《みな》さるるに至った。

日本人の慢心

第一次世界大戦によって、日本はアジアを代表して急に世界の五大国または三大国の一つに列することになり、西太平洋において厳然たる指導的地位につくこととなった。日本の世界平和に対する地位は大であり、人類文化に対する責任は極めて重かった。日本国家の将来の発展も、日本人自身の進歩も、明治以来の粒々辛苦の努力を忘れることなく、ただこの重大なる地位及び責任を充分に自覚し、常に自己反省を怠ることなく、努力を続けることによってのみ、なし遂げ得べきものであったのである。然るに、日本は国家も国民も成金風の吹くに委せて、気位のみ高くなって、内容実力はこれに伴わなかった。日本の地位は躍進したが、日本は、個人も国家も、謙譲なる態度と努力とによってのみ大成するものである、という極めて見易き道理を忘却してしまった。これは、余りにも、日本的でないのであるが、物質文明の滔々たる濁流に流されて、実際寸前の利益感情に捉われ、個人及び国家の永遠の安寧や理想を顧みる良識を欠くに至っていた。これは昭和の動乱の原因でもあり、また動乱を通して見得る不幸なる現象であった。

軍人に対する軽侮

藩閥勢力の延長である軍閥は、日本においては伝統的に政治上社会上の一大勢力になっていた。自由民主の気風が旺んとなるにつれ、政党は軍閥を打倒せんとし、軍部はその勢力の衰頽を防止せんとして抗争した。戦後軍人軽視の風潮は、たちまち軍部以外の分子を結合せしめ、多年軍部の横暴に悩まされた政党は、国民の負担の大部分を占めた軍事費をこの機会に削減して、軍部の勢力を覆えさんとし、政党首領は公然議会において軍部を非議した。一般国民は、これまで敢えてなし得なかった軍人の特権を剝奪し、これを蔑視することそれ自身が、自由濶達の空気を呼吸することである、と早合点するに至った。多年にわたる閥族軍人の横暴に対する狭い復讐心も作用した。これは封建時代から藩閥を経て資本民主の時代に入ったばかりの訓練なき国民感情の発露であって、政治及び政治勢力が一般国民及び世論から遊離した現象であった。軍部は自ら特権階級と考え、藩閥的勢力を継がんと志し、政党また国民の委託を無視して、私的勢力や利益の拡張に没頭した。いずれも派閥的因習に捉われて、自ら国家国民の一部であるという共通の観念に欠け、自ら負荷し処理すべき責任感に欠けていたのである。

軍人は到るところ道行く人々の軽侮の的となり、軍服姿では電車に乗るのも肩身が狭いというような状態であった。たとえば、拍車は電車の中で何か用があるかと云うような談話が軍人の乗客に聞えよがしに行われる。長剣は一般の乗客に邪魔にされた。かような軍人軽視の風潮に対する軍部方面の反動はまた醜いものであった。軍隊には階級如何を問わず農村の子弟が多かった。農村は軍隊の背景をなしていた。その農村が、都市の繁栄と腐敗とのために疲弊枯渇して行き、軍閥の基礎を危くすることは、軍の黙視する能わざるところである、という主張が台頭した。

軍人の忿懣

軍は天皇の直属であって、一旦緩急ある場合には軍人は国家のために死すべき責務を有っている。軍人こそ国家を護り、且つ国家の発展を考えているものである。かくの如く純忠にして建国の基礎を構成している軍人を軽侮する風潮は、政党の横暴と金権の跋扈とから来たものである。彼等の主張する自由主義と資本主義は、実に社会堕落の直接の原因であって、この風潮は日本を指導する上層部の責任である。故にこの腐敗した分子を除去して国家の病を癒さねばならぬ、国賊を誅戮するに何の躊躇することがあろうか、という思想が、次第に反動的で狭量なる軍の上下に充満するようになって来た。参謀本部や、陸軍省及び地方軍隊の上級及び中堅将校にも、その思想を鼓吹するものが少なくなかった。士官学校の生徒や青年将校の血は沸いた。

むかし大化の新政は、中大兄皇子が天剣を振って、蘇我の入鹿を殿中に誅してのち実現せられた。昭和の新政を実現するために、非常手段に訴うるに何の躊躇を要しようか、これこそ忠君愛国の至誠である、身を殺して国を救うのはこの時機である、というので血気に逸る青年将校は、相率いて国賊を誅戮して国政の革新を計る目的をもって、同志を糾合すべく東京より全国の軍隊に檄を飛ばした。各師団や鎮守府の青年将校は、血書してこの盟約に参加し、一命を擲って国家の革新に挺身せんことを誓うものが、少なくなかった。この直接行動を目的とした青年将校の秘密結社を自ら名付けて天剣党と称した。

昭和時代の革新思想は、遺憾ながら未だ復古主義による千三百年前の歴史的時代を見習った暗殺を手段とするものであった。

青年将校

天剣党員たる青年将校は、いずれも、若き尉官または見習士官若しくは生徒であって、純真なる救国精神を有っているもののみであった。軍務に精励する優秀なる青年将校は悉く網羅されていた。彼等は、既に一身を捨てる覚悟をしたものである、というので、結婚して日本の伝統に従って家を為すことも肯ぜないものが多かった。日本はこの儘では行かぬ、断乎革新せねば救うことが出来ぬ、これがために、自らまず犠牲となって事を挙げるというのが、彼等の主張であり覚悟であった。

軍の首脳部は、その成り行きを憂慮したが、進んで彼等の行動を阻止するだけの、積極的措置はとらなかった。しかのみならず、かかる青年将校を中心とする軍隊内の形勢は、軍当局によって善意または悪意をもって利用せられ、ために軍部の跋扈を助長する推進力となった。

彼等青年将校の目的は、飽くまで直接行動によって国家の病源を除去する、という単純なる破壊作業であって、即ち、革新の急先鋒となって、その端緒を開くというのであり、破壊の後の建設に対する案までは持ち合せておらず、またその力もなかった。建設案は外部よりの供給に俟つ外はなかった。彼等としては、建設事業の実行は信頼し得る先輩の手に委ねる積りであった。この形勢を利用して、軍の独自の計画を立ててこれを実現したものは、事実軍の中堅将校であった。

　軍部以外の各種の職業的右翼左翼の団体や浪人が、これら青年将校を支援し操縦し更にこれを煽動したことは云うまでもない。

北一輝

天剣党の行動に、思想的背景を提供した最も有力なものは北一輝であった。彼は生れながらの革命児であって、陰惨なる計画実行家であった。彼が若い時から支那に遊び、革命運動に身を投じたことは、その著書『支那革命外史』その他によって明瞭である。

　彼が支那において最も密接なる関係を有っていたのは、国民党員中の左翼革命家宋教仁であって、宋が北京において袁世凱のために殺されるまで行動を共にしていた。従って北一輝の日本改造法案大綱なる革新計画が、如何なる根底に立っていたかは自ら明らかであって、終局の目的は不明であるが、その計画が全く左右混淆の思想に出でていたことは見易いところである。

　彼の国家改造に関する書き物が、天剣党の青年将校や軍の革新計画者の教科書であったことも否定することは出来ない。彼の客間はこれらの人々に対する革新思想の注入所であって、青年将校に対する彼の把握は、後年（一九三六年）二・二六叛乱事件の際に最も明らかとなっている。

三月事件

反動思想

第一次世界戦争後、国内の思想界は久しく極右と極左との間を激烈に動揺していた。思想が激しく動揺しながら、政治社会機構は依然たる有様であった点に大なる危険があった。日本の政治指導が、世界大戦による国際情勢の進展に伴わなかったのである。

戦後、自由民主の思想が盛んな時期に、思想自由の制度の下に、ソ連革命思想が日本に輸入せられ、マルクス主義が流行して来た。日本がソ連と国交を開く（一九二五年）前後から、特に大震災を契機として、日本においても共産党の細胞が各地に設けられて、共産勢力は益々増大した。

共産勢力に対する反動は、山本地震内閣の倒れる契機となった、かの難波大助の虎の門における元首狙撃事件頃から、ようやく激しくなり、国粋思想は、急に台頭して、左右両翼の暗闘が相当永く続いた。平沼男爵の指導する国本社が創設せられたのも、この時代であった。

この思想混乱時代に、よく世界の大勢と文明の潮流に沿って、日本の思想を善導して行く人物は、遂に出現することがなかったのみでなく、条理を尊重する合理主義すらも排斥せられ、一般は、唯々混迷のうちに、深慮も自省もなく、新奇を追って極端から極端へと走る有様であった。日本をかくの如く政治上、社会上乃至は思想上の混乱に陥れたのは、全く自由主義の弊害である、と浅墓《あさはか》にも宣伝に乗ぜられ、これに対する革新が叫ばれるようになった。左翼を攻撃する国粋派は、共産主義と自由主義の見さかいが出来なくなって来た。彼等にとっては、皇室は絶対の存在であり、天皇に対する忠誠は国家の存立上当然のことで、これを議論することすら、総て「危険思想」であり、国民の義務に背くものであった。思想の自由は既にこの点において危険である、と論ぜられ、自由主義の中道論は排斥せられ、革新は、まず自由主義の排斥から始めねばならぬ、と云われるようになった。

国家の機構を根本から破壊することによって、革命を成就せんとする共産主義運動に対して、起った盲目的反動国粋運動が、結局同様の手段によって、漸次自由主義的中道論者を圧迫して、政治的訓練なき国民を指導するに至った。

日本は封建鎖国の時代より、外界勢力の圧迫によって開国進取の時代に入ったのであり、これと共に、思想自由の制度によって、あわただしく取り入れた個人自由の主義は、充分に鍛錬せられる機会がなかった。かくて、資本主義社会の荒波に捲き込まれた日本国民が、国民各個の堅実なる判断を基礎とする強い世論の力を背景として行動すべき、「デモクラシー」的訓練を積む充分な時間を有たなかったのは是非もないことであった。世論は、ただただ、強硬論に喝采し、穏健論を排斥するようになり、自然に動乱の禍因を作って行った。

革新運動

昭和革新の風潮は、明治維新以来既に七、八十年、小一世紀を経て、第一次世界大戦後の世界的激変に遭遇した日本としては、当然避け難いところであった。大化の新政も明治維新も、実はその当時の世界の大勢に支配されたものであって、人類文化の進歩に順応することによって日本は前進し得たのであった。即ち革新というのは、久しく孤島に停滞した文化が外界の大きな世界的文化に接触し解放されて、急にその水準に追いつこうとする努力を云うのであった。日本の実情と地位とが、世界の大勢と要請に対比して余りにかけ離れて来たときに、日本に運命的な変化の起るのは、自然の勢いと云っても差支えない。

大正昭和年代においては、第一次大戦後の世界文化の大勢が、如何なる方向に向っているかを洞察することは、当時の日本人には困難であった。そのくらいに世界の形勢は複雑だったのである。ドイツ軍国主義の倒壊によって、世界の大勢は明瞭にデモクラシーの自由民主の方向に進んでいるにも拘らず、自由主義に対する不信用から、日本人は、その判断を誤り、その直面する革新運動を他の方向にもとめた。

当時世界は、デモクラシーの世界と全体的独裁の二つか、もしくは、後者を更に共産主義世界と国家社会主義世界とに区分した三つの世界を数うる有様であった。日本の革新思想は中道を強力に歩むデモクラシーの方向に導かれずして、全体主義的なドイツ風の軍国主義の色彩を帯び、旧時代に逆転するような方向を選んだ。これが昭和動乱の根底をなしているのであって、出発点において既に全く時代錯誤であった。

ナチが若しチャーチルの云うが如く、共産党の生んだ畸形児であるとするならば、昭和の革新を夢見た日本の軍部は、ナチと日本の封建的閥族との雑種である、と称しても差支えはない。

大川周明

昭和莒新の必要を感じた識者は、如何に日本を革新すべきか、について研究を進めた。宮内省方面関係者において、一時大学寮なるものを設け、民間思想家を招いて講演が行われたのも、この時代であった。儒教方面は中道主義の安岡正篤の担当であったが、一般思想方面は大川周明博士であった。国際歴史方面では満川亀太郎、軍事方面では大川博士の推薦によって西田税《みつぐ》（二・二六事件に加わり処刑）等であった。大学寮は間もなく中途にして廃せられたが、大川周明の如きは、すでに軍部と相携えて大行会を組織して、革新を実行に移さんと、志していたのであって、軍を中心とする内外に対する革新運動の原動力をなすに至った。

大川博士は、多年満鉄調査主任者として、内外各種の問題の調査に従事し、思想家として多くの著書がある。その著書に述べているところによっても、氏の出発点は左翼思想であって、遂には国粋主義に転換し、軍部による全体主義的国家の革新を決意する、に至ったようである。然し、彼の行き方は北一輝の行き方とは趣きを異にしていた。北一輝は純真なる青年将校を掌握して、直接暗殺行動によって革新の障害となるべき人物を倒し、然る後に適当と信ずる人物を擁立して、目的を達せんとしたのであるが、大川周明は軍の実権を握る中堅将校及び首脳部と連繋し、且つこれを動かして、直接軍を主体とする「クーデター」を断行し、直ちに軍政府を樹て、内外に対するナチ的革新を断行せんとするものであった。中堅将校の推進する、軍部のクーデターによる日本の内外に対する革新運動が、本書に所謂昭和動乱の主体をなす次第である。この革新運動が、天剣党と自称する青年将校の直接行動を利用したことは、前に述べた通りである。中堅将校はまた上級将校をロボットとして、その権威を無視し遺憾なく下剋上の風を作った。

「クーデター」の実体（昭和五年）――三月事件と桜会

宇垣大将を陸相に、杉山中将を次官に、小磯中将を軍務局長とする陸軍省、及び金谷大将を参謀総長とし、二宮中将を参謀次長とし、建川少将を第二部長に戴く参謀本部の中堅将校は、上級将校の黙認の下に、時局研究を名として桜会という秘密団体を作って（一九三〇年）、内外に対する諸政の一新と軍部政権の樹立を目的とする「クーデター」について謀議を凝らした。三月事件の首謀者は、小磯軍務局長及び建川第二部長、重藤課長等将佐官のほか、橋本欣五郎、長勇等の桜会の中堅将校を含むものであって、橋本中佐はトルコ駐在の武官としてケマル・パシャの革命を目撃し、これに心酔して帰朝したばかりの人であった。（橋本中佐著に『世界再建之道』及び『革新の必然性』がある。）この団体の人々は、大川周明等の革新団体と密接に協力した。

　彼等は、政党金権の害毒を一掃し、内外に対する諸政を刷新するためには、軍部によるクーデターを断行し、議会を解散し、宇垣大将を擁して軍政府を樹てるのほかはない、として、大川博士は小磯軍務局長の同意を得て、宇垣大将に対し、陣頭に立つことを口頭により、或いは文書をもって勧告するに至った。

　これが所謂三月事件（一九三一年）と称せらるるもので、その計画は「昭和六年三月労働組合法案議会上程の日に、大川周明の計画によって民間側の左翼及び右翼一万人を動員し、八方より議会に対しデモを行い、政民両党本部、首相官邸を爆破する。各隊の先頭には計画に諒解ある幹部を配して統制をとる。各隊に抜刀隊を置き必然的に予期せらるる警察隊の阻止を排除する。但し爆弾は爆発性大なるも殺傷性少なきものを使用すること」（三月事件裁判記録）になっていた。第一師団及び近衛師団を動かして議会を包囲してこれを解散し、若槻内閣を強制して辞職せしめ、宇垣大将を首班となし、一味上級の軍人をもってそれぞれ要職を占めんとした、ものである。この計画は、幸に宇垣大将の承認するところとならずして、遂に暴露し失敗するに至ったが、軍部が中堅将校の画策によって、その後屢々実現を期した軍部政権なるものの企図は、常に同工異曲のものであった。

　大川周明一派が軍部と連繫して画策したクーデターによる革新運動の対内的部面は、かくして失敗に帰したが、その対外的部面は、関東軍参謀によって満洲において実行された。これが所謂満洲事変である。

満洲事変　その一

日本の大陸発展政策

日本には明治以来、内外の政治に対して二つの潮流があった。一つは、フランスの革命思想に感化された自由民主即ちデモクラシーの一派で、後に英米派と称せられるものがこれである。その思想は多く宮廷、政党及び民間に浸潤していた。明治時代の民主思想の始祖は、福沢諭吉であったが、政治方面では当初、大隈、板垣の藩閥反対派によって代表され、後の政党の起源を作った。第二の流れは、独逸軍閥政治を見倣ったもので、軍部及び一部官僚の系統のものが、山県元帥指導の下で、政治上・思想上独立せる軍閥的一大勢力を形成するに至った。海軍が山本大将（権兵衛）によって成長し、久しく薩派の勢力であった如く、陸軍もまた永く山県元帥の系統の下に、長州の勢力であった。海軍は英国に倣ったがために、ドイツ流を習った陸軍とは異なり、英米デモクラシーを理解するものが、その中に少なくなかった。

明治の藩閥外交は、当時の風潮に沿って、所謂富国強兵主義の上に立った発展政策を採用していた。而して、日本の発展は、当時の四囲の状況に鑑み、結局隣接地域即ち事実上東亜大陸に向うのほかはなく、日清日露の両戦役の結果、日本は、ようやく朝鮮を経て、満洲に力を伸ばすことが出来た。これがまた日本の人口問題解決の一方法であった。満洲は、支那の領有に係る辺境植民地であったが、かくして、ロシアの力は北より、日本の力は南より延びた。これと同時に、通商貿易を拡張せんとする米英等の経済政策は、著しく東亜を重要視するに至った。この大勢は大正以後においても大体変りはなかった。

かくの如く、日本の大陸発展政策は、結局支那を対象とするほかなかったが、支那の排外運動は、第一次大戦中欧州に高調せられた民族主義の風潮に乗じ、ソ連革命の影響を受け、急に激しくなっていた。日本の大陸発展を、この支那の排外的民族運動と如何に調節するかの点が、日本にとっては、最も現実的重要問題であって、満洲問題は即ちその試金石となったのである。

満洲における日本の権益

満洲において有する権益を保全することは、食糧に不足し、資源に乏しく、且つ世界の情勢上人口の捌け口のない、島国日本にとっては、実に死活の問題であった、ことは云うまでもない。これを如何にして護って行くか、ということは、日露戦争以来、歴代内閣の頭を悩ました問題であった。

満洲は、人口稀薄な未開の支那の辺境であったが、日本がロシアより受けついだ権益、即ち旅大の租借地と南満鉄道との運営によって、次第に開発せられて、遂には年々百万に近い移民が支那本土から流れ込んで、その大部分は満洲に定着するようになった。支那の領土であるから、支那人の数が増加するに従ってその政治力は強くなり、遂には外国の権益を排除して、自らこれを経営せんとするに至る、ここにおいて日本と利害の衝突を見るわけである。

満洲における、日本の権益の基礎をなしている関東州の租借権は、他の支那における租借地と同様、九十九ヶ年の期限と思われていたが、日本がロシアから引きついだ公式文書には二十五ヶ年の短期となっていて、既にその期間は残り少なくなって来た。日本は何とかしてこの期限を延長したいと希望しておった。

加藤外相の抱負

第一次大戦前に成立した大隈内閣に、加藤高明が外相として入閣した。その前、桂内閣に外相として入閣するために、当時の駐英大使であった加藤高明がロンドンを引上げた際に、英国外相サー・エドワード・グレーと会見して、離任の挨拶と共に、種々東亜に関する問題を話題に上せた。

その際に、談はたまたま満洲問題に触れた。加藤大使は、旅大租借地の期限問題に言及し、満洲における日本の権益の重要性を論じ、日本はすでに同地に永久的設備をなし、山には植林をもして山肌は最早見えなくなった、と云ったのに対し、グレー外相は、日本は関東州に植林しただけではない。満洲には血を植えた。日本が満洲問題を重要視するのは当然である、と云って、関東州租借期限延長の問題に了解を与えた。加藤大使は、帰朝後、この問題を解決する機会を窺っていた。

所謂二十一ヶ条問題（大正四年）

大隈内閣が成立して間もなく、第一次大戦が欧州の一角から始まった。日本は、同盟国英国との関係において、大戦に参加することになって、遂にドイツの領有する山東省膠州湾租借地を攻略した。加藤外相は、この機会に、満洲問題を解決せんと企図して、その立案を、ロンドン以来の下僚であった政務局長小池長造に命じたのであるが、その結果、日本の進路に取り返しのつかぬ重大過失を演ずるに至った。これは大隈、加藤政党内閣の残した拭い難き汚点であって、政党内閣の信用を毀損したことは甚だしかった。

加藤外相は、小池局長が軍部や支那関係者の持ち出すあらゆる要望を編纂した要求を、北京において、我が公使をして、支那政府に提出せしめた。羅列せられた事項は、満洲に関するもの、山東に関するもの及び支那一般に関するものであって、満洲及び山東に対して特殊の権益を要求したのみでなく、支那一般に対しても、日本は一種の優越的地位を得んとしたのである。もっとも、この一般的要求は、中途より単に希望事項として取扱われ、最後には日本側の方で撤回したものである。

支那政府は、これらの要求を密かに英米の代表者のみならず、外国新聞通信員に内示して、日本の二十一ヶ条要求として世界の世論を煽り、国内の排日熱に油を注いだ。満洲における租借期限延長の問題は、間もなく交渉が纏まったが、その余の山東問題等、支那本土に関する問題、特に希望条項と称する一般問題に対する支那側の態度は強硬であって、世界の世論も挙げてこの交渉について日本を非難した。日本側は、最後通牒を発出する等、長期の高圧的交渉に拘らず、得る所は少なかった。纏まったものは、満洲に関する極めて不完全なる権益の外は、若干の山東問題で、一般問題は日本側より撤回するの止むを得ざるに至った。

この交渉によって、日本の信用は、殆んど地に墜ちて、英国外相グレーも、加藤は行き過ぎをやらぬようにと、ロンドンの井上大使に、注意したくらいであった。この交渉によって日本の得たものは、結局満洲及び山東に関する若干の権益のほかは、支那に対する野心の暴露による国際的対日不信用と、支那国民の潮の如き排日運動とであった。支那問題は、最早支那と日本との問題ではなく、世界の問題となってしまった。

米国は門戸開放の政策により、支那の領土保全と経済上の機会均等とをもって政策の骨子としており、支那の民族主義的要望には全幅の同情を表し、他国の支那に対する積極政策には、その理由の如何を問わず、常に反対の立場を取っていた。

我対支政策の錯誤

支那が民族的に覚醒しつつあった第一次大戦中に、日本は世界の大勢を洞察して、従来の近視眼的対支政策を清算し、日支の親善と協力との方向に、国策を決定すべきであった。而して、山東は日本の手より支那に返還し、これに対して、支那が満洲における日本の要望に報いるようにすべきであった。而して、かかる包括的対支政策を確立することは、当時の情勢から見て、決して困難なことではなかった。然るに二十一ヶ条交渉によって、支那に対して力をもって臨み得る限度が明らかになったにも拘らず、日本は寺内軍閥内閣の下で、引続き、支那に対して力の政策を続けた。日本の政治家は、世界大戦の意義、その後の国際的動向を洞察する明識を持ち合せなかった。

日本の指導者の多くは、世界の情勢に暗く、支那民族解放運動が如何なる意義を有するものであるか、を観取するだけの識見がなかった。ただ「支那は支那なり」として、いつまでも十八史略的支那を頭に描いて、目前の利害のみに係わっていた。長州閥であり、軍閥の本尊であった寺内大将の内閣が、大隈内閣の後に現われて、二十一ヶ条交渉に劣らざる過失を繰り返し、日本の不信を更に積み重ねた。即ち、数億の西原借款をもってする寺内内閣の援段政策がこれであった。時の権力者たる安徽派軍閥を援助して、利権を獲ようという策動であって、支那の革命勢力及び一般民衆の激烈なる反感を挑発し、排日運動はこれがために永く続くに至った。

満洲問題は、二十一ヶ条交渉によっても、また援段政策によっても、何等根本的の解決には到達せず、問題は依然として残されて行って、田中外交、幣原外交の舞台に移って行った。

満洲事変　その二

対支外交の二潮流

大正時代において、日本には国粋派と自由派との二つの流れがあったことは前に述べた。それが藩閥と政党、軍部と文官、という風に対立するようになり、遂には後に至って、外交方面において、支那問題を中心として、田中外交と幣原外交という表現で、代表せられるようになった。勿論、この二つの流れと云うも、ただその特長を捉えて表現しているのであって、その間には出入もあり、混淆もあり、不明瞭な点のあったのは、当然のことであるが、その思想に根本の差異があったのは勿論、国際情勢に関する認識の差異から来る両者の政策上の相違は、非常に大なるものがあった。幣原外交によって代表された自由主義政策は、国策の基礎として、広く世界の情勢を観察し、第一次大戦後の世界の大勢を、米英の指導する「デモクラシー」であると見、デモクラシーを代表する英米と協力して、人類の福祉に貢献せんとするもので、対外政策は直接手段によらずして外交手段によらんとするものである。従って、戦後の国際機構である国際連盟や、華府会議機構はこれを承認するのみならず、その輪郭内においてのみ、即ちこれと協力してのみ、日本の繁栄進歩を遂げ得ると信じ、またこれが国家の最善の利益に合する唯一の手段であるとするものであった。その態度は、国際的には協議と説得とにより、合意に基づいて行動するにあった。従って対支政策においては、満洲も他の支那の領域より区別して取扱わず、また居留民についても現地保護主義をとっておらなかった。

田中外交によって代表せられる積極政策は、第一次大戦の結果生れた国際機構は、有てる国の単なる現状維持の機関に過ぎぬ。国際連盟にしても、華府会議機構にしても、国際紛争の主要原因の処理には触れてなく、特に東亜の問題は、ソ連革命によって非常に重要となったにも拘らず、この点は深く考慮に入れられていなかった。日本は、国際条約を守ることは勿論であるが、支那の排日熱はソ連革命後ますます激烈となって、日本の権益は侵されるばかりであるが、これに対する国際的救済方法は到底見出されそうもない。国際連盟の国際機構は、正義及び衡平を積極的に実現することに、少しも熱心ではなく、単なる国際的資本主義の現状維持を主眼とする英仏等の機関に過ぎない。満洲問題は、日本独特の問題で、日本自ら単独にこれを処理するのほかはない、と考えて、自衛的積極政策を是認するものである。対支政策の実際においては、満洲は支那の特殊の地域であるとして、その特殊扱いを主張し、支那における日本の居留民については、現地保護主義によっている。

華府会議の意義（大正十一年）

日本が戦争中に支那に対して執った軍閥的積極政策は、華府会議（一九二二年）によって清算されてしまった。これは原政党内閣（内田外相）の時代であった。多年日英両国の東亜政策の支柱であった日英同盟は廃止せられ、日本は新たに国際連盟規約及び四国条約や九国条約による国際主義を認めたのである。海軍軍縮条約によって、英・米・日の主力艦の比率を五・五・三に定め、西太平洋における各国の防備施設を禁止するに至った。支那に対しては、民族的要望を認めて、その実現に各国は援助を与うることを取極めた。ヴェルサイユ条約によって、日本が独逸より継承した山東省膠州湾に対する権益は、これを支那に返還することとなり、支那における郵便局撤廃も決定した。然し、満洲における日本の権益だけには触れなかった。

日本は、華府会議によって、他動的ではあったが、支那に対する政策を根本的に変更し、従来の、支那を対象とする発展策から、日本の協力者とする善隣政策に進んだのである。日本が大をなすためには、支那と対立的であってはならぬ、支那と協力的でなくてはならぬ。支那とは共存共栄の善隣関係を設定すべきであって、その基盤の上においてのみ、満洲問題の解決を見出し得るのである。然らざれば真の解決は出来ぬ、という見解に出でたわけであった。

日本は、初めて東亜におけるその使命に目覚め、かくして日本は、故障なく漸進的にその勢力を延ばし、自然に東亜の安定勢力として指導的地位に進み得るようになった。

暗殺された原敬を嗣ぐ日本の指導者は、大なる政治力をもってこの正しい新政策を内外にわたって強力に推進すべきで、これがために、国際情勢に対する国民の認識を深めるため、有力なる啓発機関をも起し正しき指導に努むべきであった。

幣原外交の非難

華府会議の条約及び決議に従って、北京に関税会議及び法権委員会の国際会議が開かれた(一九二五年)。後者は支那の要望する治外法権を撤廃する目的をもって、前者は支那に海関自主権を恢復する目的をもって開催せられたのである。日本代表日置大使は、この会議において、劈頭、支那に関税自主権を承認すべきことを提議し、日本政府は、終始華府会議の精神を忠実に実行することを如実に示した。山東還付は、これよりさき、小幡大使と王正廷との交渉で既に着々実行に移されていた（一九二二年）。

山東還付交渉及び北京関税会議は、幣原外交着手の第一歩であったが、幣原外交に重要なる関係をもつ者の一人は、佐分利貞男即ち後の駐支公使であった。

北京における列国会議（一九二五年）は、馮玉祥等の赤色新軍閥を基礎としていた段祺瑞執政政府の下に、開催されたのであるが、支那における軍閥の闘争は、その間絶え間なく、また支那の革命運動は急進して、蔣介石の北伐は広東より開始せられ、段執政政府は倒れ、北京は全く無政府の状態に陥り、列国会議は、遂に龍頭蛇尾に終って、自然消滅となってしまった。

日本では、既に民政党内閣に対する軍部及び政友会の攻撃が漸次力を得て来て、幣原外交に対する反対及び非難の声が増大して来た。支那は益々混乱を続け、到底外部よりこれを救済することは困難である、幣原外交は、支那の意を迎えんとして却って反対の結果となり、支那は乱れるばかりで、日本は徒らにその権益を喪失するのみである、と非難した。

蔣介石国民軍の北伐は、到るところで成功し、また到るところで問題を起した。容共連蘇の政策の下に、ソ連顧問によって訓練された軍隊はすでに赤化しておって、外国の権益は蹂躙され、土豪劣紳は弾圧された。その結果、漢口においても南京においても大掠奪が行われ、南京においては、英米の軍艦は、暴徒化した支那軍に対して発砲した。南京の状況は惨憺たるものであった（一九二七年三月）。然し、日本領事館に対する徹底した掠奪暴行為を目前にして、日本軍艦は遂に発砲しなかった。領事館の守備に当って居った荒木海軍少尉は、後で、保護を全うし得なかったという自責のために、割腹自殺した。ここにおいて、日本の世論は激昂し、日本人の蒙る屈辱は、いずれも幣原外交の結果である、と云って、政府に対する非難は白熱するに至った。反対党は、政府の無抵抗主義的政策を排撃し、居留民は宜しくこれを現地において保護すべく、これがために必要ならば出兵を断行すべし、と主張し、危険の迫る地域より、居留民を引揚げしむるが如きは、我が威信の失墜であり、権益の喪失である、と主張するに至った。

かくして、民政党内閣は倒れ、政友会内閣が出現し、田中大将が首相として外相を兼ね、外務政務次官に森恪を任命した（一九二七年四月）。

田中上奏文

田中大将は、長閥の寵児として、早くより軍部の要職に歴任し、佐官時代から既に陸軍の主動的地位を占めて、先輩たる維新の元勲を夢見ていた。大戦末期のシベリア出兵の際（一九一八年八月）は、参謀次長の職にあって、実権をもってこれを指導した。然し、彼が表面に立って直接対支政策に当ったのは、政友会総裁として民政党内閣を継ぎ、自ら内閣を組織してからのことである。政友会多年の自由主義的対外政策は、この時より軍部的田中外交に置き換えられてしまった。

彼が外相を兼任して、その下に政務次官として任命した森恪は、当時政友会の闘士として勢力を振っていた。彼は対支政策については非常に奔放な積極意見の持主で、軍の極端分子と連繫して満洲に対する強硬論を煽動しておった。田中内閣の成立直後、大連において、満洲に関係を持つ軍及び官憲を集めて、対支積極政策を協議宣伝した東方会議の開催も、彼の企図したものであった。

東方会議の前後から、支那新聞に田中上奏文なるものが掲載され始め、これが日本の最高政策に関する機密文書田中覚書として広く世界に宣伝せられた。田中大将が、日本の対外政策に関する意見を上奏した形式のものとして流布せられたのである。その内容は、日本が満洲を占領し、北支より更に東亜全域にわたって軍事行動を起し、遂に世界を征服する計画を、具体的に順序を立てて立案記述したもので、日本文として一応体をなした文書であった。ただ数ヶ所にわたって事実を誤った所がある。

日本においては、かかる公文書の実在せぬことを疑うものはなく、単に悪意の宣伝として顧みるものはなかったが、外国においては、支那を初めとして、これが日本の真の企図を記述した文書であると信ぜられた。記者は当時外務本省にあって、この文書の出所若しくはこれに類似するものの存否について、かなり調査を進めたが、何等の手掛りになるものを見出すことは、出来なかったのみならず、かかる文書が存在せず、またその内容は田中大将自身の意見でもない、ことを確め得た。然し恐らく、日本軍部の極端論者の中には、これに類似した計画を蔵したものがあって、これら無責任なるものの意見書なるものが何人かの手に渡り、この種文書として書き変えられ、宣伝に利用せられたもの、と思われる。要するに田中覚書なるものは、左右両極端分子の合作になったものと見て差支えはない。而して、その後に発生した東亜の事態と、これに伴う日本の行動とは、恰《あたか》も田中覚書を教科書として進められたような状態となったので、この文書に対する外国の疑惑は拭い去ることが困難となった。

田中大将と満洲問題

田中大将の満洲問題に関する方針は、満洲を支那の特殊地域と見て支那本土より分離し、問題を満洲の実権者張作霖との間に解決せんとするにあった。従って、田中大将は、張作霖が中央に野心を伸して、北京にまで乗出すのは好まなかった。張作霖が日本の援助によって、東三省だけに事実上独立の形でたて籠ることを希望し、かくして張作霖が、支那中央部とは離れて、日本との間に特殊の関係を設定することによって、日本の希望するように満洲問題を解決せんとした。張作霖自身すら、既に一九二二年には東三省の独立を宣言していたのであった（五月十四日）。支那本土に関しては、田中大将は、むしろ国民党及び蔣介石を援助して、その志を遂げしめ、その代償として日本と満洲との関係を黙認せしめようとした。

これがために、田中大将は、北伐中の蔣介石とも連絡し、彼が南京占領後日本に亡命した時も、北進について了解を与えていた。而して、これと同時に、北京に進出していた張作霖の許には、特に前陸相山梨大将を派遣して、速かに北京を引揚げ、満洲の治安に専心することを勧告せしめた。当時張作霖は、既に北京において自ら大元帥に就任し（一九二七年六月十八日）、支那の元首をもって任じていた時であった。張作霖は、山梨大将の勧告に対し、

「自分は北京にまでも進出して共産勢力と闘っている。自分の戦は日本の戦である。然るにも拘らず、赤化せる蔣介石を援助して自分に満洲帰還を勧むる日本の真意如何」と開き直った。山梨大将はこれに答えることが出来ず、張作霖の傲慢なる態度に憤慨して、東京に引き上げて、これを報告した。これが軍部の張作霖に対する感情を甚だしく挑発した。

他方芳沢公使は、山梨大将の使命と同一の使命を、田中首相の訓令によって執行した。これは一九二八年五月（十八日）になされたもので、若し張作霖が田中大将の勧告を聞かずして国民軍と衝突し、敗戦の結果満洲に引揚げる場合には、日本軍はこれを山海関において阻止するかも知れぬ、という強硬なものであった。

山東出兵（昭和五年）

蔣介石の支那統一のための北進に関しては、田中大将が了解を与えていたにも拘らず、日支両軍の衝突事件が起った。

赤化していた蔣介石の北伐軍は、共産イデオロギーの下に国権恢復の意識に燃え、到るところ暴行掠奪を恣にして外国の権益を蹂躙した。済南における日本居留民は虐殺され、日本の権益は危殆に瀕したので、幣原外交時代の前内閣とは異なり現地保護政策をとっている田中内閣は、直ちに青島を経て二度目の済南出兵を行い、遂に国民軍と衝突した。その結果、日本軍は済南を占領した（一九二八年五月）。これが所謂済南事件であるが、この事件は拡大されずに済み、蔣介石軍は日本の諒解の下に迂回して北進することを得、北支における満洲軍は撤退し、張作霖は田中首相の強い勧告により奉天に引き揚げた。日本軍の済南出兵は排日気運を煽り、関税会議以来の幣原外交の日支親善に関する努力の効果を一掃せられてしまった。排日運動は忽ち支那全土を風靡し、これに対する有効なる対抗策は発見出来なかった。当時の排外運動ほど対外的に有力なる武器はなく、蔣介石は遺憾なくこれを活用した。支那の対日ボイコットは、たちまち日本の経済界を圧迫し、経済界を先頭に田中内閣の対支政策に対する非難の声が高くなり、田中首相も速かに済南事件を解決して、日支関係を常道に復帰させたいと頻りに考うるに至り、昭和三年（一九二八年）末、遂に、芳沢公使を上海に派遣して、王正廷外交部長との間に事件の解決をはからしめた。芳沢公使の尽力によって、済南事件は上海で昭和四（一九二九）年三月に解決を見た。これに引続き、南京漢口両事件も芳沢公使の手で解決を告げて、日本は、南京における蔣政権即ち国民政府を支那の正当政府として承認し、これと国交を開く段取りとなったのである。これは田中内閣の最後の幕であって、記者が北京関税会議の後、再び上海・南京において、支那問題に関係するようになったのも済南事件交渉のことからであった。

張作霖の爆殺（昭和三年）

他方、張作霖は、当時北京の中央に乗出して、その気は傲り、ソ連の東支鉄道と東三省における権益の恢復にも手を出していたくらいで、到底、日本軍部の頤使に甘んずるものでなく、却って、眼中関東軍なき有様であった。山梨大将の報告によって、日本の軍部は張作霖に対して極度の憎悪を感じた。関東軍はもはや張作霖を除かねば、満洲問題の解決は不可能であると断定するに到った。

一九二八年五月、芳沢公使を通ずる強硬な田中首相の勧告により、六月三日北京に退いて満洲に引揚げた張作霖は、その乗用列車で奉天駅に到着する直前、関東軍参謀河本大佐等の謀略によって、多数の随員と共に爆殺されてしまった（六月四日）。日本人顧問の一人町野大佐は途中天津で下車して無事であった。

張作霖を継いで満洲を統治するものは、その子の若き元帥張学良であった。張作霖の爆殺が、関東軍参謀の謀略であったことは、東京における極東国際軍事裁判所における証言で初めて公《おおやけ》になったことであるが、張学良はその当時からこれを感知し得たので、彼は、日本を不倶戴天の敵として呪うようになった。

田中内閣の対支積極政策なるものは、甚だしく天皇の好まざる所であった。天皇は、済南出兵の解決と共に、張作霖爆死事件の実相の調査を頻りに田中首相に督促された。張作霖の爆死が、関東軍の謀略によるものであることを知った天皇は、その責任を追及して厳重に処罰し、国際信義を繫ぎ留むべきことを首相に命じた。済南事件の解決は前記のように出来たが、張作霖爆死事件の責任者を厳重に処罰することは、陸軍の反対のために実現することが出来なかった。陸軍は、これを公にしては、部下の統督に悪影響を及ぼすのみならず、国際的に不利益である、という理由をもって、遂に、これを公に処罰せず、単に直接の責任者を予備役に編入するに止めて事件を糊塗した。田中大将に対する天皇の信任は地を払うに至り、以後、天皇は、首相の上奏に耳を傾けられぬようになった。田中内閣はすでに議会の信任をも喪っており、遂に総辞職を行わざるを得なかった。張作霖爆殺事件を糊塗した軍部の行動が結局是認せられたことが、昭和動乱の動機をなした点は、大いに注意せねばならぬところである。

天皇の神格化と憲法

張作霖の爆殺事件の処理については、日本の主権者たる天皇の思召は実に日月の如く明らかであった。これを直接補佐していた元老の意見も判然としていた（原田日記）。天皇は、憲法第十一条の明文によっても、陸海軍を統率するの権限を有することが明定せられている。たとえ統帥権は独立であって一般国務外であっても、天皇に属していたことは明らかである。もし天皇がこの権限を行使して、統帥部即ち軍部（この場合は陸軍）に対して張作霖爆殺の責任を明らかにすべきことを厳命すれば、問題は極めて直截に解決が出来たかも知れぬ。然し、天皇がかくの如く大権を直接行使せられることは、日本の従来の伝統に反することであった。かかる政治に関係する事件は、飽くまで内閣総理大臣を通じその輔弼《ほひつ》によって処理するという立憲君主の立場をとられた。総理大臣は、内閣において統帥部を代表する軍部大臣を通じて、主権者の意向を実現し得るわけである。況んや、当時田中大将は、軍部に対して少なからず権威を有したと認められていたのであった。

天皇即位前、唯一人の御指南役として生き残った元老は西園寺公であった。西園寺公は、仏蘭西革命の思想を多分に体得した自由主義の思想家であった。西園寺公の指南申し上げた天皇学なるものは、天皇はすべて責任の地位にあるものの意見に従って行動すべきであるということであった。一切の政務は内閣大臣の輔弼によって、また統帥事項については陸海両総長（参謀総長及び軍令部総長）の輔翼に俟って行動せらるべしと云うにあった。これは、専制君主の出現を防止せんとした憲法の趣旨に合致したものであることは勿論であって、天皇は、もっとも忠実にその通りに行動せられた。即ち親《みずか》らその意思を積極的に命令されることはなかった。これがもっとも立派な立憲君主の態度であった。然し、天皇はこれがために実際政治より全く離隔されて、その地位は神格化されてしまい、何もかも輔弼もしくは輔翼責任者の進言によって、国事が決定せられることになった。これは英国流の政治の運用であったが、不幸にして日本の政治は、英国流のデモクラシーの如くには進歩していなかった。政治は国民には直結せず、主権者と国民との中間勢力によって左右せられていた。軍部を取締るために主権者は軍部に命令せずして、軍部の進言を待って行動するという矛盾に逢着するわけで、これがために軍部の取締りは不可能となった。かくの如き憲法の死文化は、問題が問題だけに、国家の存亡に影響を及ぼすのはまた当然の帰結である。天皇の神格化は、天皇の権限を代行せんと企図するものの正に希望するところであった。

元老及びその周囲の上層部の人々は、万世一系の皇室に傷のつかぬようにと、もっとも純真な忠誠心から、天皇の地位を神格化するに至ったのである。而して、天皇に代って、責任をとることを期待せられている元老は、憲法上責任なきものである、との理由で、蔭にかくれて政治上の批評はしても、自ら国民の前に立つ巍然たる態度をもって国の大本を指導することはしなかった。憲法の明文による主権は、天皇親ら行使せずして棚上げにされ、実権は次第に他に異動して行った。この辺りの消息を明らかにするものとしては『原田日記』（西園寺公と政局）の記録に勝るものはない。日本デモクラシーの発達は遅く、政党の勢力は少なく、ここに英国流の立憲君主と国民との間に中間的勢力の割り込む余地が出来た。

この状態をもっとも歓迎したものは、政府及び議会の手の届かぬ統帥部であった。統帥部は、昭和動乱の全期間中多くの重大なる場合に、天皇即ち主権者の意思に反して自己の意見を強行し、天皇は統帥部の意見を単に事前または事後に承認するに過ぎない状態であった。（満洲事変の当初朝鮮軍の越境問題の如きその一例であった。）天皇の地位の神格化は、昔は武家政治を生み、近くは軍部政治を生むに至った。軍部はこれによって、軍部を拘束し得る最高にして最後の羈絆から解放されたのである。軍部が実権を収めるためには、統帥権の独立も国粋論も高調せられ、天皇機関説の排撃もなされ、天皇側近の迫害も行われた。クーデターも企画され、遂には暗殺も行われ、叛乱も起った。これはもとより相互に意識的に関連したものとは云えぬが、何れも軍部独裁の実現を直接間接に目的としたもので、実際これらの手段の連続によってその目的は達成せられたのである。

憲法のごとき国家の基本法が、フィクションの上に眠り、もしくは死文化された場合に国家は危くなる。如何に理想を取り入れた立派な憲法でも、その国上下の構成員即ち国民が、これを日常の生活の上に活用して、身を以てこれを護るというのでなければ、憲法はいつの間にか眠ってしまう。昭和の動乱は、憲法の死文化にその原因があることは、日本の将来に対する大なる警告である。由来、国家の意思の存在する場所が不明瞭になったり、または国家意思が分裂することは、それが余り強く一ヶ所に集中せられる場合と同様、国家にとっては頗る危険である。国運の傾くのは古来かような場合が多い。

軍部の無統制

張作霖爆殺事件の責任を明らかにして、これを厳重に処断すべしというのが天皇の意思であったにも拘らず、田中総理はこれを実行に移すの能力を欠き、軍部首脳部は、その実現を阻止したのであった。軍部の実状はすでにかかる基本的名分を正すことを許さざるまでに統制を欠き、規律はなくなっていたのである。しかも張作霖爆殺事件は、こと国際関係に悪影響を及ぼすということが、事件隠蔽の理由となったのであるから、その後においてもいやしくも国際関係に悪影響を及ぼす陰謀は、これを実行に移しても、国家はこれを黙認するものであるとの印象を軍部に与えた。国際的陰謀が、若し成功すれば、その実行者は国家の功臣となり、若し不成功に終っても、その悪影響は国家の負担するところとなり、これを実行した個人は、何等の制裁を受けぬというもっとも危険なる思想が、知らず知らずのうちに軍部の間に確立した。

武家政治から明治後の藩閥政治となり、統帥権に拠る武人の権勢は、強く自己の意見を押し通さんとする試みとなり、すでに維新直後の征韓論において表われ、参謀本部が設置された後も、児玉台湾総督の対岸に対する計画のごときものが動いた。特に第一次大戦当時の、田中参謀次長時代のシベリア出兵問題も同様であった。張作霖爆殺事件については、積極外交の本尊たる田中総理は軍部を如何ともすることが出来ず、勅旨をも実現せしむることを得なかった。軍部は自己の計画を遂行するためには、ついに天皇をも恐れざるの風を馴致した。

満洲事変　その三

幣原外交の復活と佐分利公使の死（昭和四年）

田中政友会内閣のあとに、浜口民政党内閣が出現して（一九二九年七月）、幣原外交が復活した。駐ソ大使に内定していた佐分利を、芳沢公使の後任として起用して、記者がこれを助くることとなった。

当時、幣原外相には二つの重大な任務があった。一つは支那問題で、他はロンドン海軍軍縮会議であった。ともに華府会議の延長であって、一つは、幣原外交を復活して華府九ヶ国条約や決議の趣旨によって、日支関係を常道に戻す難事業であり、他は、華府軍縮条約によって、主力艦の比率は五・五・三に決定を見たが、如何に補助艦に関する比率を定めるか、の難問題を解決せんとするものであった。海軍問題は、会議開催を前にしての緊急事項で、幣原外務大臣はこれに没頭していた。

支那においては、蔣介石の北伐がようやく奏功し（一九二八年六月）、間もなく孫文の遺骸は北京西山の碧雲寺から南京に送られて、紫金山の孫文陵に盛大なる移霊祭が行われた。各国は、これを機として、南京政府を承認し、政情は、ようやく落着きはじめていた。国交を開いたばかりの支那に赴任した佐分利公使は、当時革命の成功に酔っていた南京の国民政府要人側と意見の交換を行い、各地を視察して帰朝し、政府に対して重要なる進言を用意していたが、軍縮会議に忙殺されている外務省は、支那問題について、新公使と十分の打合せを行う余裕はなく、佐分利公使は、その間東京で時間を空費して、対支政策転換の支那側における心理的好機会を刻々逸していた。その際に、彼は、箱根において自殺を遂げてしまった。世間はその理由を解するに苦しんだが、識者は支那問題の如何に多難なるかを直感した。佐分利公使の死と共に、支那問題の重荷が留守を預かっていた記者の双肩に懸ってしまった。

全権代理公使

幣原外交復活を歓迎した支那の世論は、佐分利公使の変死によって非常に動揺した。佐分利公使が長期にわたって東京に滞在し、その後に自殺を遂げたのは、政治的理由によるものであって、その意見の行われなかった結果である、と考うるものが少なくなかった。佐分利公使の後任として、日本は小幡大使を提案した。小幡大使は、さきに山東還付交渉の任に当った人で、幣原外交には深い理解を持っていたのであったが、支那の新聞は、これをもって、幣原外交がいよいよ田中外交に逆転したものとして、反対するものが出てきた。小幡大使は、公使として、多年支那に駐在したことがあったが、参事官時代に日置公使のもとで、大隈内閣当時の所謂二十一ヶ条問題の交渉に当って、強硬な態度を取った、ということを持出して反対するのであった。支那政府は、ついに小幡公使のアグレマンを拒否した。左傾せる国民政府は、当時革命外交を旗幟として、その態度は強硬であった。日本に対する世論は悪化するばかりで、排日気風は急に高まって来た。

日本は、正式の公使を任命することが出来ぬ羽目となって、幣原外相は、この難局を打開すべく、記者に代理公使として全権を賦与し、一切の交渉に当らしむることとした。この種の任命は、当分本任公使の任命が予定せられぬものであって、日支国交を建て直すべく、数年にわたる、記者の上海南京間における波瀾に富む外交生活が、これより始まるわけである。その間に南京政府との関係は改善されて、記者は引続き本任の公使として留任することとなった。記者の仕事は、勿論田中外交時代の混乱を一掃して、北京関税会議以来の幣原外交を継続し、且つこれを結実せしむることであった。

幣原外交の全盛

支那に対しては、従来列国は阿片戦争における英支南京条約（一八四二年）以来、支那と各国との間の不平等条約による治外法権や、関税据置きや居留地（租界）の特権を有し、その特権は最恵国待遇約款によって各国いずれも均霑していた。この列国の特権は、海関の管理や団匪議定書による軍隊の駐屯や列国の租借地設定によって、ますます積み重なって来て、支那はほとんど身動きもならぬ半植民地の状態になってしまった。北京における英国公使の指導下にある列国公使団会議は、事実支那の管理機関のような権威を持っていた。支那の民族的国民運動は、この列国の特権から支那を解放せんとする運動であって、これが時として強烈なる排外運動の色彩を示し、特にソ連革命後、共産党の挑発によって非常に革命的なものとなったのである。

記者は日本の代表者として、北京の外交団に参加することなく、南京上海の間に留まり、国民政府との間に国交の改善を計るために、両国間に山積せる懸案を具体的に解決することから手を附けた。支那側では、記者が今日まで如何なる態度をもって支那問題を処理したかを熟知していたので、記者の任命を歓迎し、全幅の信頼を記者に寄せた。記者もまた、日支の利害を調節し、両国の関係の打開改善に心魂を傾けた。大きな問題としてはまず関税問題を解決し、西原借款等の債務整理の問題（この問題については記者の前任者矢田総領事の尽力によるものが多かった）に目鼻をつけ、不平等条約の中心たる法権問題にも及ばんとした。日支の関係は急速に改善され、蔣介石はその軍隊を建て直すためにドイツの顧問を排して日本の顧問に代え、多数の訓練員を日本より招聘した。国民軍は支那南北を統一し、日本は、政府も軍部もともに国民政府と良好なる関係を樹立して、日支の関係が初めて軌道に乗って来たと内外に感ぜしめた。列国も漸次日本の例に倣うものが多くなった。幣原外交の全盛期が暫く実現した。しかしこれは長く続かなかった。

英国の対支新政策

英国は最も保守的であって、最も進歩的である。英国は支那において多くの権益を有っていて、最も勢力ある国であり、英国公使は北京外交団に事実上永らく君臨していた。しかし、支那において国民革命がついに成功して、国民政府が南京に成立し、日本公使が中支において活動を開始して、支那解放運動が緒について以来、中支に公使館を持つ国が増加し、北京公使団は全然相手なき外交機関となった。列国はこの新形勢に対して深く考慮しなければならなくなった。

英国は、支那の新事態に適した態勢を樹立するために新政策を決定した。これは支那専門家プラット氏の起案を採用したもので、保守党内閣オースチン・チェムバレン外相の一九二九年クリスマス覚書と称せられるものによって決定されたものであった。英国はこの新政策によって、従来の保守政策を変じて国民政府を承認し、その要望を容れて、不平等条約の改訂を行い、租界その他の利権を支那に返還することを具体的に商議すると云うのであって、支那の民族運動を洞察した、画期的政策であった。当時の駐支英国公使はサー・マイルス・ラムプソンであった。英国の新政策の内容は、日本が行いつつある対支政策と全く軌を一にするものであった。米国も、またその他の欧州諸国も、英国と同調した。英国は対支政策においては、常に指導的地位を執ることを固執するものである。

英国の如き国が、一旦政策を樹立する場合には、その方針が文字通りに実行に移されるに至ることは、彼等の政治行政機構の優秀性を示すものであって羨望に堪えぬところである。

日本は、折角立派な方針を立てながら、政府機関に統一がなく、軍部は干渉を恣にし、政党には外交の理解がなく、世論に健全な支持がないため、幣原外交はある限度より以上に少しも前進しない。民政党内閣は、すでに反対党や軍部の圧迫のためにますます政治力を喪い、幣原外交は日本内部に台頭した国粋論のために牽制せられて、甚だしく徹底を欠くようになっていた。その間、英米と支那側との交渉は急速に進捗し、不平等条約改訂にも目鼻がついて来た。こうなれば支那が「夷を以て夷を制する」ことは容易である。

支那は日本との交渉を、英米との交渉促進に利用したが、英米との交渉がここまで来て成立の域に達すれば、大勢はすでに支那の制するところで、躊躇する日本との交渉はもはや支那側において重要視する必要はなくなった。

支那の革命外交

日本は従来しばしば支那側と折衝し、困難なる満洲関係の問題はあと廻しとし、満洲関係の問題には触れることなく、支那本土についてまず不平等条約の改訂を進め、これを機として日支関係の全般的改善を計り、その結果改善された空気の下に、困難なる満洲問題を解決しようという順序で談を進めて来た。

北京関税会議が自然消滅となったのちも、支那における民族運動は盛んであって、支那政府は改訂期限の来た条約はすべて無効であると云う革命外交の論法をかざし、その期限の来たベルギイとの条約をまず廃棄した。日本は、改訂期限の遠くない日支通商条約の改訂交渉に入ることには少しも異存はなく、現に条約改正の予備交渉は、すでに北京において、芳沢公使と顧維鈞外交部長との間に開始せられていたのである。そこで記者も国民政府との間にその交渉を取り上げようとした。日本側は条約改正によって、先ず公正なる態度を支那側に表示することをもって、満洲問題解決の前提条件としたのであった。

この順序は、支那側も十分諒解していたにもかかわらず、英米側との交渉が順調に進捗してから、国権恢復政策遂行の速度を非常に早めてきた。

左傾軍閥馮玉祥側の人として、蔣介石には外様格であった敏腕家王正廷外交部長は、すでに大勢は支那に有利であると観てか、支那の革命外交に関する彼自身の腹案を公表した。これによると、関税自主権及び海関の回収が第一期で、法権の回収が第二期で、租界や租借地の回収を第三期とし、内河及び沿岸航行権の回収、鉄道及びその他の利権の回収を第四期及び第五期としたものである。このいわゆる革命外交のプログラムなるものは、極めて短期に不平等条約を廃棄して、一切の利権回収を実現せんとするもので、列国との交渉が予定期間内に片がつかぬときは、支那は一方的に条約を廃棄して、これら利権の回収を断行するという趣旨であった。王外交部長の革命外交の全貌は、詳細に新聞紙上に発表せられてしまった。以上の形勢に鑑み記者は、満洲問題を中心とした日支の関係の危険なることを政府に警告するとともに、自ら帰朝して幣原外相に意見を進言することを決意し、先ず支那当局の意向を確かむべく、南京における官邸に王外交部長を往訪した。それは一九三一年満洲事変の始まる半歳前のことであった。

王外交部長は、日本公使たる記者の質問に答えて、新聞紙の発表は真相を伝えたものであることを肯定し、外国の利権回収はもちろん、満洲をも包含するものであって、旅大の租借権も満鉄の運営も、何れも皆公表の順序によって、支那側に回収する積りであると説明した。記者は、これでは、記者等の今日までの苦心は、或いは水泡に帰するかも知れぬと非常に憂慮した。この王外交部長の革命外交強行の腹案発表は、内外の世論を賑わし、日本の軍部を甚だしく刺戟し、幣原外交の遂行に致命的の打撃を与うることとなった。

満洲における排日

幣原外交によって、日本と支那中央政府との関係は画期的に改善せられたが、半ば独立の状態にあった日本と最も関係の深い満洲に於ける事態は、これに伴わなかった。

張作霖を嗣いだ学良は、感情上から云っても、到底日本に対して作霖のような妥協的態度を執ることが出来なかった。彼は全く英米人の感化の下にあって成長し、現にドナルド氏と云う英人顧問を持っていた。その考え方は極端に排日的であった。彼は日本党と見られた楊宇霆を自ら射殺してその態度を明らかにし、国民党に加盟し、満洲の半独立の障壁を撤し、五色旗を降して国民党の青天白日旗を掲げ、公然排日方針を立て、日本の勢力を満洲より駆逐するため露骨な方策に出て来た。

かかる情勢の下に、満洲における日支間の紛争は漸次増加して、日支双方の交渉条件は山積するに至った。南京中央政府の権威はもとより満洲には及ばない。然るに、張学良は日本側の苦情を地方的に解決する立場にいないと云う口実で交渉を拒否した。交渉は、地方においても中央においても解決せられず、懸案は増すばかりである。日本は満洲において商租権を取得し、鉄道附属地以外においても、土地商租の権利があるが、日本人や多年定住している朝鮮人の土地商租は、支那官憲の圧迫によって、新たに取得することは愚か、既に得た権利すら維持困難な有様であった。満洲鉄道の回収運動も始まった。支那側は満鉄に対する併行線を自ら建設し、胡盧島の大規模の築港を外国（オランダ）の会社に委託して、日本の経営している鉄道及び大連の商港を無価値たらしめんと企図するに至った。これらの現象を目前に見ている関東軍は、その任務とする日本の権益及び日本人・朝鮮人の保護は、外交の力によっては到底不可能で、もはや武力を使用する以外に途はないと感ずるようになった。

日本の人口問題と満洲問題

当時、日本人は、国家及び民族の将来に対して、非常に神経質になっていた。日本は一小島国として農耕地の狭小なるはもちろん、その他の鉱物資源も云うに足るものはない。日清戦争時代に三千万余を数えた人口は、その後三十年にして六千万に倍加し、年に百万近い人口増加がある。この莫大なる人口を如何にして養うかが、日本国策の基底を揺り動かす問題である。海外移民の不可能なる事情の下に、日本は朝鮮及び台湾を極度に開発し、更に満洲における経済活動によりこの問題を解決せんとし、また解決しつつあった。もとより、海外貿易はこの点で欠くべからざるものであったが、これは相手あってのことで、そう思うようには行かぬ。満洲問題は、日本人の生活上、日に日に重要性を加えて行った。日本人の勤勉は、単に生きんがためであって、生活水準を引き上げるためではなかった。

国際連盟は戦争を否認し、世界の現状を維持することを方針とし、これを裏付けするために各国の軍備の縮小を実現せんとした。しかし、人類生活の根本たる食糧問題を解決すべき経済問題については、単に自由主義を空論するのみで、世界は、欧州各国を中心として、事実上閉鎖経済に逆転してしまった。

自由主義の本場英国内においても、帝国主義的傾向に進む形勢であって（一九三二年にはオッタワ協定が結ばれた）、仏も蘭もその植民地帝国は、本国の利益のために外国に対してはますます閉鎖的となるのみであった。かくの如くして、第一次大戦後の極端なる国家主義時代における列国の政策は、全然貿易自由の原則とは相去ること遠きものとなった。国際連盟の趣旨とする経済自由の原則なぞは、全く忘れられていた。日本は増加する人口を養うためには、その汗水の働きによる海外貿易の発展に依頼することが出来なくなって、遂に生活水準の引下げを強要せらるるようになった。

この問題について、日本が特に密接なる関係を有つのは支那との関係である。対支貿易は、支那の排日運動のために重大なる打撃を受け、且つ支那における紡績業を宗とする日本人の企業は、これがため非常なる妨害を受くるに至った。モスクワ仕込みの共産党の闘将李立三は、上海を中心として学生労働運動を煽動し、排日運動に大童になっていた。日本の権益は、支那本土においてのみならず、前記の通り、満洲においても、張学良の手によって甚だしく迫害せられる運命に置かれた。支那の革命外交は、王外交部長主唱の下に、全国的に機能を発揮するに至ったのであった。

日本は、関東州の租借地のみでなく、鉄道附属地において行政権を有し、朝鮮人の満洲奥地に居住するものは百万を数えている。日本がこれらの権益を、排日の嵐の中で、現地において防衛することは、もとより容易の業ではない。しかも日本が、経済的に支那本土より排斥せられるのみならず、更に満洲より駆逐せられることは、日本人自身の生活そのものが脅かされる次第であった。

満洲問題の急迫

駐支公使たる記者は、この形勢を深く憂慮し、日支関係の急速なる悪化を防止せんとし、支那本土に対する譲歩によって、満洲問題の解決を図り、もって日支の衝突を未然に防ぐことに全力を尽した。また他方、紛糾せる事態を国際連盟に説明して、日本の立場を明らかにすべきことを主張し、更に日本は速かに徹底したる包括的の対支政策の樹立を必要とする旨を、政府に強く進言した。要するに、支那問題に関して、日本は内外に対して大なる政治力を発揮すべき秋と信じたのである。一九三一年四月初め、記者は自ら東京に帰って、幣原外相に直接状況を報告して、この進言を補足力説した。

浜口首相暗殺の後を継いだ若槻氏の内閣（一九三一年四月）は、当時すでに末期的様相を示し、大なる経綸を立てて政策を実行するの意思のないことを見出した時に、記者は非常なる失望を感じた。記者が具体案の一部として進言した、蘇州・杭州の如き価値の少なき租界の如きは、速かにこれを支那に返還して、不平等条約に対する我が態度を明らかにすべしという主張すら、枢密院の賛同を得る自信なき故をもって却けられた。内閣の閣員中、記者の態度があまりに支那側に同情的なるがために、幣原外相を苦境に陥れることとなると、記者に指摘して注意を喚起したものもあった。日本における国粋主義は、すでに軍のみでなく、反対党及び枢密院まで行き渡っておった。ロンドン海軍条約の問題を繞《めぐ》って、軍の主張せる統帥権の確立は成功し、政府は辛うじて条約の批准には成功したが、すでに右傾勢力のために圧迫せられて、政治力は喪ってしまっておった。日本の政界は、未だに暗殺手段を弄する程度のものであった。しかのみならず、幣原外交は、外交上の正道を歩む誤りなきものであったことは疑う余地はなかったが、その弱点は、満洲問題のごとき日本の死活問題について、国民の納得する解決案を有たぬことであった。政府が国家の危局を目前にして、これを積極的に指導し解決するだけの勇気と能力とに欠けておったことは、悲劇の序幕であり、日本自由主義破綻の一大原因であった。かくして形勢は進展し、満洲問題は内外より急迫し、政治性のない政府はただ手を拱いて、形勢の推移を憂慮しながら傍観するのであった。

満洲事変の勃発（昭和六年）

記者の進言は、東京では、国内政局の上から、到底具体的に採用されるものとはならなかった。

支那問題を中心として、我が国際危機はもはや迫っておる。若し人力の如何ともすべからざるものであったならば、せめてこの行き詰りを堅実なものとせねばならぬ。即ち、如何なる不測の変が現地において突発しても、日本政府は、国内的に国際的にも、確乎たる立場に立って処理し得るだけの準備をする必要がある。政府は、軍部は勿論、国内を統制して不軌を戒め、極力日支関係の悪化を避けつつ、警鐘を打ち鳴らして、世界をして我が公正なる態度を諒解せしむるため全力を挙げねばならぬ。支那の革命外交の全貌が明らかになった今日、而して日本政府のこれに対する対応策の欠如せる今日、日支関係は行き詰ることは明らかであり、すでに行き詰るとすれば、外交上の考慮としては、「堅実に行き詰る」ということを方針とするよりほかに途はない。堅実にということは、如何なる場合においても、外交上日本の地位が世界に納得せらるるようにして置くということである。「堅実に行き詰る」ということを合言葉として、記者は、失望のうちに、再び東京を出発して帰任の途に就いたが、なおも頽勢を挽回するの意気は示した。

満洲においては、万宝山の朝鮮人圧迫事件や、中村大尉暗殺事件のごとき危険を包蔵する事件が、次ぎ次ぎに起ってきた。張学良の日本に対する態度は、強硬で侮辱的であった。記者は、満洲における両国関係の悪化を根本的に救うために、当時南京政府の中枢人物であった宋子文財政部長と協議して、満洲における緊張の緩和方法を計った。宋子文と記者とは、当時親密なる連絡をもって、日支関係の改善に協力していたので、ともに満洲に到り、現地の調査を親しく行って、解決方法を見出そうと云うことに談じ合った。宋部長は途中北京に立ち寄り、同地に滞在中の張学良を説得して、日本に対する態度を改めしめ、更に大連において、満鉄総裁で前外務大臣であった内田康哉伯と吾等二人は、鼎座して満洲問題に関する基礎的解決案を作製することに意見がまとまった。

記者はこの案に対し、政府の許可を得て、宋子文と同行、九月二十日上海より海路北行することに決定し、船室をも保留した、この考案は遂に間に合わなかった。満洲事変は、九月十八日奉天で突如として勃発した。記者は、これに屈せずなお折衝を続け、事変を局地化するために宋子文とともに満洲にいたって、事を処理してその目的を達せんとしたが、日本政府の訓令を待つ間に、事態は燎原の火の如く急速に拡大し、策の施しようもなく、支那は、事件を国際連盟に提訴して、かかる外交的措置を講ずるの余地なきに至らしめた。

記者が政府に宛てた満洲事変発生当時の電報の一節に、かように述べている。

一、今次軍部の行動は、所謂統帥権独立の観念に基づき、政府を無視してなせるもののごとく、折角築き上げ来れる対外的努力も、一朝にして破壊せらるるの感あり。国家将来を案じて悲痛の念を禁じ難し。この上は、一日も速かに軍部の独断を禁止し、国家の意志をして政府の一途に出でしむることとし、軍部方面の無責任にして不利益なる宣伝を差し止め、旗幟を鮮明にして、政府の指導を確立せられんことを切望に堪えず……。

二、民国側は、事態の重大を知るとともに、例によって軍事的には無抵抗主義をもって押し進むとともに、軍事行動にあらざるあらゆる他の方法をもって対抗手段に移り、党部政府の一致の指導はもちろん、従来訓練を経ている排日の総ての機関は、活動を始めつつあり。

経済絶交のごときは未だしも、朝鮮事件の際に動揺せざりし全国学生の活動は最も影響多く、反日感情の悪化は、所謂二十一ヶ条問題の影響よりも甚だしく、今後益々悪化するものと認められる。今日の状況をもってせば、何時満洲以外の地において不祥事の勃発を見るや測られざる状況なり。この点については、我が海軍において特に自重するよう、政府において十分注意あらんことを請う。もし、万一我が軍北満に進出するに至らんか、直ちに露国との衝突を予想せしめ、事態は益々重大化すべし。

三、民国政府は、急遽内争を片付けて、(広東側との妥協は急に真面目になり、愈々実現の模様なり)統一したる力をもって、夷を以て夷を制するの伝統的政策をもって、事件を先ず国際連盟(最近宋子文の連絡によりその関係密接となりたり)及び不戦条約の筋を辿りて米国に縋り、内外宣伝の力と相俟って、日本軍の撤退を強制する方策を立つること、山東還付の時と同様なるべし。如何なる場合においても、今後満洲問題に関して、我国と適当の取り極めをなし、またはその目的のために交渉に入り得る当局者は、民国に出現せざるべし。従って、今回の事件は、日支両国をして事実国交断絶の状態の下に永く放任せしめ、民国側の策動により、世界の世論に曝さしめらるるものなることを覚悟せざるべからず。(国際法廷記録に依る)

明治以来、積み立てられた日本の国際的信用は極めて大きなものがあった。我が国際的地位が一朝にして破壊せられ、我が国際的信用が急速に消耗の一途を辿って行くことは、外交の局に当っているものの耐え難いところであった。

事変の拡大と局地化

軍の中堅及び上層部の、国家内外に対する革新運動は、三月事件の失敗に拘らず急進した。関東軍参謀は、陸軍省軍務局永田軍事課長等と計って、秘密裡に旅順に在った要塞砲を移して、奉天の駐屯軍兵営に据えつけた。大川周明等の満洲問題に対し積極的行動を要求する宣伝は激しくなった。土肥原大佐等は、支那旅行に日数をかけており、関東軍の演習は昼夜にわたり激しくなった。満洲における我が正当なる権益の防護のためには、軍部は、自衛的手段に出づるの止むを得ざることを早くも決意していたのである。

外務省は形勢の不穏なことを観取して、その推移に深甚の注意を払った。奉天の林総領事は、政府の訓令により、満洲における危険なる形勢を探知して、政府に報告してその注意を促した。幣原外相は、これを南陸相に示して善処を要求した。南陸相は建川少将を満洲に派遣して、関東軍の自重を説得せしめた。彼は、関東軍において越軌の行動のないように取計うべき、天皇の思召しをも直接に体していたのであるが、途中朝鮮軍司令部に立ち寄ったりなぞして、予定より遅れて奉天に到着した。到着と同時に、関東軍幕僚が彼を料亭に引き留めている間に、柳条溝の鉄道爆破が起って、北大営の張学良軍の兵営は、島本大隊によって攻撃せられ、日本兵営からは大砲をもって北大営を砲撃した。満洲事変は始まったのである。

林総領事及び森島代理は、事件の真相を逐一政府に電報した。総領事及び代理等は事件の拡大を防止するために、身命を賭して奔走し、森島領事は、関東軍の高級参謀板垣大佐を往訪して、事件は外交的に解決し得る見込みがあるから、軍部の行動を中止するようにと交渉したところ、その席にあった花谷少佐（桜会員）は、激昂して長剣を抜き、森島領事に対し、この上統帥権に干渉するにおいては、このままには置かぬと云って脅迫した。軍人はすでに思い上っていた。森島領事は、一旦軍が行動を起した以上何人の干渉をも許さぬと云う返事を得て、止むなく帰った。その時、関東軍は、事実上石原次席参謀の指導の下にあって、全機能を挙げて突進していたのである。

張作霖の爆殺者をも思うように処分し得なかった政府は、軍部に対して何等の力も持っていなかった。統帥権の独立が、政治的にすでに確認せられ、枢密院まで軍部を支持する空気が濃厚となって後は、軍部は政府よりすでに全く独立していたのである。而して、軍内部には下剋上が風をなし、関東軍は軍中央部より事実独立せる有様であった。共産党に反対して立った国粋運動は、統帥権の独立、軍縮反対乃至国体明徴の主張より、国防国家の建設、国家の革新を叫ぶようになり、その間、現役及び予備役陸海軍人の運動は、政友会の一部党員と軍部との結合による政治運動と化してしまった。

若槻内閣は、百方奔走して事件の拡大を防がんとしたが、日本軍はすでに政府の手中にはなかった。政府の政策には、結局軍も従うに至るものと考えた当局は迂闊であった。事実関東軍は、政府の意向を無視して、北はチチハル、ハルビンに入り、馬占山を追って黒龍江に達し、南は錦州にも進出して、遂に張学良軍を、満洲における最後の足溜りから駆逐することに成功した。関東軍は、若し日本政府が軍を支持せず、却ってその行動を阻碍する態度に出づるにおいては、日本より独立して自ら満洲を支配すると云って脅迫した。若槻内閣は、軍の越軌行動の費用を予算より支出するの外はなかった。

関東軍特務機関の土肥原大佐は、板垣参謀等と協議して天津に至り、清朝の最後の幼帝溥儀を説得して満洲に来たらしめ、遂に彼を擁して、最初は執政となし、更に後に皇帝に推して、満洲国の建設を急いだ。若槻内閣の、満洲事変局地化方針の電訓を手にして、任国政府に繰返してなした在欧米の我が使臣の説明は、日本の真相を識らざる外国側には、軍事行動に対する煙幕的の虚偽の工作のごとくにすら見えた。

十月事件と血盟団

十月事件「クーデター」の失敗（昭和六年）

満洲事変は勃発し、昭和動乱の矢はすでに弦を離れた。軍の計画は急進して行った。これを裏付けして有終の美を収むるために、速やかに国内政治の革新を実現せねばならぬと彼等は思った。軍の幹部において計画せられた「クーデター」、三月事件の失敗したのは、これに訓練なき民間人の参加があったためであるから、今回は民間人を排して軍部内だけで実行せねばならぬ、と云って、橋本中佐等の桜会員の中堅将校が画策したのが、十月事件であった。その目的は、三月事件と同様、政府及び議会を排斥して、国家の革新を断行するため、必要あらば暗殺手段をも用い、軍政府を樹立せんとするものであったが、ただ三月事件と異なっていた点は、今度は宇垣大将に代えて荒木中将を擁立せんとした点である。この「クーデター」計画も、参加者の一部（根本中佐等）に変心者があって、南陸相の知るところとなり、同陸相の差し止めるところとなって遂に失敗に帰した。

三月事件、十月事件の参加者中目立ったもの、例えば大川周明博士、橋本欣五郎の如きは、その後逮捕せられて、殆んど名目的に裁判に附せられた。特に軍部の態度は、極めて申訳的なもので、部内の賞罰はすでに全く権威を失ったものであった。世間もまた、威力の前にこれを黙過して、軍部をして益々過失を大ならしめた。

中堅将校と青年将校

三月事件や十月事件の内容が、ようやく軍の内部にもまた世間にも知られるようになって、天剣党の純真なる青年将校やこれを援助した方面は激怒した。天剣党の同志は、身命を賭して国を救わんと決意したものである。然るに、これ等中堅将校等軍幹部の計画した「クーデター」による革新運動は、恰かも関係者の一身の栄達を計ることを目的としたものの如くである。彼等は個人的野心のために政権を奪取することを主張し、政権乗取りの上は、自分等だけをもって政府の要部を占める役割をも定めていた。要するに、彼等は国家改造の神聖なる精神を有するものではなくして、維新の元勲を夢に見て、単に政権を得て私心を満たさんとするものである。現に彼等は、毎日花柳の巷を本拠として酒色に耽溺しているではないか、と指摘し、憤慨のあまり、かかるものをダラ幹と称して相手にせぬようになった。彼等は、飽くまで国家改造のために身を挺して、この神聖なる事業の障害になるべきものを先ず除かんことを期し、高山彦九郎や明治初年の神風連をもって自任するようになり、同年十二月三十一日越年を期し、多くのものが血書宣誓して一人一殺の血盟団を作り、野僧井上日昭の指導する暗殺団に合するに至った。

この宣誓は、国家改造に有害なる分子を除くために、一人が一人を目指して暗殺するという誓いであって、先ず生徒より立ち、現役青年将校に及ぶと云うものである。彼等は直ちに活動を開始した。

直接実行力を持つ青年将校と、右翼行動派との結合の結果、暗殺が行わるるに至り、これが異常なる不安と圧迫とを社会に与えた。同時にこれが、軍を中心とする、国家革新運動の脅迫的推進手段となるに至った。

血盟団の活動

血盟団の犠牲になったものが引続いて出て来た。当時民政党を率いていた井上準之助、財界では、三井の総師団琢磨等の如き、重要な地位にある自由主義の名士が次々に暗殺されて、不安は社会に漲り、実業界の人々は争って防弾チョッキを着用する有様であった。

司法部は、暗殺者を逮捕し処分することは出来ても、軍部を背景とする暗殺事件の根本を清掃することは不可能であった。国家社会の秩序を破壊せんとする最も重大なる犯罪に対する制裁は、「その精神を汲む」という非科学的な温情主義によって有名無実のものとなり、制裁を受けた人々が間もなく牢獄より出て、更に大きな「仕事」に着手する有様であった。国家統治の大義名分は、極端に紛淆せられ、司法「ファッショ」の存在すら疑われるようになった。一般世論はこれに対しては無力であった。

軍部の派閥抗争

天剣党の青年将校が推して国政の革新を成就せしめんとした先輩は、皇道派と称せらるる荒木、真崎の如き国粋派の将軍であった。

これら皇道派は、自由主義的世道人心の頽廃を慨し、専ら国粋精神に重きを置いて思想問題を取扱い、天皇の軍隊は神聖なる存在であって、一旦緩急ある場合には一身を犠牲にすべきものである。従って、国体の明徴を期し、皇道を履み、世道人心指導の先駆者たるべきものであるとなすのである。血気にはやる青年将校等は、翕然としてその門下に集り、国を憂い、世を慨し、革新を叫んで軍の統制をも乱して顧みぬ有様であった。当時軍部の主流をなした幹部は、かかる風潮は軍内部の乱脈の源であるから部内の秩序を統制しなければならぬとて、極端分子を排して統制に意を注いだ。皇道派に対してこれを統制派と云った。この派は、軍の幹部派主流をなすものであるが、元来軍部は藩閥勢力を受け継いだものであって、内外に対する政治策謀に興味を寄せ、その結果、軍を中心とする政権を立てて軍の独裁を実現して、その革新政策なるものを実行せんとするに至ったことは、三月事件及び十月事件で明らかであった。皇道派は、国粋復古的思想方面から革新を主張した結果、共産党を敵視し、自ら反ソ的であった。統制派は、軍本来の動きとして政治的謀略を好んだがために、さしあたり対支策謀に没頭した。支那に駐在して、支那語を学び、支那に関係のあったものは多く所謂支那派となり、ロシアに関係を持ったものは、所謂ソ連派に属した。

かくして軍の内部は、皇道派及び統制派の両派に分れ、更にまた個人的勢力に分派し、軍人的短慮と実行力とに災せられ、利害や感情の衝突により相互の争闘は深刻となって来た。上官の統制はほとんど行われず、下剋上の風は益々激しく、国軍の実質は全く失われてしまった。ある軍人皇族を擁して、事を起さんとした錦旗革命の企てすら、軍人や右翼浪人によって行わるるようになって来た。

かかる軍部が、外部における右翼及び左翼の分子と、相互利用の関係に立って、国家の革新事業に乗り出したわけであるから、その結果は、甚だしい混乱となり、全く無統制のものとなったのである。かかる混乱に乗じて、内外より日本を擾乱に導かんとするものの策動は、完全に成功する運命に置かれていた。

犬養内閣

犬養内閣の対支政策

若槻民政党内閣は、遂に満洲事件の発生した一九三一年末に倒れた。この時にはなお自由民主主義時代の惰性もあって、元老は、政党内閣によって時局を救済せんと企て、田中大将の死後政友会の総裁となった、犬養毅をして組閣せしめた。外部から入って総裁となって間もない犬養は、政友会の当時の新勢力たる森恪を書記官長として組閣し、陸軍部内の青年将校の人気にも応えて、皇道派の首領と称せられた荒木将軍を陸軍大臣に据えた。外務大臣としては、多年支那公使として経験に富む女婿芳沢謙吉大使を仏国から至急呼び返すこととした。海軍大臣は大角大将であった。

森恪は、闘士として政友会内に相当なる勢力をなしていた。田中内閣（鳩山書記官長）において、外務次官として軍部と連繫して極端なる積極政策を主張していたことは、前に述べた。彼は陸海軍部の革新運動に共鳴もしまた助長もし、進んで自ら独裁政治実現の野心を蔵し、満洲事変を拡大して、東亜における日本の覇権を樹立せんことを夢見ていた。

政友会は政権維持のためには、強引な森恪に引き摺られる有様であったので、その森恪を書記官長の中枢的地位に有する犬養内閣は、果して如何なる政策をとるのであろうかと憂慮するものが多く、特に支那問題の成り行きは内外注視の的となった。

犬養首相の真意

犬養総理は、元来孫文の友人として、支那国民革命に対しては少なからぬ理解を有っていた。また多年の閲歴から見ても、内外の形勢判断について、大なる誤りがあるはずはない。しかのみならず、藩閥反対の党人として軍部には甚だしく反感を有っていて、嘗ては議会において、軍部攻撃の大演説をやったことのある人である。対支政策については、前総裁田中大将とは、全然かけ離れた考え方を有っていたことは明らかであって、これが西園寺公の推した重大な理由であった。彼は、満洲事変を速かに解決して、日支関係を恢復したいと考え、その下地を作る意図をもって、森恪等には秘密に、萱野長知のごとき浪人を窃《ひそ》かに南京に派遣したりした。かくして当面の政策問題について、森恪等の政友会の一派及び軍部とは、水と油の如き関係が政府部内において初めから生じていた。

芳沢大使は、モスクワ経由で渦中の満洲を視察して帰って、外務大臣に就任した。満洲では、当時大体日本軍の軍事行動が終了して、日本軍占領下のその統治形態を如何にするかということが、当面の問題であった。関東軍は、これを独立国とするために、すでに天津において土肥原大佐をして溥儀工作に着手せしめて、その承諾をも取りつけており、その結果、将来の統治腹案を具して、板垣参謀副長は、協議のため東京に帰って来た。政府当面の問題、即ち満洲を如何にして統治するかの重大問題のために、芳沢新大臣は軍部との協議で毎日を過した。政府は、無論、関東軍の意見を拒否することは出来なかった。

上海戦争

上海情勢の急迫

満洲事変が勃発して、支那本土における排日運動に油を注いだ。支那における対外神経の中枢である上海は、俄然猛烈な排日風潮に襲われ、上海における最大の企業であった日本人紡織工場に対しては、共産党系の煽動する大規模なストライキが起った。一九二七年五月コミンテルン執行委員会第八回総会において、中国問題の審議決定が行われ、更に一九二八年七月のモスクワにおけるコミンテルン第六回大会は、資本主義の破綻を宣言しており、中国共産党は、全力を挙げて、支那における外国資本主義の排斥のために、直接行動にまで訴えていた。その排日運動は、従来に比して著しく政治的色彩を帯び、満洲事変を拡大して日支の擾乱を誘発せんとする気構えであった。

上海に駐屯している支那第十九路軍は、赤色軍閥と称せられる蔡廷鍇の率いる所であって、南京中央政府の威令にも十分に服せぬ、排日の色彩に富む左翼軍隊であった。

上海の南京路事件即ち五・三〇事件以前から、共産色の排日ストライキに対しては、久しく苦しめられていた上海の日本人は、益々神経質となって来た。満洲における軍事行動の成功は、日本人の意見を硬化して、これまで穏健なる意見の持主であった大会社の支店長等に至るまで、上海土着の人々の意見と同じく、この際排日運動に対しては断乎たる態度をもって臨むべしと主張し、日本公使たる記者の隠忍自重論には耳を藉さなかった。記者は飽くまで彼等を説得して擾乱誘発の謀略に陥らぬよう軽挙を戒めたが、彼等はついに代表者を満洲に送って、芳沢新外相の帰朝を途に擁して、記者の排斥運動を行う有様であった。他方、内閣書記官長森恪は盛んに公然乱暴な強硬論を発表して、犬養新内閣は支那に対して何か新しき積極的強硬政策を遂行するもののごとき印象を与え、日支の関係は全面的に危機を包蔵するに至った。

東京における協議（昭和七年）

記者は、犬養新内閣の政策に対して不安を懐くとともに、芳沢新大臣の意中を計り兼ねたので、詳細事情を報告し、また意見を具陳するために、許可を得て東京に帰った。辞職をも辞せざる心組であった。芳沢大臣の就任後一週間、一九三二年一月初旬の頃であった。

新大臣は、満洲建国の当面の問題に没頭して、上海問題に注意を払う暇なく、記者との会見は、記者の督促にも拘らず日一日と遷延された。記者は、当局者に対し上海の形勢の重大にして危険なことを力説して、これまで政府の要部が内外を誤解せしめた態度を一新して、日本政府の公正なる方針を明瞭に公然声明せんことを強く進言したが、政府は、かかる対支全局の問題を処理する余裕はなく、満洲建国問題に関する協議にひたすら忙殺されていた。

陸軍が支那の北方において、強硬なる手段に出づる時は、恰かもこれと競争するかのごとく、上海における海軍の態度は硬化する。上海における海軍にも血盟団の一味は存在した。上海の空気は硬化する一方であった。上海の海軍陸戦隊指揮官は、禍源と見られた北停車場附近の排日本部に打撃を加えるために、支那区域にある同本部を奇襲し、強力をもってこれを閉鎖することを海軍本省に進言し、その許可を要請して来た。これに許可を与えんとする海軍中央当局の意向を知った記者は、その無謀に驚かざるを得なかった。かかる手段に出づる時は、たちまち排日屋に最良の口実を与うるのみならず、そのこと自身直ちに日支両軍の衝突を意味する。僅か七、八百名の海軍陸戦隊をもって、その結果起るべき事態を如何に処置せんとするや、記者は反問せざるを得なかった。海軍当局はかかる措置に出づることを漸く思い止まった。

上海の事態が急迫して来たと云うので、記者は芳沢新大臣と会見することが出来た。新大臣は、記者の意見についてはすでに谷亜細亜局長より十分に報告を受けていた。記者の述べた意見に対しては、全幅的に同感の意を表し、記者に対して、即時帰任の上、上海に不慮の事件の起らぬように尽力方を依頼したが、新内閣の対支方針を声明して、誤解を内外に対し一掃すべしとの提案は、今日はその時機に非ずと判断せられ、採用されなかった。このために、新内閣に対する一般の誤解、即ち、政友会内閣が再び田中内閣時代の積極政策に復帰したものであるという誤解は、記者の帰任決定に拘らず、払拭せらるるに至らなかった。記者は、急遽東京を引き上げ、上海帰任の途についた。

上海の空気は、記者の不在中に、急激に悪化しつつあった。御題目を唱え太鼓を打ち鳴らしつつ、排日の巣窟と看做《みな》された支那街を通過しようとした日蓮宗の僧侶は、支那の暴民に打ち倒され、上海に流れ込んでいた日本の浪人は、これを救うために追っとり刀で駆けつけたりした。この種の騒擾は益々激しくなって行った。排日運動の激化とともに日本人側の態度も極度に硬化した。

第一次上海戦争（昭和七年）

記者は、最近便の長崎丸で神戸より乗船した。当時は日支の航空路はまだ開けていなかった。新聞及びラヂオは上海情勢の悪化を報じていた。記者の一行が長崎港を出帆する時には、すでに上海において日支両軍が衝突したとの報を耳にした。

上海に到着して見ると、その情況は惨憺たるものであった。上海一帯が、排日運動のためにあまりに物騒で、何時上海の治安が乱れるか分らぬ、と云うので、列国の上海駐屯軍隊は、協議して協同防衛の受持ち区域の配置につき、日本陸戦隊もこれによって行動をとった。その時に日本陸戦隊と支那軍とが衝突し、遂に戦争状態が発生した（一九三二年一月二十八日）と云うのである。

愈々戦争が起って見ると、日本海軍は、碇泊軍艦からの救援部隊を合しても、千名そこそこの白脚絆の海軍陸戦隊である。ドイツ顧問の指導による堅固な塹壕陣地に拠って列車砲まで準備していた、数個師団よりなる第十九路軍との戦争では、到底問題にならぬ。陸戦隊は、良く戦ったが、このままに放置すれば全滅の外なく、三万の居留民は、日本人の施設とともに、支那軍に蹂躙されるのは目前に迫っている。居留民は、乗船引揚のために波止場に殺到して犇めき合っている。支那人は、日支の開戦というので家財道具を満載し手車を曳いて、共同租界に避難すべく、日本領事館（公使事務所）附近のガーデン・ブリッヂを押し合っている。陸戦隊の防備線は、危機に瀕し、ゲリラは日本軍の背後に出没するに至った。

上海の日本人及び日本権益を防護する任務を有する海軍は、陸軍の派遣がなければその任務を果し得ぬ有様となり、記者は、陸海軍側の意向を質した上、居留民の全滅を防止するために、軍隊の急派を政府に要請した。

上海戦争の勃発によって、支那政府は、更に日本を侵略者として国際連盟に提訴した。当時ゼネバで開会中の国際連盟理事会は、直ちにこれを取り上げた。日本は、満洲事変後、国際的に非常に不利な立場に追い込まれており、上海戦争の勃発によって、更に困難な状況となったが、記者は、武装せざる数万の日本人が日本の巨億の権益とともに排日軍隊のために全滅することを、到底甘受することが出来なかった。日本が、上海における条約上の権益を防護するの権利を有することは当然である。軍部は、上海にある陸海軍機関の直接の要請によって、軍隊増遣を決定した。

停戦協定

海軍は、第三艦隊を編成して野村（吉三郎）海軍中将を司令長官とし、久留米より下本混成（第二十四）旅団約一万を軍艦に搭載して上海に急派し、更に陸軍は、第九師団を動員して師団長植田（謙吉）中将をして、これを率いて上海に出征せしめ、現地における陸軍全部隊を統率せしめた。

上海の急変を救うためには、優秀なる装備を有する砲兵隊を伴う一個師団余りの増援隊で十分であるとされたが、この兵力をもってしても、なお、第十九路軍を上海地区より駆逐することが出来ず、軍は太場鎮以北に展開して苦戦を続けた。そこで、更に白川大将を総司令官に任命し、三個師団を増援することにした。白川大将は三月初頭到着、遂に支那軍を、上海附近より駆逐することが出来た。記者は、日本軍が支那軍を駆逐し、上海における治安の恢復を行うことが出来た以上、直ちに停戦するようにせねばならぬと決意して、司令部に至り白川大将を説いた。軍司令官を説得して、停戦命令を発出せしむるためには、その日の半日以上を費した。記者と同行した松岡洋右も、この会談に参加した。白川大将の発した停戦命令は、上海事件の国際化を防止するに役立った。国際連盟総会は三月三日に開かれたが、上海における停戦が行われたので無事にすんだ。

国際都市上海は、その防衛も、関係列国の駐屯軍が共同してやっていたので、上海の治安維持については、列国は共通の利害を有するわけである。日本と支那との停戦交渉は、関係列国英米仏伊の四国公使の斡旋の形で、日支の間で開催された。支那側は、汪精衛が顧維鈞の後を嗣いで外交部長となっており、外交部次長郭泰祺を全権代表に任命した。日本は、停戦協定という以上、統帥権の問題であるという軍の主張によって、植田師団長を主席全権に任命し、日本公使たる記者は次席として交渉に参加する建前となった。しかし、各国代表は勿論、支那側も、これまでの関係から、日本公使のみを相手とする態度に出て来たので、事実上、すべての交渉は、記者一身に引き受けざるを得なかった。

停戦交渉は、三月上旬から五月初めまで続けられたのであるが、統帥権の独立に拠る陸海軍を控え、国際連盟の監視の下に、支那側及び列国代表者と国際都市において折衝することは、容易ならぬ仕事であった。この複雑にして困難なる交渉を纏め上げるために、記者は真に心血を絞った。

上海事変が起って、日本政府は非常に憂慮したと見えて、犬養総理及び芳沢外相は、個人代表として、政友会代議士松岡洋右を上海に派遣した。松岡君は記者の仕事に対し、全幅の理解と援助とを吝まなかった。停戦協定の成立は、野村海軍司令長官の終始理解ある支持の外に、松岡君の援助に負うところが多かったことを、特に記さねばならぬ。

停戦協定がすでに成立の域に達し、上海の空気も平常に恢復して来た四月二十九日の天長節には、日本軍隊の閲兵式が白川大将閲兵の下に行われた。次いで、在留日本人の天長節祝賀会が、上海の新公園で朗らかに開催せられ、軍隊も学校も居留民も皆、多数の外国来賓とともに、その場に列席していた。その式場に、朝鮮の左翼独立党金九一派の尹奉吉なるものによって投ぜられた爆弾は、上海における日本側幹部全部を倒し、河端民団長や白川大将は遂に死亡した。野村司令長官も村井総領事も植田師団長も民団書記長も悉く重傷した。その場にいた領事館勤務のある一少女は一眼を喪った。記者もまた瀕死の重傷を負った。

記者は、これに屈せず、病院より最後的交渉を計り、休戦協定は五月五日に無事成立した。休戦協定の交渉の場所であった、英国総領事館の各国公使の列席している会議は、協定文を作製して、これに署名のための文書は、直ちに岡崎書記官（日本側）、ブラクバーン英書記官及び張似旭中国書記官を派遣して、福民病院内の記者の病床にもたらされた。危険状態にあった記者は、苦痛の中でようやく数多き署名を了して後、同席した張似旭に対し「日支の姿は本来親善でなければならぬ、この文書が将来日支親善の出発点とならんことを祈る」という挨拶をした。当時記者の生命が取り止めらるるかは、何人も疑問としていた。支那書記官は、会議場に引き返して、記者の言葉を感動をもって披露したということである。署名が終ると間もなく、手術台が運び込まれ、記者の一脚は切断された。
上海の治安が恢復したので、日本陸軍は間もなく上海地区から全部引揚げ、すべて旧態に復した。

老首相の暗殺

満洲の軍事管理

犬養総理は、素志に反し、軍を押えて満洲問題を解決することはもちろん、満洲国建設に関する関東軍の行動を阻止することも出来なかった。軍の満洲国建設の方針は、内閣においてもこれを承認せざるを得なかった。その後、満洲国問題は外務省の管理から離れて、対満事務局（総裁は陸軍大臣）が創設せられ、事実上、軍部の管理の下に取り扱われることとなった。

上海戦争終了とともに、不要の兵力は直ちに満洲に転用せられて、満洲の治安確立のために使用せられた。錦州問題はすでに片付いて、満洲国は山海関を起点とする長城を国境として、領域内の不穏分子は一掃せられた。当時、熱河省を満洲に取り入れるや否やという問題があったが、熱河省も長城の北にあると云うので、これを満洲国に編入することとして、熱河における湯玉麟の軍隊を掃討するために軍が動かされた。

犬養首相暗殺（昭和七年五月）

犬養内閣は、若槻内閣のように、軍部の満洲占領政策に正面から反対することはもはや出来なかった。のみならず、森恪書記官長等の政友会の一派が、陸海軍の極端派と気脈を通じて行動していた実情であった。然るに、犬養総理自身の考え方が、軍部の政策とは甚だしく一致せざるものがあったことは事実であって、首相は、すでに生粋の党人として、早くより青年将校の黒表中の一人に挙げられていた。海軍中尉の率いる血盟団員若干は、五月十五日総理官邸に闖入して老首相を日本間に引き出した。

首相は、「話せば分る」と云って、短銃を擬する珍客を尚も説得せんと試みたが、その珍客はすでに結論の着いている議論の持主であって、はなしても分る人々ではなかった。「問答無用」「撃て」の号令でピストルは放たれた。

老首相は血に染まって畳の上に倒れた。最初の政党内閣の首相、政友会総裁原敬（一九二一年十一月）に次いで、民政党内閣の浜口首相（一九三一年四月）が何れも右翼分子の暗殺する所となったのは、日本デモクラシーの発達に致命的打撃を与えたが、最後の政党内閣の首班犬養老首相の暗殺は、最も凄惨なものであった。

老首相とともに政友会内閣も倒れた。森恪は、その後病魔に襲われて死んだ。

犬養首相を暗殺した血盟団員は、打ち合せ上の行違いがあったため、陸軍軍人の参加は少なく、主として海軍に属するものによって実行された。その首謀者たる海軍将校は、軍法会議の結果五年の禁固に処せられ、その後、刑期も短縮されて間もなく出獄の上、何かと重用された。これが、政府の最高首脳者を、官邸に襲って惨殺した現役軍人に対する当時の制裁であった。

血盟団の、直接行動による犬養老首相の暗殺のために、政党内閣は終焉を告げた。恐怖手段によって、軍の勢力に反対の立場にある政党及び政党政治家に一撃を加え、もって、内外に対する国政の防波堤を切断したのである。もはや軍部の行動に対して、正面からこれを遮ぎるものはなくなった。

然し、上層部はもちろん、多くの識者は、軍の行動を阻止し得ぬまでも何とかしてこれを緩和して、大局を破綻に導くことのないようにしたいと憂慮深いものがあった。元老は、或は海軍の力をもって陸軍を押え、または外交の力をもって軍の節度を恢復せんとした。即ち、国内政治勢力を交互に操縦して、極端なる政治の防止を企てたのである。かかる姑息な手段では、大勢を挽回することが出来なかったのみならず、一旦堤防を破壊した洪水のごとき灘勢は、寧ろ加速度的に増して行った。特に、対外政策の決潰は、次から次に破壊作業を生んで、停止するところを知らぬようになった。

満洲事変の当時幣原外務大臣が、金谷参謀総長に電話をかけて要談をしたと云うので、外務大臣から電話に呼び出されるような参謀総長では、軍の最高幹部としての威信を維持することは出来ぬ、と云う議論が中堅将校から起り、陸軍は閑院宮元帥を参謀総長に拝することとした。皇族を擁してロボットとなし、軍中堅幹部において思う通りに軍を動かし、皇族の威力を利用して、政府及び一般を威圧しようと云うのであった。その企図は、天皇を神格化したのと軌を一つにするものである。海軍も、これに倣って伏見宮を立てて軍令部総長とした。かくして、事実上中堅将校の動かす統帥部は、内閣に対し一層威力を発揮するに至った。

政党内閣の終焉

明治維新は、日本が世界の潮流に洗われて起ったものであるが、その仕事に当ったものは、徳川時代における外様勢力が中心となっていた。その結果、明治時代は幕府を倒した薩長を主とする藩閥政治であった。これに反抗した政党勢力なるものは、初めは藩閥勢力に対抗した形であった。それが漸次、民権自由の思想の普及と共に、主義主張による政党に発達しつつあった。その長足の進歩は、藩閥勢力を継ぐ軍部勢力に、政党が対立するようになったからであって、近代的政党の出現は、第一次世界戦争以後のことである。

日本も、ようやく世界の大勢に乗って、国民を基礎とする政治機構が発達するようになってから、当然のこととは云いながら、激烈な反動運動が起った。自由主義者は反動と闘い、政党は軍閥と争った。然し、彼等の争闘は、彼等自身の無力または過失と、日本一般の政治訓練の欠如とによって、反動勢力の野蛮なる直接行動のために、無慙にも敗北した。その最後の幕は、犬養首相の暗殺であった。これは政党政治の最後を意味するものであった。

第二編　二・二六叛乱（斎藤、岡田海軍内閣）

斎藤海軍内閣

斎藤内閣成立（昭和七年）

犬養政友会総裁の暗殺は、軍の革新分子が政党を敵としていることを如実に示し、また彼等は、彼等の企図する革新を妨ぐるものを、直接行動によって容赦なく暗殺する決意であることをも如実に示した。政党をして、単独に内閣を組織せしめれば、暗殺は連続して起る。この形勢を観取した元老等上層部は、新内閣の組織者を選択するに苦心した。

この際は、むしろ、軍をして自ら政権をとって、善処せしめるのが捷径であるとの権道的議論もあったが、これは却って、直接行動を是認するようなもので、極力避けねばならぬという常道論に制せられた。そこで摩擦を少なくするために、同じく軍部内の海軍出身者にして穏健なる意見の持主たる海軍の最古参、斎藤実前朝鮮総督を起用することとなった。これは、海軍軍縮問題に対処するためにも考えられたことであった。即ち、斎藤内閣の任務は、その後の満洲問題に対しては陸軍を、来るべき軍縮問題に対しては海軍の極端派を、制して政治を中道に誘導するにあった。陸軍大臣は荒木大将留任し、海軍大臣は岡田大将に次いで大角大将、外務大臣には満鉄総裁の地位にあった内田康哉伯を無理に出馬せしめた。そして、政友民政両党の高橋、山本両長老は、何れも内閣に列して、挙国一致体制をもって、国家の危機に対処することとなった。斎藤内閣以後、内閣の組織は、常に挙国一致の体制がとられた。

満洲問題のために国際的に日本が非難の的となっている際、国内的には殺伐な直接行動に脅威され、軍部の煽る国家危機の宣伝に戦いている神経質の国民に対して、安定と中道とを与うべき新内閣の責務は、決して容易のものではなかった。政治について国民的訓練の乏しい国においては、世論の力は弱くて、ただ強者に追随を事とし、識者の声は反響に乏しかった。

国際連盟脱退

斎藤新総理は、積極的の人ではなく、すべて受身の人であった。関東軍も、軍部も、満洲建国で手一杯で、政府はむしろ放任政策に出でたため、軍部方面は小康を得た。政府は、満洲問題を他人事のように取扱ったが、満洲問題から来る日本の責任問題は、他人事ではなく、軍部の行動は日本の行動として、日本政府自身において、責任をもって、取扱わねばならなかったのである。明治憲法によれば、総理大臣も、各国務大臣も均しく、天皇直属の輔弼の臣であって、総理は、単に内閣を統轄する地位にいるに過ぎないから、一旦国家が非常時に直面し、国政の全部について全責任をもって強力に運用するものの存在を必要とする場合には、この組織は適当ではなかった。況んや、総理の手よりすでに離れている軍部の満洲建設に対しては、如何に国際大局上必要があっても、これを掣肘することは出来なかった。

国際連盟から派遣せられた「リットン」委員会は、長期にわたって現地調査をして、日本にも渡来した上、詳細なる報告書を準備した。その間、現地にあっては、満洲国の建設の歩武が関東軍によって急速に進められていた。板垣、土肥原の手によって天津より連れ出された溥儀は、執政と云う名で元首の地位に就いた（一九三二年三月一日）。これによって、満洲国は一応出来上った。次に起った問題は、満洲国の承認問題であった。軍部は当然承認を希望した。しかし、承認がやがて「リットン」報告を議すべき連盟における日本の立場を困難ならしむることが予想せられたため、その可否は一時朝野の論議に上った。内田外相は、事変勃発当時満鉄総裁として、現地にあって具さに事変の真相を知って今後の見透しをしていたため、むしろこの際満洲国を承認して、現地の事態に一応の安定を与え、軍をして満洲国建設の大事業に没頭せしむるを賢明と考えた。そこで、外務省は、英国の「イラク」承認の前例に倣い、日満議定書を準備し、これが調印によって、満洲国は正式に日本によって承認された（一九三二年九月十五日）。これに依って満洲事変に対する日本の態度は決定した。国際連盟は、「リットン」報告書を取り上げて、本会議において日本が侵略国であるという結論を、承認するや否やを議することとなった。政府は、この会議に対して、松岡洋右を代表として派遣し、松岡代表は英語をもって熱弁を振った。しかし、日本を侵略国とすることは、既に予定されたことであった。決議は成立し、松岡代表は、遂に連盟との協力を見限って会議より退場した（一九三三年二月）。政府は、次いで連盟脱退を通告した（三月二十七日）。これによって、日本は敢然独力をもって満洲国を建設し、国際協調の外に立って、国の将来を開拓するという決意を表明したわけである。これは日本が満洲事変発生後採った外交的措置の、最も重要なものであったので、特に詔勅が発せられて我が国歩の艱難なることを指摘し、文武各々その職域を恪遵して、侵す所なきことを諭され、且つ満洲事変の収拾を計るため、連盟脱退後に対処すべき内外政策の基調が宣布されたのである。その目的とするところは、我が国際関係の容易ならざるを指摘して、軍部に反省を促し、満洲事変収拾に向って、全国民の努力を集中せんことを期したものであった。

この自負心に富む孤立政策に成功するためには、国民の絶大なる正義感と為政者の用意周到なる経綸とを必要としたことは云うまでもない。これが即ち、連盟脱退に際し詔勅の発出を見るに至った所以である。然るに、統制なき傲れる軍部の態度は、少しもこの詔勅の趣旨に合するもののなかったのみならず、国民的忍耐と訓練とは二つながらこれを欠き、また自信に富む政府の指導も経綸もともに存在しなかった。内田外相は、中途病を得て辞職し、モスクワより帰朝中の広田大使がこれに代った。就任後間もない記者は次官として居残った。

岡田内閣の出現（昭和九年）

無為をむしろ誇りとして立っていた斎藤内閣の背後において、軍部及びこれに連るいわゆる革新分子は決して無為ではなかった。関東軍の満洲建国工作は急速に進んでおり、国内における革新分子の活動は活発となり、左翼の潜行運動や共産党の地下運動も顕著となり、裁判官の赤化していたものまで発見せられた。司法ファッショと称せられる帝人事件が起って、斎藤内閣は窮地に陥った。司法ファッショの有力分子たる検事が先頭となって、犬糞的に帝人事件の贈賄問題を検挙したもので、大蔵省の黒田次官以下多数の首脳部、その他前大臣等を逮捕し、官界政界の腐敗を大々的に宣伝し、連日の新聞を賑わした。政界に一波瀾を起さんとする謀略であったことは、後に至って明らかになったが、政府は、遂にその不始末を問われて倒れ、ロンドン海軍条約の成立に重要な役割を演じた、岡田大将の海軍内閣が、斎藤前総理の推薦によって出来た。帝人事件の被告は、数年の裁判繋争後、いずれも皆無罪となった。

岡田海軍大将の新内閣は、単に斎藤内閣の延長であったが、時局の進行とともに、その使命は益々重大となり且つ困難となった。外相には広田弘毅が留任し、陸相には荒木大将を継いだ林（銑十郎）大将が居残った。海軍も同様大角大将が残った。

岡田内閣も、その性格において、傍観的で消極主義であったことは、斎藤内閣によく似ていたが、斎藤、岡田両内閣の三年間における出来事は、満洲事変を次の段階に発展せしむる重要なる原因を作ることとなった。その第一は、海軍軍縮問題の破綻で、その第二は、北支工作の着手と日支国交の悪化、第三は国内軋轢の深刻化の諸点であった。

海軍軍縮問題の破綻

華府会議（大正十―十一年）

華府会議（一九二一―二二年）で、主要海軍国たる英米日の海軍主力艦の比率を五・五・三としたが、これは、太平洋、東亜及び支那に関する国際全局の背景をなしていた。この海上国防比率によって、各国は安全感を樹立して、政治上経済上の相互の取引及び協力をなし得たのであった。即ち、海軍比率は大なる政治問題であったのである。比率を作らなくとも、国力の差異から、当然このくらいな海軍勢力の差は出て来るのであるが、当時の国際情勢は、軍縮そのものに異常な重点を置いたがために、強いて国際的に比率を設けて、日本海軍を不必要に刺戟するに至った。

日本海軍専門家は、この比率設定に非常に不満であった。第一に、他国よりも劣った比率を課せられることに不満であった。第二に、移動性を有する海軍に附せられた差等は、絶対的の劣勢を意味するものであって、これを補足する方法はない。第三に、かかる比率の約束は、統帥権の侵害であるのみならず、日本主権の侵害である、と云うのである。彼等は形式的比率に捉われて、武力の基底をなす資源の有無、経済力の優劣、即ち国力如何の点には注意しなかった。満洲問題で凱歌を挙げている陸軍を見て、海軍は異常に昂奮し、その態度は、益々極端となるばかりであった。海軍も陸軍も、独り定めの必要のために、おのおの自己の軍備の拡張に馬車馬のように直進した。これはまた、陸海軍部の政治的進出の競争をも意味した。華府会議の際に、海軍の専門委員であった加藤寛治中将（後に大将）は、かかる比率設定に極力反対した。その後、彼は連合艦隊司令長官や軍令部総長等の統帥系統の主要地位について、終始海軍軍縮に反対を続け、統帥権独立の観念を押し進め、統帥部の賛同なき軍縮は憲法違反であると主張したのであった。後に至って、加藤大将を継いだ人は、やはり統帥系統の末次大将であった。

海軍省の軍政系統首脳部と対立した加藤、末次両大将の代表する所謂艦隊派の意見は、漸次、海軍部内を風靡するに至った。艦隊派の極端論と軍政派の穏健論とは、感情的に対立するに至ったが、海軍拡張の必要を主張する点については、実質的には大なる意見の差はなかったのである。然るに、補助艦の比率を定めたロンドン条約（一九三〇年四月）の批准については、統帥権を繞って憲法解釈に関する論議が起り、ついに政治上重大問題と化するに至った。

統帥権問題、浜口首相の暗殺（昭和六年）

海軍側の宣伝運動は猛烈を極めた。陸軍勢力を初め、政党反対の国粋派は悉く結集して海軍を支持し、枢府における伊東巳代治、金子堅太郎を中心とする一派もまた海軍極端派の説に同調した。彼等は、統帥権は独立なりとの憲法上の解釈を是認し、海軍軍令部の同意なき条約の批准を躊躇するの態度であった。ここでも、統帥大権が政治上の大権とともに、天皇に帰一せられておることは忘れられていた。浜口首相及び幣原外相は、ロンドン条約締結は軍令部に協議したものであって、軍の統帥にあらざる兵力量の決定（憲法第十条）については、それ以上は、政府の責任によるべきことを指摘し、批准を強く要望して一歩も退かなかったが、統帥権独立の理論は、これを承認せざるを得なかった。条約は、未曾有の抗争の後に、枢府は通過したが、政府は統帥部との争いにおいて恢復すべからざる痛手を受けた。条約の批准問題は、全く政治問題と化し、批准反対に関する論議は、国内一般に徹底し、統帥権独立論と響応した国粋主義者は、蹶起して日本人的感傷論を無遠慮にふり廻した。

浜口首相は、この空気の中でついに暗殺せられ、若槻礼次郎男が彼を継いだが（一九三一年四月）、これは軍部のクーデター計画のあった三月事件後、また満洲事変前のことであった。これから、陸海軍共通の現状に対する不満が競合して、次々に事件が勃発する形勢となった。軍部は統帥権独立の理論に拠って政府を無視して行動するに至ったのである。

海軍条約の廃棄（昭和九年）

華府（一九二二年）及びロンドン（一九三〇年）における軍縮条約に基づいて、一九三五年に再びロンドン軍縮会議が開かれて、海軍問題の全般にわたって検討することになった。これが岡田内閣の直面した難問題であった。

海軍内部においては、ロンドン条約批准後は満洲事変にも刺戟せられ、艦隊派の硬論が漸次勢いを加え、海軍としては軟論は影を没してしまった。彼等の要求するところは、結局、海軍軍縮条約の束縛を全部廃棄すると云うことであった。その結論に達して、海軍は、左右もなくなり一致して国論を駆り立てていった。一九三六、七年の危機の宣伝は、海軍条約全部の廃棄を見越し、且つその廃棄を目的とした海軍の運動から起ったのである。岡田内閣には、政友会からは床次竹二郎、山崎達之輔、内田信也の諸氏が入閣していたが、これは個人としてであって、党を脱して来たのであった。鈴木総裁の下の政友会は、飽くまで野党で、政府反対党として世論に迎合し、軍部とともに極端論を煽動していたので、一般政情は益々悪化する一方であった。一九三六、七年の危機の宣伝は、美濃部博士の天皇機関説に対する排撃運動と競合し、神がかりの国体明徴論が、厚顔無恥にも公然と政界にも横行するようになり、無力なる政府は、これに押されて、一度ならず非論理的国体明徴声明を出さねばならぬ有様であった。海軍軍備に関する華府条約全部を廃棄せんとする海軍側の希望と、華府会議体制の維持を主張する外務当局の主張とは激しく対立したが、岡田内閣は、外務省の主張を抑えて、一九三四年十二月華府海軍軍縮条約廃棄の通告を正式に発した。既にしてロンドンにおける予備会議（代表山本五十六）は、何等得る所なくして終り、更に華府条約廃棄通告という強硬なる政府の態度を背景として、日本は翌一九三五年のロンドン本会議に代表者を送ることとなった。ロンドン会議（全権は永野海軍大将、永井大使）において、日本は、各国共通平等の製艦制限（コモン・アッパーリミト）を設け、その範囲内において、各国自由に建艦することを認めんとする提案を行った。英米の容れる所とならないので、日本全権は会議を脱退した。ここにおいて、日本を拘束する新たなる海軍条約の成立は不可能となり、しかも日本は、華府条約の廃棄通告によって、全部の海軍軍縮条約の羈絆から免れることになった。

海軍軍縮条約の廃棄は、単に軍艦建造の専門的問題だけではなく、実に国家基本の政策に関する問題であることはすでに説明した。満洲問題発生後、さらに軍縮条約を全面的に廃棄することは、日本の国際的地位を根本的に動揺せしむる大問題なので、極めて慎重に取扱わねばならなかった。それにもかかわらず、岡田内閣は、海軍の主張を抑えることも、是非を国論に問うこともなく、単に国内的に波瀾を生ずることを避けて、海軍の代弁的役目を果たすことをつとめたに過ぎなかった。日本は、さきに満洲問題に関連して、国際連盟を脱退し、今さらに華府会議機構の根底をなしている軍縮条約を廃棄してしまった。ここにおいて、日本は国際的に拠っている最後の楯を撤去してしまったわけである。日本は、国際的に何等の拘束を受けない独歩の立場になったのであるが、その意味するところは国際的孤立であり、列国をしてことごとく外交上日本の敵たらしめたと云うことである。孤立は不安を生み、不安は劣等感と焦燥感とを招くから、いわゆる日本の危機説が盛んに流布せられ、軍国主義が益々高調せられた。軍国主義者は、日本の危機に備えるために軍備を増大し、国民を組織せねばならぬ。もはや陸海軍備を拘束する何ものもなくなり、主権は恢復せられた、これからは、軍備の充実と国民総動員とを実施するに、障壁となる何ものもなくなったわけである。かくて陸海軍部は、轡を並べて、国防国家の建設に邁進するに至った。

軍縮条約の廃棄は、支那問題に対しても直接の政治的影響を及ぼした。軍縮条約の廃棄は、華府会議体制の破壊を意味し、廃棄の規定のない支那に関する九ヶ国条約も、または支那に関する決議も、共にこれを無視する風潮を生じ、陸軍の大陸における行動は、すべての拘束から解放されたものとする気風が起って来た。その直接の影響は、北支における軍の行動に現われた。列国はこの風潮を鋭い眼で見守った。陸海軍は、国防の両翼でありながら、激烈なる競争者であって、その競争は、単に予算の分取の問題だけではなく、政治勢力の分野においても、また内外に対する政策の内容決定についても、常に平等と均衡とを主張した。その意味するところは、陸海軍の勢力が国際的の束縛から解放され、国内的にこれを制御するもののない状態において、陸海軍の対内外の政治上の進出が無制限に行われることであった。

その際、満洲事変に対する論功行賞が、軍部より強く提唱せられ、政府もこれに反対する意気はなく、遂に実現を見るに至った。勅命に違反し、政府の方針に反抗して、謀叛的に行われた満洲事変に対する国家の行賞が、岡田内閣により、公然大量に行われたことによって万事は終った。その結果、手柄を立て、国の恩賞を受くるためには、第二、第三の満洲事変を起すことが、最も近道であることとなった。国民は、納得のゆかぬ満洲事変に関する授爵叙勲の功労者を異様の目をもって見た。

満洲国と関東軍

国家改造計画と国防国家

もともと、満洲事変は、日本革新運動と同根であって、大川周明博士等満鉄調査部の理想論が、多分に採用せられていた。五族協和とか、王道楽土とか、財閥反対とかの左傾右傾の革新精神が、関東軍の幕僚によって、唱導せられ実行されて行った。「ナチ」に倣って、一党一国を目指す協和会も組織せられた。また、日満経済提携の協定は成立し、後には、日産を中心とした満洲重工業会社が出来て、満鉄と相列んで、満洲の経済的経営に当ることとなった。

関東軍の頭脳は、当初より満鉄の調査部であって、後藤満鉄総裁時代に出来たこの調査部は、大連及び東京に大規模の機構を有っており、政治経済の各般にわたる調査立案に従事し、大川博士は、久しく同部を指導しておった。関東軍の幕僚が、この調査機関を利用して作成した、内外にわたる広汎詳細なる革新計画がある。これが革新の種本であって、軍部革新計画者の間に、所謂「虎の巻」と称せられるものであった。その製作者の性質に鑑み、その内容は、極度に拡大せられ、理想化せられたナチ的のものであって、内に向っては、純然たる全体主義的革新の実行を目的とし、外に対しては、極端なる膨脹政策を夢見たものであった。この虎の巻の全貌は、数名の中心人物（中堅将校）のみの知るところであって、これを同志の潜行的連絡によって、政府その他の機関をして、その所管内において個々に実行せしめ、全体を綜合して国家改造を実現し、革新の目的を達成せんとしたもので、目的の実行には左翼的戦術を用いていた。関東軍は、満洲事変の直接の爆発点でもあったが、日本改造運動の震源地でもあったのである。

大陸における我が国防問題

満洲を占領し、満洲国を建設して、共同防衛の責任を取った日本軍は、眼を四方に配って見て、その責任の重大なるに、今さらのごとく驚いた。

張学良の敗残軍が、北京を中心として北支一帯に蟠居して、満洲を恢復しようと策謀しているのみならず、一九二八年（十月一日実施）以来、五ヶ年計画をもって、急速に武力を伸張しつつあるソ連は、満洲を三方から包囲している。これが、共産分子の混入している支那軍隊と協同して、満洲国を脅威するのは時の問題である。中国共産軍は、さらに瑞金ソヴィエット地区を中心として、またその西征後には、延安を中心として大なる勢力となりつつある。関東軍は、東亜におけるこの新形勢に対して、対策を至急講ぜねばならぬ。この重大なる任務を遂行するには、関東軍に対して、ややともすれば非協力的であって、我が大陸の使命に無自覚なる、日本現政府のようなものの存立を許すべきではない。須《すべか》らく国政を根本的に革新して、我が大陸における新使命を達成し得るような態勢を整え、真の国防国家を建設せねばならぬという考え方が、軍を通じて支配的となった。これがまた国論をあおって、日本の言論は最も無責任に外国を刺戟するに至った。

ソ連は、日本の満洲国の経営に多大の関心を払い、対ソ連強硬論者の積極的言説に対しても、極度に神経をとがらし、満洲を基地とする、日本の沿海州及びシベリア侵入を予想して、急速に防禦施設を進めた。第二次五ヶ年計画は、極東の工業化、移民の定住等に特に重きを置き、軍需工業の中心地として、シベリア各地に工業を起し、鉄道の複線工事の完成に邁進し、満洲国を廻って軍事基地を築造した。また万一日本軍が侵入する場合、ユダヤ人の世界世論に対する勢力を利用するために、極東ソ領の軍事中心点ハバロフスク附近に、ビロビジャンユダヤ国なるものを創設したりした（一九三四年五月七日）。更にソ連は、日満議定書による共同防衛に対抗して、外蒙古と共同防衛の協約を締結して、外蒙古を満洲国に対する軍事基地とするに至った（一九三六年三月十二日ソ蒙相互援助条約ウランバトルにて調印）。ソ連はこれよりさき、支那に対して同様同盟締結の提案を行ったが（一九三五年七月）、支那の容るるところとならなかったのである。かくの如くにして、ソ連は五ヶ年計画（第一次一九二八年）に次ぐ五ヶ年計画（第二次一九三三年）をもってし、東方に対する軍事施設は、飛躍的に充実し、満洲国は陸においてソ連に殆んど包囲される有様となった。なお、一九三四年に、ソ連はすでに国際連盟に加入し（一九三五年仏国と相互援助条約を締結）、日独排撃の国際戦線に乗り出した。支那における共産党の指導する反帝国主義運動は、ますます激しく、コミンテルンの半植民地的東洋に対する民族主義運動は、着々と成功しつつあった。

コミンテルンは、一九三五年七月第七回大会において、ソ連防衛のために反ファシズム人民戦線戦術を採用し、デモクラシー諸国との連繫を策し、ドイツ及び日本を共産党の敵として取扱うこととなった。ここにおいて反日独の闘争が共産党の世界的組織の活動によって行われ、中国共産軍は、公然日本軍に対して敵意を示すに至った。かくのごとくにして、ソ連の日独に対する共産戦術は、一九三五年以来着々実行に移されていたのである。

関東軍は、満洲国の建国を急ぎ、大陸における新たなる軍事上の責を果すために、急速に準備を進めたが、これにも増してソ連の施設は進み且つ忽ちにして、日本の施設を追い越してしまった。にもかかわらず、満洲事変の一時的成功に酔った軍は、軍の向うところ、何事と雖もならざる事なし、と云うが如き驕った気持で、功名心の誘うままに、左右混合の革新論に煽動されて、国家の大局を慎重に考慮することなく、事を起して行った。国防の責任上より来る不安感と、反動思想に伴う驕慢との矛盾したる感覚の競合によって、国家の大事が、次ぎ次ぎに直接行動によって遂行されて行ったことは、実に悲しむべき事態であった。これは、すでに当時、コミンテルンの採用した、敵を内部より攪乱するという、トロイ戦術に、最も適当な地盤を提供するものであった。支那及び日本にわたるゾルゲ・尾崎スパイ団の活動は、すでに満洲事変前一九二八、九年より始められていたのである。

関東軍と北支内蒙問題

関東軍が満洲国の国防について最も関心を有ったのは、支那との国境地帯、即ち北支、内蒙の地域であった。北支に蟠居している張学良軍が、満洲国の治安を乱す原動力であることは明らかであるが、若しソ連の勢力が、外蒙古を通じて支那共産軍の勢力を利用して、北支方面に進出して来る場合には、満洲国は、完全にソ連によって包囲されてしまうのみならず、支那はソ連の勢力下に置かれるようになる。よって、北支内蒙の問題は、関東軍の極めて重要視するところであった。この地域を、満洲国に対して、敵意を持たぬものの勢力に委ねるように工作せねばならぬ、と云うので、関東軍は満洲国の建設とともに北支内蒙の工作に乗り出した。

関東軍が北支問題に興味を有ったのは、単に軍事問題だけでなく、国防国家の建設と云う点からでもあった。封鎖経済の世界的風潮に対抗するために、国防資源の自給自足を実現するためには、満洲のみを以て足れりとするや、との関東軍の質問に対して、満鉄調査部は、宮崎報告を以て到底満洲だけの資源をもってしては足らず、北支の資源開発は、これがために絶対に必要である、との意見を具申した。軍の首脳者にして、国防国家建設に没頭している人々は、この説を強く取上げた。

元来、満洲事変後の内閣は、いずれも満洲事変を満洲外に拡大せぬ方針をとり、満洲国の建設は長城以北に厳定していたのであった。然るに、関東軍はこの政府の方針を顧みるところなく、何時の間にかその活動を北支内蒙にまで拡張するに至った。

斎藤、岡田両内閣時代に、軍部が政府の意向に反して実行した、北支及び内蒙における工作なるものは、満洲事変を支那事変に拡張するに至った連鎖をなすこととなった。

広田三原則

満洲事変収拾の気運と東亜の覚醒

満洲事変の勃発は、世界を驚かせたが、日本人をも驚かせた。日本はどうなるか、と期せずして国民は心配した。政府は、懸命にその善後措置を講じたが、政府の力は軍部に及ばず、事変の直接の作者たる関東軍の幕僚は、既定計画に従って突進した。本庄司令官は黙々として事件の進行に追随した。

・日本政府は、外に向かっては、何としても、関東軍の行動について、全責任を負わないわけには行かぬ。政府は、対外的には、関東軍の措置をもって当然の自衛措置であるとし、且つその行動は最小限度にこれを止める、と保障した。しかし、事態はすでに内外に対する革命であって、関東軍は、手綱を切った馬のように荒れ狂って、事件は拡大するのみであった。

国際連盟は、ついに日本を侵略国と判定するに至って、日本は、断乎として連盟を脱退し（一九三三年、昭和八年三月）、独自の進路を選んで満洲国の建設へと進んだ。主張を堅持し、世界を相手として屈せざるその姿は、若し節度がこれに伴ったならば、極めて雄々しきものであった。元来、満洲事変は、支那側の極端なる排日運動に端を発するもので、国際連盟も外国側も、日本の云い分に、多分の理を認めざるを得なかったのである。国際連盟が会議を繰り返している間に、立派な満洲国の建設が出来上った。日本が、若しその行動を満洲だけに止めたならば、列国もこれを黙認する、という見込みはないではなかった。就中《なかんずく》、東亜においても国際連盟においても、牛耳を把っていた英国には、当時なお、日英同盟時代の感情を有っている有力者が、保守党方面に少なくなく、また何とかして支那問題の破綻を防ぎたいとの考えを有っていた人は、日本だけではなく、英国側にも少なからずあった。英国は、リットン委員会の調査の後、私的ではあるが、有力なるバーンビー使節団を日本に派遣したりした。支那財政の救済のために、英国政府が知名の大蔵省専門家リース・ロスを派遣した際にも、先ず日本を訪問して日本当局と協議し、日本の協力を需めしめたのであった。これらの措置は、時の英国政府が、なお未だ日本との関係を重んじ、日支の関係調節に役立とうと努力した意思表示であった。

支那は、日本の毅然たる態度を見て、驚異の眼を見張った。日本の冒険は、直ちに国家の破産を招来するであろう、といった列国の予言に反して、日本は益々強大となる底力を示した。革命支那は、この威力ある日本を研究し、見習わねばならぬ、と云う気持になった。その気持は、丁度日清戦争後の支那識者の心理に酷似するものがあった。これがために、支那から多くの留学生や見学者が、続々と日本に渡来し、政治家、外交家の日本渡来も急に増加した。

この気運を捉え得れば、あるいは、日支の関係は禍を転じて福となし得るかも知れぬ、と思われた。しかし、これがためには、日本側に忍耐と寛大と統制とがなければならぬ。別して、大智の運用が必要であった。

満洲問題解決の基礎条件と天羽声明（昭和九年）

外交当局たる外務省は、直ちにこの気運を助長して、満洲問題の解決に向って歩を進めんとした。それがためには、まずその基礎を作って行かねばならぬ。

第一に、日本は、連盟脱退当時の方針に則り、満洲以外の支那本土に対し厳に積極行動を排して、以て何等野心のないことを示し、また米国の重んずる門戸開放策に特別の注意を払わねばならぬ。第二に、列国が無責任に支那の排日を煽動し、武器または財政上の援助を支那に与えて、日支間の争闘を激化するようなことのないことを望まざるを得ぬ。第三に、日支両国は攪乱を目的とする共産党の共同災禍に直面していることを自覚すべきである、というのが大体の方針であった。日本は、行動を慎重にして、列国の非難のないことを期するとともに、東亜における安定勢力たるその当然の地位は、飽くまで、列国をして理解せしむる態度に出でようとしたのである。満洲は、元来、支那にとっては辺境の植民地であって、常に半独立の状態にあり、未だ曾つて支那の完全なる部分ではなかった。この問題は、パリ会議でも、また華府会議でも、「支那とは何なりや」という形で提起された問題であった。しかし、満洲国を支那が直ちに承認することは困難であろうから、日本側は、その建国の成り行きを見つつ、満洲国の承認要請は他日に譲るけれども、満洲国はもともと支那人を主体としたものであるから、この上支那と満洲との関係を悪化するような政策は、支那側において差し控え、成る可くその関係を調和するようにして、今後の自然の発展に委せ、時を以て解決すべきである、と云うのであった。日本は、支那本土に対しては、何等の野心のないことを示すとともに、支那側の要望に対しては、あらゆる寛大な態度に出でてこれに応じ、満洲問題の解決を計らねばならぬ、という旧来の考え方は、この場合にも強く動いておった。

この政策は、非常に有効に進行し、列国側の諒解も次第に増加し、内外の世論もこれを歓迎した。しかしながら、当時（一九三三―四年）列強においては、日本を除外して支那に軍事的借款を与え、武器を供給し、軍事顧問または教官を派遣し（主としてドイツ）、飛行場を建設するなど、反日抗日運動の気勢を煽るものがあったので、これがために、日支関係は害され、東亜の平和は擾乱せらるる虞れがあった。そこで、一九三四年四月、情報部長は、日本人記者団と定期会見の際に、その質問に応じてまえもっての方針を説明した。これが四月十七日、当局の非公式談話として新聞に掲載せられたが、海外には意識的または無意識的に拡大誤報せられ、所謂「天羽声明」として悪意ある宣伝に利用せられた。これは、前記方針の第二点に関連したもので、その趣旨は九ヶ国条約を全然無視するとか、または外国を支那から締め出すとか云うが如き問題ではなく、日本の支那における重大なる立場を明らかにすると共に、列国の態度によって、支那の事態の悪化することを防ぐことを、主旨としたものであった。

要するに、上記の方針は、日本の大陸における地位を正当に表示し、満洲問題について、日支両国及び列国の利害と感情とを調和して、根本的解決を計らんとするものであって、これが後に、議会において、広田三原則の声明となって現われた次第である。この方針の遂行によって、漸次良好なる空気の中に、日本と支那との間に外国の利益を代表する英国を加えて、交渉を進めて行くこと、恰かも、さきに、上海事件を解決に導いた如くならしめん、と企図したのであった。

支那問題の解決は、英国の理解を得て、その斡旋に俟つ外はないことは、理論上からも実際上からも、すでに試験済みのことである。それは英国――英国の裏に米国がいる――を措いては、外に求めることが出来ぬ役目であった。若し、前記の方針を、確乎たる統一せられた外交政策として、日本政府において実行することが出来たならば、時の推移とともに、満洲問題は、有利に解決することが出来たことを信じて疑わない。記者は、後にロンドンに大使として赴任した時において、再びこの信念を確かめ得た次第であった。戦後極東軍事裁判所においても、支那検事は、若しこの政策が続けられれば日支関係は全面的に改善されたかも知れぬが、これを阻止するために、軍部は陰謀によって二・二六叛乱を起した、と観察している。その結論の当否は別として、この政策は、当時軍部の事実上の反抗にあって遂に成功しなかった。而して政府は、積極的な経綸を行うことよりも、消極的にその日を無事に過すことに重点をおいた。軍部は、英米との妥協を悉く排除し、更に、日本が満洲以外、支那本土において、何等の野心なきことを保障する政策に、極力反対した。

軍部の反抗

前にも述べたように、当時、内閣の軍部に対する政治力は、極めて貧弱であったのみならず、岡田内閣は、海軍軍縮問題の処理に没頭していた。満洲問題や日支の一般問題は、成り行きに放任し、敢えて軍の行動を制御し、若しくは指導する熱意は有たなかった。しかのみならず、海軍条約の廃棄通告によって、華府会議体制の基底を破壊して、軍部の支那に対する行動を野放しにしたことは、大局上甚だ遺憾なことであった。

関東軍の推進する軍の北支工作は、政府の外交方針とは全然無関係に、且つこれを無視して、秘密の間に遂行せられ、外交当局も政府も、その実相を窺い知ることは出来なかった。外務省の立てた前記の大局的外交方針には、軍中央部においては、表面これに賛成しながらも、その実行については、中央においても出先き軍機関においても、猛烈に反抗した。外務省が、政府において予て決定されていた所に従って、支那公使を大使に昇格して、その地位を強化して、新しい政策を強力に遂行せんとした試みに対して、軍部は、外務省がこの際更《あらた》めて大使昇格を陸軍省に協議しなかったことを、脅迫をもって抗議し、外務当局に対し、激しく反感を表示した。軍部は、すでに満洲問題は勿論、支那問題そのものを、外務省の手より引き離して、軍部の手によって処理する底意を持っていたのである。これがため軍部は、北支工作は勿論、支那に関する問題は、外務省その他より掣肘を受くべきものでないとして、軍部限りにて大胆に処置し、政府自身もこれを制することを敢えてしなかった。

在支陸軍武官磯谷少将は、しばしば日本の名において声明を発表して、列国の支那における態度を誹謗し、日本軍部の支那問題処理の決意を表明し、支那政府を罵倒し、鋭く英国を攻撃して、政府の外交方針とは正反対の立場を取り、軍中央部またこれに呼応したため、支那及び列強の世論を沸騰せしめた。日本の実権者としての軍部の態度は、当時内外より重要視されていたので、事態は益々悪化し、政府の外交政策の統制は、愈々失われて行った。

この軍の態度は、北支工作の進行とともに、共産党の絶好の宣伝材料となり、せっかく好転し来たった空気を混濁せしめ、満洲問題を外交的に収拾せんとする試みは、事毎に破壊された。当時、中国共産党の勢力は、蒋介石の討伐に遭って、後退を余儀なくされていたが、日本軍部の支那本土における工作に関連し、国際共産勢力が反日風潮を利用した攪乱策動は、最も有効に且つ隠密に行われておった。

ソ連の参加後、共産分子の多くなった国際連盟は、衛生部長ライシマン（ポーランド‐ユダヤ人、共産党員）を、当時日本攻撃の有力な材料であった阿片問題調査を名として、支那に派遣した。彼は、遂に支那政府の顧問となり、最も効果的に、支那政府の内部より共産党のために働いていた。ゾルゲ諜報団もまた久しく支那、日本にわたって活動していた。コミンテルンは、世界的組織をもって日支の紛争を国際的に拡大すべく、全力を挙げていたのであった。欧米諸国におけるソ連第五列の政治上の力が、十二分に利用されたことは云うを俟たぬ。かくして、米国の対日態度は、スティムソン主義の下に、益々硬化して、理想的門戸開放政策の実行を強硬に日本に迫って、些細なことにまで、抗議と反対とを繰り返し、日本軍部を刺戟し、ついに日本当局の実現せんとした、満洲事変解決の方策を結実し能わざらしめた。若し、米英が日本の平和主義者の考案を是認し、日本が東亜における安定勢力たることを承認し、政治的活眼を以て支那を中心とする東亜の政局を、一応安定せしめる方針に出でていたらば、世界の情勢は、恐らく今日のごとく危険なものとはならなかったであろう。

二・二六叛乱

皇道派と統制派

天剣党から血盟団に及んだ青年将校を中心とする国家革新を志すものは、多くは国粋主義皇道派の諸将を先輩として崇敬し、彼等によって革新事業を実現せんと意図した。その目的に向って途を開くため、まず自ら率先して、国家の改造に障害となる人物を、直接行動をもって除かんと決意して、中央地方の同志間に相互に気脈を通じておったことは既に述べた。荒木大将が陸軍大臣となり、真崎大将が閑院総長宮の下に参謀次長となって、皇道派の勢力は俄然頭を擡げて来た。而して、荒木大将に代って、林大将が陸相の地位に就くに及んで、皇道派、統制派の派閥争いは公然となり、深刻な軍部内の闘争が表面化した。

元来、陸軍の系統から見れば、薩派の上原元帥は長州の田中大将と対立していたが、田中全盛の時代には、上原元帥を継ぐものに宇都宮、福田（雅太郎）の両大将があった。武藤元帥（満洲国独立後の初代関東軍司令官）がこの勢力を継いで、荒木、真崎両大将等の皇道派に及んでいる。多くは統帥系統武人型の人々である。田中大将を継ぐ者は、山梨大将、宇垣大将以下の上級及び中堅の軍政系統の政治家肌の将校で、のち、統制派と呼ばれ、相次いで軍中央の要位を占め軍の主流をなしていた。

相沢事件、永田局長惨殺（昭和十年）

荒木陸相に代った林大将は、軍の統制維持の緊要なるを痛感し、直接行動のごとき不穏行為を厳罰して青年将校を取り締り、危険分子に弾圧を加える方針に出た。林陸相が、当時青年将校の信望を集めていた真崎教育総監を罷免するに至り、青年将校の憤慨は極度に達した。その時に一不祥事が起った。

青年将校の団体とは直接の連繋はないが、彼等と志を同じゅうする単純にして一本気の相沢中佐は、最近台湾に転任を命ぜられたものであるが、真崎大将の罷免は、永田軍務局長の実権を握る統制派の策謀によるものであるから、自ら代って天誅を加えるとて、白昼、陸軍省軍務局長の事務室において、永田少将を刀殺して平然たるものがあった。陸軍内部の闘争は、最も無法な手段によって血の洗礼を受けた。

ここにおいて、軍部内の派閥闘争は、俄然沸騰点に達し、相沢中佐の永田少将惨殺をもって義挙となす同情者は、悉く立って彼を擁護し、軍法会議の相沢裁判において、左翼戦術を応用して、弁護の形においてその立場を宣伝した。弁護人満井中佐等は、極力日本政治の腐敗を摘発し、革新の必要を力説し、さらに軍部内の情弊を指摘して、統制派の幹部を攻撃した。かようにして、青年将校の革新運動は、軍部内の派閥争いと関連して、北一輝、西田税の陰然たる指導の下に、愈々直接行動に訴える気運を作った。

士官学校事件

血に熱する青年将校の頭を冷やすために、軍の先輩は相当苦心した。国家を想う純真なる青年将校の団体は、士官学校の優秀なる生徒の全部を網羅しておった。軍の幹部に反感を有つ彼等は、軍人としての登龍門である陸軍大学校にも、結束して入学志願をなさずして、国家改造のために犠牲となる時機を待っていた。

然るに、彼等の中の指導者格であった村中大尉や磯部主計等の人々は、ついに彼等の信頼する先輩の忠言に耳を傾け、その説得に応ずることとなって、直接行動は思い止り、立派な軍人として国家に奉仕するということを誓約して、村中は陸軍大学校に入学し、学生として真面目に軍事の研究に専心するようになった。

然し、青年将校の一般政治運動は少しも衰うるところなく、士官学校の学生中にもこれに感染するものが少なくなかった。軍当局は、禍根を一掃する方針を立て、士官学校幹事（東条少将）は、中隊長（辻大尉）の建策に基づき、青年将校の一味と云われた佐藤と云う生徒に旨を含めて、彼等の行動を内偵せしめた。佐藤は、村中や磯部等を歴訪して、彼等の変心を罵倒したりして真意を確めた。彼等は、いずれも時機を俟っているのみで、国家の革新に対する従来の精神において、少しも変っているのでない、と言明するに至った。

内偵報告を得た軍当局は、これを理由として、関係者全部を陸軍大学校より放校し、更に軍より退役せしめた。軍の内規によれば、恩給年限に達せざる者は退役せしめぬことになっていたのである。士官学校生徒も多数粛正された。この事件は、士官学校事件と呼ばれるものであるが、これによって、青年将校の統制派軍首脳部に対する反感は極度に達し、復讐心に燃ゆる村中、磯部等は、かくなる上は蹶起すべき時機が来たと考え、窃かに同志とともにその計画を練った。その背後には、北一輝や西田税等の革新主義者がいた。

重臣の暗殺（昭和十一年二月）

第一師団に対し、急に満洲に派駐すべき命令が下った。東京師団だけは他に動かさぬのが軍の内規と云われていた。急にこれを動かすことになったのは、我々青年将校の睨まれたる者を、東京より追い払う魂胆に出でたものであろうと、彼等は邪推するに至った。事はその前に挙げざるべからず、と一決した。

昭和十一（一九三六）年二月二十五日、大雪の夜に、第一師団の野中の引率した兵隊が中心となり、近衛師団やその他の部隊が参加して旗を挙げ、手分けをして、周到なる秘密計画の下に、まず元老、重臣の暗殺を決行した。主力部隊は、総理官邸を襲い、永田町、霞ヶ関及び溜池の一帯の地区を占拠し、警視庁及び内務省並びに参謀本部及び陸軍省をも占領した。

興津の西園寺老公は、襲わるる前に避難することが出来たが、湯河原の野村別荘に滞在中の牧野前内大臣は、家族とともに夜中襲撃を受け、護衛警官の勇敢なる殉職により、危うく虎口を脱した。斎藤内大臣、高橋蔵相、真崎大将を継いだ渡辺新教育総監は、おのおの自宅において惨殺せられ、鈴木侍従長は官邸において瀕死の重傷を負った。

岡田首相は、総理官邸に同居していた、従兄弟に当る首相に酷似せる秘書松尾大佐が誤殺され、その人の身代りによって危く難を免れた。岡田首相は、松尾大佐の葬儀に当り、死体搬出にまぎれて叛徒に包囲せられている官邸を脱出するという劇的場面を演じた。

叛徒との交渉

国家の重老臣を、おのおのその自宅において、血祭りに上げた叛乱部隊は、永田町の総理官邸に集合して本隊と合した。叛乱軍は、溜池にある山王ホテルや料亭を根城とし、総理官邸を本拠として、これに蟠居し、附近一帯をその警戒線に取り入れ、更に所謂自由主義者を追及検索するとともに、全国の同志に電報を発して蹶起を促した。これがために、各地方においても不穏の形勢が見え、動きかけた軍隊もあったが、遂に大勢を動かすに至らず、危く全国的叛乱となることなくして済んだ。外相官邸も、外務次官官邸も捜索を受けたが、大臣も次官も官邸に起居してはいなかった。

叛乱勃発と共に、閣員及び他の重臣は、悉く宮中に籠って宮内省に起居し、宮城は堅く門を鎖し、外部との交通は、平素使用されざる平河門を通ずる宮城背後の迂回路の外は、遮断されてしまった。事件発生後、後藤内相が臨時総理に任ぜられた。賊の占領せる総理官邸を脱出し得た岡田総理は、ようやく一両日の後、隠れ家から宮中に出頭して、天機を奉伺し、同僚閣僚に合して、後藤臨時総理の職を解いた。

国家の政治機関の中枢たる総理大臣官邸が、叛乱軍のために占領されて、総理の生死すら数日にわたって不明であり、東京で何が起ったかも、公然とは政府より発表せられず、国民は政府の所在すら知ることが出来なかった。これがために、流言蜚語は忽ち四方に起り、日本は無政府状態に陥ったのではないかと危まれた。識者は、政府が「日本政府ここにあり」と国旗を立てて、名乗り出でて来るのを期待したのであったが、内閣諸公をはじめ、軍部指導者まで、元老重臣とともに、お堀と鉄条網とによって、外部と遮断された宮城内に姿を匿していると云うことを聞かされて、云うべからざる失望を感じた。内閣は、この危機の最中に辞表を提出して、政府は自然消滅の姿となって、国民の頼るべき国家の指導は、相当期間、事実存在しなかった。

宮中に籠っていた軍の大将級首脳者は、叛徒の手中にある陸相官邸に出向いて、叛徒の首領と会見して、この上砲火を見ずして事を収めようと、連日折衝努力した。その間叛乱軍は、自ら尊王軍と称し、一般には、或いは蹶起部隊、または行動部隊とか挺身隊とかの名称で呼ばれていたが、川島陸相が、天皇陛下に拝謁の際、「未だ叛徒は鎮定せぬか」との厳しいお尋ねがあってから、叛乱軍と呼ぶようになって順逆が初めて明瞭となった。

その間に、当時戒厳司令部参謀であった石原大佐等は、帝国ホテルに会合して、後継内閣の首班に、右翼運動者山本英輔海軍大将を推すことを協議したりした。叛乱軍の要求は、真崎大将を首班とし、軍を中心とする政権を樹立して、革新を断行することであって、その要求が貫徹すれば、解隊して罪に服し、自決すると云うのであった。

叛乱の鎮定

内閣の組織は大命によるのであって、真崎大将が諾否を決すべき問題では勿論ない。荏苒《じんぜん》時日の経過とともに、帝都の不安は増大し、焦燥の数日間が続いた。海軍は、陸軍が躊躇すれば海軍のみで鎮定すると云って、海軍省の建物を武装しはじめた。叛徒鎮定のための軍隊もようやく地方より集結し、陸軍の討伐本部が九段下の軍人会館に設置せられたが、討伐軍参謀石原大佐等は、むしろ叛徒を激励するの言辞を弄したと云うので、討伐そのものの真意について一般に疑問が持たれた。真崎、荒木を含む陸軍大将等の数日かかっての説得の後、叛徒の首領は、一旦自決することを承認して、十八箇の棺が陸相官邸に運び込まれ、自決用のピストルや日本刀等も準備されたが、中途、北一輝の電話による自決反対、むしろ降伏して法廷戦術に出る方がよいと云う勧告によって、決意は翻えされた。戒厳司令部は、叛徒に対して火蓋を切ると噂されたが、ついに隊長野中は、総理官邸前庭において自らピストルを頭部に発射して死し、他のものは罪に服し、兵員は兵営に帰還した。これは二十九日のことである。

軍法会議は非公開で開廷され、首謀者は、北一輝や西田税とともに、いずれも銃殺刑に処せられ、真崎大将は約一年拘禁せられた後、釈放された。

岡田内閣は事件の最中総辞職を行った。軍の叛乱に、直接の責任を有する川島陸相の辞職理由も、他の閣僚と一様であったことは、天皇の異様に感ぜられたところであった。西園寺公は直ちに近衛公を後任に奏請した。近衛公が辞退したので元老は困惑したが、当時、国際関係が重要視せられ、最近、北鉄買収等の対ソ交渉に成功した広田外相を推して、叛乱後の政局を担当せしめることとなった。

叛乱と外国使臣

帝国軍隊は天皇直属であって、軍人は「朕ノ股肱ゾ」と天皇は仰せられている。その軍人が、天皇の御膝下において、近衛兵まで参加して白昼叛乱を起し、国家の重臣を殺害し、政府の中枢を占拠すること四日に及ぶとは、一体何たることであろうか。これが叛乱軍であるか否か、の順逆の問題すらも、容易には決しなかった。それだけでも、軍の内部の如何に乱雑であるかが、明らかに看取せられた。

如何なる世でも、本を正すことが政治の根本であるとされている。国家社会の秩序を維持するために、順逆を明確にし、筋みちを立てることほど必要なことはない。日本では「其の罪を憎んで人を憎まず」と云い、純真なる動機を憐むのあまり、本末を顛倒して、順逆を誤り、社会共同生活の組織を乱すものに対してさえ、罪を軽くしたり、また賊徒を英雄視したりしたことがある。国家が賞罰を誤ることは、同じく順逆を紊ることである。昭和時代の変乱は、明治初年以来、幾多順逆を誤った史実の集積ではなかったか。吾人は軍人の口から、しばしば、天皇に対する批評を聞き、二・二六叛乱の当時においては、若し天皇にして革新に反対されるならば、某宮殿下を擁して、陛下に代うべし、という言説すら聴かされたことを想起せざるを得ない。所謂天皇機関説を実行していたのは、却ってこれを非難した軍部であった。軍部の跋扈は、昔、武家専横の時代を回想せしめるものがある。

叛乱が起ってから間もなく、外国使臣中に、叛乱軍の包囲哨兵線をくぐって外務省に見舞に来るものが少なくなかった。広田外務大臣は、宮中に起居しているので、記者がこれに応待した。いずれも同情の言葉を残したが、就中、東洋の二つの代表者アフガン及びタイの公使は、見舞の辞を述べた後に言葉は異なったが、東洋の先進国たる日本にこの事のあることは我々の残念で堪らぬ所であると云って、熱涙を流して記者の手を堅く握りしめた。記者は、まことに恥かしく、ただ頭を垂れて、その好意と同情とを謝した。彼等の眼には、東洋の先覚者として頼みに思った日本の秩序が、崩壊に瀕しているように映って、それが残念でたまらなかったのである。これが外国使臣の直覚であった。世界の平和に対し、重大なる責務を有する東洋国日本は、果して今後如何なる方向に進むであろうか。大雪に埋もれている帝都は、軍隊の叛乱のために、処々に鮮血淋漓たる斑点を残し、国家の中枢たる機能を、全然喪失してしまったのである。電車の音も今日は聞えぬ。静かなる天地に独り残された記者は、外務省の応接室から友好国の代表者の後姿を送り出して、うたた感慨の無量なるものを覚えた。

広田内閣の成立

広田内閣の組閣本部は、永田町総理官邸と向い合っている外相官邸であった。組閣は、軍部の持込む故障で容易に捗取らなかった。川島陸相の後任は、軍において勝手に寺内大将を当てておった。寺内大将は、軍務局の幕僚数名を従えて、組閣本部に度々乗込んで来て、種々と註文をつけた。組閣参謀長格の吉田茂の外務大臣就任は、軍が反対したため、吉田氏は組閣の仕事から手を引いた。軍の一部と連絡があると云われた、勧業銀行馬場総裁が、その後を引き受けて組閣参謀長となった。軍務局の武藤中佐（後の軍務局長）等中堅将校は、また組閣本部に来て、下村宏の文相就任に反対した。組閣は一週間以上かかって、軍部の承認を得てようやく成立した。

広田首相の下に、馬場氏が蔵相として副総理格となり、寺内陸相、永野海相の陣容で、外相には駐支大使として着任したばかりの有田大使を煩わすこととなった。記者は、新大臣就任後、次官を辞めて、堀内謙介米洲局長が後を嗣いだ。

二・二六事件の重圧の下に出来、「庶政一新」をスローガンとした広田内閣は、結局軍の傀儡的存在であった。満洲事変によって、軍は完全に政府の羈絆を離れて、独立の行動を執るようになり、二・二六の叛乱によって、軍は、ついに、日本の中央政府を事実上乗り取ったのであった。

軍の首脳部は、寺内大将を陸相に有する統制派であって、叛乱軍が皇道派を担いだというので、軍部の先輩は、一律に責任を取ってこの際引退する、という名目で、皇道派に属する将領は悉く一掃されてしまった。青年将校の極端論者は、多くは国外又は地方の部隊に転出せしめられた。しかし、軍中堅将校による幕僚政治は依然として続行せられ、内外に対する所謂革新政策に関する軍の考案は、「虎の巻」を基本として、彼等の手によって政府にその実行が強要されて行った。

第三編　北進か南進か（広田、林弱体内閣）

広田内閣

広田内閣の性格

二・二六叛乱の重圧の下に出来た広田内閣は、もはや事実上軍部の道具に過ぎなかった。道具といっても、その道具は、軍部の自製のものではなく借り物であって、軍部と雖も思うように使えなかった。

広田首相は、玄洋社出身の右翼張りで、外務省の変り種のように看做されているが、決して軍の方針を是認し、衷心よりこれに協力したものではない。彼の議論も、時として反動的に聞え、また彼自身は軍部内閣論者ではあったが、その趣旨は、実力をもって国政を動かしているものに、表向きの責任をも負担させて、国民一般の批評にさらし、裏面の策謀を防止することにせねば、政治は何時まで経っても責任を重んずる明朗のものとはならず、常に謀略の犠牲となるに止まる、と云うにあった。彼の個人的性格は、すでに体得した禅器であって、自ら進んで働きかけると云うよりも、四囲の形勢に応じて事を処理して行くと云う風であった。

彼の外交政策は、決して好戦的ではなく、否、反対に如何にして列国との平和を維持して行き、日本の方向を無理のないようにするか、と云うことにあった。彼が一九三三年内田外相を襲って、外務大臣となって以来の実績が、これを示している。元老においても、二・二六叛乱の混乱に当って政局を収拾し、世界の大勢に順応して、軍部を誘導して、内外の政策を謬まることなからしむるための適任者であると判断して、結局広田を選んだのである。

広田内閣は、決して軍部の思うままに動くものではなかったと同時に、叛乱後の軍部の重圧と、変った世相の下において、軍部の画策に対しては甚だしく無力であった、ことも事実であった。軍部に対しては、若槻、幣原の政党内閣は反抗的であり、斎藤、岡田の海軍内閣は傍観的であり、広田、林の弱体内閣は無力であった。かくして、次の近衛の軍部協力内閣に移行することになったのである。

軍部大臣現役制

「庶政一新」を標榜する広田内閣の第一の仕事が、軍の要求する軍部大臣現役制を復活したことであったのは皮肉である。

軍事専門家である職業軍人が、その軍人たる資格において政治に干与し、台閣に列するということは、カイザー時代のドイツ以外に、近世においては殆んどその例を見ない。特に、近代国家においては、政治は国民の代議機関を中心にして、政治家の担任すべきものとせられ、軍人の干与は許されないのが普通である。日本は、ドイツの軍国主義に倣った制度に加うるに、八百年の武家政治の余弊を受けついだ、統帥権独立の観念をもってし、軍事に関する問題は、軍人において取扱うことが定例となって、陸海軍大臣は、現役の大、中将をもってこれに当てていた。民論が起り、次第に政党が発達して来るに及んで、斯様な封建制度の残肴に満足せぬようになって来た。

元来、この制度は、軍人は政治に干与すべからずという、明治天皇の勅語に正面から違背するものであるに拘らず、不思議にも黙認せられて来て、藩閥の遺産として軍部の政治的勢力の源泉をなしていた。第一次山本内閣時代に、遂に予備軍人を陸海軍大臣に任命し得ることに範囲は拡張せられたが、それは、単に現役軍人に限らず、予備の軍人をも含めると云うに過ぎなかった。然し、これは非常なる改革であった。何となれば、予備軍人はもはや軍の普通の組織外に置かれていて、軍隊に対して、必要の場合、召集を受ける義務以外に、普通の国民と異なることがなかったからである。また原政友会内閣の時に、植民地総督の文官制も採用されたのであった。

広田内閣は、陸海軍の一致の意見に基づく、寺内陸相の要請によって、山本内閣の改革を再び逆転せしめて、陸海軍大臣は、現役軍人に限られることに改めた。この制度には、海軍もまた便乗した。表面の理由とするところは、二・二六事件によって、一掃せられて予備となった大、中将が、再び大臣として復活することがあれば、軍部内の統制を紊す虞れがあると云うにあった。事実、これは追われた皇道派の復活を防ぐ、統制派の用意でもあった。然し、この復活せられた制度そのものが、如何に軍部の政治的勢力の鉄骨となったかは、説明するまでもないことである。

統帥権の独立を楯に、特権的地位を擁して、軍は益々政治に進出し、政治家は益々後退した。政治に如何に密接の関係があっても、軍事については軍人以外は、一切これを論ずることを遠慮するようになり、ついには、軍の思想上の観念や政治上の意図が、そのまま、国家の観念となり、国策となって行った。一般国民は、毫もこれを怪しまず、識者は威圧に対して極めて従順となってしまった。

軍事予算の膨脹

広田内閣の第二の施策は、軍事予算の膨脹であった。

軍事予算と雖も、政府予算の一部であり、政府において立案し、議会の協賛を必要とする。軍の行動を掣肘し得る政府の唯一の手段は、軍事予算の編成ということにあった。岡田内閣までは、歴代の大蔵大臣は、予算の均衡に重きを置き、軍部の要求通りの巨額の軍事予算を計上することに対し反対して来た。然し、軍の予算要求の態度は、何時も極めて強硬であった。陸軍は、満洲占領後の大陸防備のために、海軍は、海軍条約廃棄後に備うるために、莫大の軍事費を要求するようになり、国粋主義の宣伝には、抽象的の国体明徴や危機説から、具体的に陸軍軍備の拡張を主張する国防充実のスローガンが採用せられ、馬場蔵相は、岡田内閣当時、藤井蔵相が死をもって争った大蔵省の態度を放棄し、軍の予算要求に対し、極めて寛大なる態度をとるに至った。

満洲事変以後、軍縮条約が廃棄されて、華府会議体制が潰滅した後の軍備充実は、国家の重大な関心事でなくてはならぬ。即ち、日本は国際連盟脱退後の、微妙なる国際関係に乗り出しているのであるから、軍備充実、即ち軍事予算の問題は、国家最高度の政治問題として、当然取り上げらるべきものであった。然るに、この重要なる政治問題が軍部の意図するところの儘に、動かされるようになって来たことは、国家にとって、非常に危険なことであった。

元来、日本の予算は、軍事予算のために極度に圧迫されて、軍事予算の一般予算に対する比率は、全体主義国を除いては、他の如何なる国よりも高くなっていた。資本主義の経済組織を維持しながら、これ以上に軍事予算を増加することは、容易なことではない。これがために、軍事費増加のために、あらゆる宣伝が行われた。しかのみならず、この頃から国家の財政は、紙幣の増発によって無制限に賄うことが出来る、ただ発行された紙幣を適当に回収する方法を講ずれば可なり、という全体主義的議論が、ドイツの財政を例に引いて、頻りに行われるようになった。

軍事費を増額する目的のために、陸海軍の言論は放縦に流れ、政策に関する主張は露骨であった。しかして、その傾向は、満洲事変の勃発と、軍縮条約の廃棄の後は一層甚だしく、陸海軍の予算分捕競争は階段的に上昇して行った。

北進か南進か

軍備と予算

日本の政治において、統帥権が独立し、その統帥権が、また陸海軍に両断せられたことは、国家の致命的災厄であった。満洲事変によって、軍の直接行動が是認せられ、国際連盟の脱退や軍縮条約の廃棄によって、軍備に対する国際的の制約がなくなった後の、陸海国防当局は、直ちに無制限なる軍備拡張に乗り出した。これを掣肘する国内の政治力は、すでに消耗してしまっていた。

満洲事変発生後、陸軍の予算は、急に膨脹した。海軍は、軍縮条約の廃棄の後、無制限の建艦に着手することによって、陸軍と均衡を保つことが出来た。陸軍は、満洲国建国後は、明瞭にソ連をもって仮想敵国として取り扱わざるを得ぬこととなった。海軍は、また、この点において陸軍に対抗せねばならなかった。満洲問題以来、急に反米英の思想が普及して来たのは、単に満洲問題のためのみではなかった。陸海軍の軍拡競争は、一般予算を圧して、急に増大された軍部予算を、二等分して均勢を保つ、と云う奇現象を生ずるまでになった。陸軍の態勢は北進であり、海軍の態勢は南進である。太平洋中の一小島国である日本が、世界最大の陸軍国及び海軍国を目標として、勢力を争わんとするのであるから、憐むべき日本国は、陸海軍勢力のために、南北に引き裂かれんとするわけである。

海軍は、満洲事変にも北支工作にも反対である。陸軍は、南進政策を危険なる愚策と見た。近衛公のごとき政治家は、或いは海軍をもって陸軍を、或いは陸軍をもって海軍を掣肘せんと百方苦慮したのであるが、その結果は、ついに、陸軍の主張にも海軍の要望にも、ともに事実上屈伏せざるを得ぬこととなった。

年次対支作戦計画と上海（昭和十一、二年）

北方における日支の衝突が、直ちに上海に影響することは、一九三二年の第一次上海戦争ですでに試験済みであった。陸軍と海軍との作戦上の共同地点は、上海であった。陸海軍統帥部は、毎年仮想敵国に対する作戦計画を立て、年度末に上奏裁可を経て、その年の作戦準備を終ることに内定されていた。これは、陸海共同の案であって、成案は陸海両統帥部の一致を要するわけである。

作戦計画は、各国別に立てられるもので、一旦緩急ある場合に対応する単なる準備行為であった。軍部限りの腹案であって、純然たる統帥事項として取り扱われていた。しかし、その内に陸海軍の政治的意向が、反映していることもまた勿論であった。両統帥部は、海外に武官を派遣して、諜報機関を組織し、調査研究立案に関する有力なる部局を抱えているから、独立の見地に立って、彼等自身の対外政策をも生み出していたのである。ここに重大なる意義が伏在した。

支那に対しても、この年次作戦計画は立てられておった。昭和十一、二（一九三六、七）

年度の対支作戦計画作製に当って、海軍は、第一次上海戦争にも鑑み、中支揚子江流域、特に上海に向って用兵するの考案を必要なりとし、これを計画中に挿入せんことを主張し、陸軍は、これに反対した。元来陸軍はソ連問題のみを重大視し、支那本土に対する作戦には重きを置かず、支那に対する用兵は、北支に対する小規模のものを除き、絶対必要なし、と云う立場を取った。海軍は、常に南方を重視し、日支が衝突する場合には、北支だけの出兵では不十分で、上海にも出兵せねばならぬ、と云う意見であった。陸軍の反対意見を知っている海軍は、陸軍の北支工作にも鑑みて、年次作戦計画作製に際し、早きに及んでその言質を取って置くことを必要と考えた。上海は、海軍にとっては重要な地域とされていたのである。

　この統帥部内の作戦計画上の意見の衝突は、陸海軍の国策上の意見を包含するので、双方とも容易に折り合わず、遂に年度末の上奏期限に間に合わぬようになったので、陸軍は妥協案として、「要すれば上海に出兵することもあるべし」と云うことにして、上奏を済ませた。然し、参謀本部の真意は、上海出兵の必要なし、と云うことであった。この陸海軍の意見の相違は、単に年次作戦計画の問題に止まらず、蘆溝橋に発した日支戦争が、南へ南へと展開して行ったことを説明する、一つの重要なる鍵にもなるのであり、またその後の陸海軍の立場を説明する有力なる資料でもあったにも拘らず、これは単に統帥部間の統帥事項であるというので、首相ももとより何等これに与らず、またその間の消息は窺知しておらなかった。

基本国策要綱（昭和十一年八月）

広田内閣の時に、五相会議が開かれておった。総理の外、外務、陸海軍及び大蔵の五大臣が集って、対外問題に関連する重要国策を討議しておった。多くは軍部の提案を、原案として討議が行われ、陸海両軍務局及び外務省東亜局が中心となって、仕事を進めていた。当時中央部（東京）の関心事は、満洲事変以来、余りに強大となった関東軍の権力及び活動を出来得るだけ制限して、これを満洲国内に止め、北支方面に進出させず、専ら対ソ国防に専念せしめることに意が注がれた。これは、外務省のみならず、陸軍にも海軍にも異存はなかった。外務省は、かくして、支那本土については、南京政府を相手として外交的に事を処理せんと企図した。然し、陸軍は、前にも記した通り、支那についてはすでに外交はなく、少なくとも、外務省の活動をする余地はないとて、所謂大使館昇格問題についても、強く反対したのであって、関東軍をして北支に進出せしめぬ点については、外務省に同調したが、北支問題は、北支天津軍の処理すべきものである、との態度をとった。海軍は、一般国策の基調を決定するに当って、年来の南進方針を、政府の国策として取り上げしめることに専心したのである。かかる立場をもって、陸海両軍務局及び外務省東亜局が協議立案して決定したものに、昭和十一（一九三六）年八月七日五相会議決定の基本国策要綱、または国策の基準或いは国策大綱と称せられるものがある。当時の風潮として、政府の事務当局は、軍部とともに常に「作業」の進捗のために、多くのその場限りの国策に関する作文立案を行い、後患を残すことがしばしばであった。この国策大綱なるものも、その好適例であった。

この決定による我が国策の基本なるものは、帝国が、名実ともに、東亜の安定勢力となることを期したもので、「外交と国防と相俟って、東亜大陸における帝国の地歩を確保するとともに、南方海洋に進出発展するに在る」ことを明らかにした上、その手段としては、大陸政策と南方進出政策との二つを指示し、大陸政策の基調として、「満洲国の健全なる発達と日満国防の安固を期し、北方ソ国の脅威を除去するとともに、英米に備え、日満支三国の緊密なる提携を具現して、我が経済的発展を策するをもって、大陸政策の基調とす、而してこれが遂行にあたりては、列国との友好関係に留意す」と指示し、しかして南方進出政策については、「南方海洋、殊に外南洋（蘭印方面のこと）方面に対し、我が民族的経済発展を策し、努めて他国に対する刺戟を避けつつ、漸進的和平的手段により、我が勢力の進出を計り、もって満洲国の完成と相俟って、国力充実、国防強化の両全を期す」と決定している。そして、この方針実現の手段としての国防の整備については、陸軍は、「ソ国の、極東に使用し得る兵力に対抗するを目途とし、特にその在極東兵力に対し、開戦初頭一撃を加え得る如く、在満鮮兵力を充実す」と決定し、「海軍軍備は、米国海軍に対し、西太平洋の制海権を確保するに足る兵力を整備充実す」と明記している。この国策要綱は、これらの基本国策を実現するために、外交の活動、内治行政の刷新及び経済政策の確立を要望していて、真に超国防国家の建設を目的としているものである。

この基本国策要綱なるものは、五相会議において採用せられたものであるが、海軍側の意図は、明らかに満洲事変以来の陸軍の北進政策に対して、二・二六事件後の広田内閣成立を期して、海軍の南進政策をも、正式に国策として採用せしめることを謀って、成功したものであった。

この文書は、北進して北方問題の解決を計り、南進して、我が権益の伸張に努むるという趣旨のものと、関係者の間に了解せられたのであって、対外政策として、南進と北進とを併せ決定した、非常に重大なものに相違はなかった。この南進北進の決定は、陸海軍妥協の結果出来上ったもので、陸海軍が、予算を均分に分配するために、必要な政策上の伏線を張ったに過ぎない。即ち、単なる予算的措置に過ぎない、と会議で説明された。内閣側でも、馬場蔵相は、軍事費の増加は、この際やむを得ないと云う方針であり、有田外相また外交については、列強諸国との国交を円滑ならしめるために、あらゆる努力をなすとの趣旨の方針を高調して、この決定に賛成した。

五相会議におけるよりも、その裏面において、陸海両軍部間の合意に達することの方が、遥かに面倒であったことは、対支作戦計画の、年次案作製について遺憾なく現われていた。陸軍は北進を固執し、海軍は南進を主張した。各部内の急進派は、強硬におのおの立場を主張して、首脳部もこれに決定を与うることが出来なくなり、陸海軍の妥協案として、北進と南進とを併せて採用決定したのである。その結果、予算については、陸海軍平分して同額にする、と云う極めて不合理なところに落着いたのである。

内閣は深くその内情を究めずして、陸海軍において意見のまとまったものは、成るべくこれを尊重するという態度に出て、この重大なる国策を決定してしまった。陸軍は、これによって益々北進し、海軍は、これによって急速に南進した。

当時防共協定の交渉をしていた、在ベルリン大島武官は、この基本国策要綱を、参謀本部よりの電報にて承知し、その中に、北進とともに南進を決定していることは、防共協定交渉の趣旨に合しないことを指摘して、ドイツ側との今後の交渉を、如何にすべきやについて、心得方を軍中央部に問い合せた。これに対し、大島武官は、陸軍は従来通り、北進即ち北方に重きを置く方針であって、南進等は考えておらぬから、防共協定の交渉は、既定方針によって促進すべき旨の返電に接した。しかし、この陸軍の意向は、何等海軍の南進策を掣肘し得るものではなかった。

北支工作

北支工作の出発

満洲事変が、満洲事変だけで終ったならば、国際的に事態を収拾することが不可能ではなかったのであった。もし、日本が全体として、計画的に満洲事変を起したとすれば、また計画的に事態の収拾を行うことが出来たであろう。然し、満洲事変は、日本の病的となった内外に対する革新運動なるものの大なる一波動に過ぎず、波動は波動を生む根本の病源は別にあったのである。

満洲問題を、政府の意図したごとく、長城線外に限定し得たならば、満洲及び支那問題解決の外交方針も結実し得たことと思われる。北支工作に乗り出したことは、遂に日支戦争を誘発し、日本を破綻に導いた導火線であった。

北支工作は、満洲国建設後、間もなく着手せられたと云っても差支えなく、斎藤、岡田両内閣の時に、すでに関東軍の手によって、大分進められておったことは、前に一言したところである。外務省は、当時その真相の探査に努めたが、実体を摑むことは出来ず、ただ形勢を臆測して憂慮するに過ぎなかった。当時の政府首脳部は、満洲問題は陸軍に委せて、これに関知することは、むしろ避ける有様であった。これも前に述べた。

関東軍が、北支工作に着手したのは、満洲国の国防を鞏固にするという趣旨であり、参謀本部が、これに賛同した理由は、更に国防国家の建設のために、北支の資源を利用したいという附帯的趣旨に出でていた。北支軍の示した熱意は、関東軍に対抗するための縄張りの問題であった。

北支工作の危険性

熱河省が満洲国の領土であるという主張は、同省が長城以北にあるという理由で、日本政府も、満洲国建国当時、すでにこれを承認したが、同時に、長城以南の関東軍の軍事行動はこれを許さなかった。しかし、関東軍は、政府にはかることなく、単に軍中央部の黙諾の下に、満洲国に接近する長城の南北にわたる地域、即ち河北、察哈爾《チャハル》の二省に対して、所謂政治工作を行った。一つは内蒙工作であり、一つは北支工作であった。その目的とするところは、これらの地域において、満洲国に対して敵意を有する政権を排して、好意を有する政権を樹てしめんとするものであった。

満洲建国後、一九三三（昭和八）年五月（三十一日）塘沽における協定によって、支那側と関東軍との間に、長城線を境として停戦が成立し、熱河掃討の後に、長城以南の薊河方面に進出した関東軍は撤退し、奉天と京津間との交通郵便連絡も恢復せられ、漸次、秩序は復旧するかに見えたが、関東軍がさらに北支工作に着手するに至って、形勢は再び逆転して来た。

北支内蒙の工作は、直接張学良軍の生存を脅かすが故に、その反抗を受くるのみならず、ようやく支那本土の統一に成功した、北支における南京政府の国民軍と衝突する危険があり、また河北及び内蒙古においては、ソ連を背景とする共産勢力の地盤を侵すこととなる。のみならず、京津地方は、欧米列国の神経の錯綜している国際地域なので、北支内蒙の事態ほど、複雑なものはなく、この地域における政治工作ほど、困難なものは比類稀れである。満洲事変以来、コミンテルンの国際共産活動は、支那本土に禍乱を拡大せんがために、窃かに機会を窺っていたことも、すでに述べた通りであって、北支方面における日本軍部の工作は、まさにその機会を提供したものである。

土肥原少将は、関東軍（南司令官、小磯参謀長、板垣参謀副長）の特務機関として、京津地方に再び現われて北支工作に着手した。ここに関東軍と北支駐屯軍との間に、管轄に関し権限争いが起った。

北支駐屯軍

満洲事変発生後、関東軍はただ強化せられるばかりで、尨大な組織の大陸軍隊となっており、強大なる勢力をもっていた。北支駐屯軍（梅津司令官、酒井参謀長）は、なお極めて貧弱な勢力で、二個大隊（一個大隊ずつ北京と天津に駐屯）を主力とするものであったが、塘沽協定成立の後、一九三三年末混成一個旅団を増派して、これを強化して以来、頓《とみ》に勢力を増した。関東軍が、北支まで特務機関を派出して、政治工作に着手するのは越権であり、北支駐屯軍の面目を蹂躙するものである、と云って、北支駐屯軍は抗議した。関東軍は已むなく、土肥原少将を北支駐屯軍の幕僚兼務として、北支工作に関しては、北支軍の直接の区署（軍の慣用語であって指揮のこと）を受けさせることとなって折合った。積極的な酒井参謀長は、断乎として、北支工作を自分の手でやることを決意していた。当時、駐支大使館武官輔佐官高橋旦大佐も北京において活動し、土肥原特務機関長、酒井参謀長等と協力した。

酒井少将は、一時日本に帰って中央と打合せを行ったが、東京では、何か北支において事の起る予感がした、と云うものがあった。酒井少将は、同僚の中でただ一人、これまで勲章にありつく機会のなかった人であることが、真面目な人の間の心配の種であった。

梅津・何応欽協定（昭和十年六月）

当時支那問題は、日本の北支工作を廻って、喧々囂々たるものがあった。支那における日本大使館付磯谷武官の、度重なる激越な新聞紙上の声明が、日本の代弁のように看做された。

支那側は、日本の工作は北支分離運動であって、第二の満洲国を作ることを目的とするものである、となし、これに対抗するために、国民軍を北上せしめ、国民党の宣伝員、CC団員等を多数京津地方に入り込ましめていた。共産党は、全機能を挙げて日本軍に反抗した。国民党の反抗と共産党の策動とは競合し、連関しておって見境はつかぬため、北支においては、何時、日支両軍の間に衝突を見るかも知れぬ状態となった。

　酒井参謀長の提案は、この危険な事態を救済するために、国民軍及び国民党の排日宣伝機関及びCC団の如き、直接行動隊を京津地域から撤退せしむることを、天津に駐屯していた支那軍総司令官何応欽上将に、申入れることであった。

　林陸軍大臣が、満洲視察に来て、梅津北支軍司令官は、奉天に軍状報告のために出かけた。その出発の際に、酒井参謀長は、この種の申入れを、懇談的に口頭で行うことの許可を得て、司令官の留守中に何応欽と会見した。酒井少将の申し入れは、司令官の意志であった懇談ではなくして、手荒い脅迫に類するものであった。支那側は、酒井参謀長の要求を承諾して、国民軍の河北省撤退を行った。これがいわゆる梅津・何応欽協定と称せられるもので（一九三五年六月）、その実質は、河北省から支那中央軍の勢力を駆逐したものであって、明らかに甚だしく国民軍及び何応欽上将の面目を傷付けたものであった。酒井参謀長は、終戦後、支那側に捕えられて、無慙なる処刑に会った。

　南京政府の勢力のなくなった北支において、日本軍の希望する政権を樹立する工作は、次ぎ次ぎと実行に移された。最初は、冀《き》察《さつ》冀《き》東《とう》両政権の樹立であった。北京の支那側の実権者は、張学良側の宋哲元将軍であって、彼は、日本軍側や土肥原機関と連絡して冀察政務委員会を作ることが出来て、河北省の京津方面から察哈爾省をも支配していた。満洲国と京津地域の間にある海港を含む東部河北省において、関東軍の支持の下に冀東防共自治政府なるものが出来て（一九三五年十一月）、北京の東約十哩の通州を首都として、殷汝耕がこれを管理した。満洲よりの密輸入機関である、と非難された政権がこれである。

この冀東冀察の両政権は、その後数年にして、王克敏を長とする北京における北支政務委員会に合併せられることとなり、北支政務委員会は、形式上、その後に出来た、汪精衛の南京中央国民政府の地方政府ということになったのである。

内蒙工作

内蒙工作なるものは、専ら関東軍の手によって行われた。関東軍は、最初武力をもって熱河より綏遠方面に進出したが、中央の援助を有つ張学良側の傳作儀軍のために阻止せられた。内蒙古の地は、察哈爾を中心に、外蒙、満洲国、北支の中間に位する長城以北の地域で、西は遥かに新疆にも連なる広大な地域である。その地域を、北京より包頭に至る鉄道の大部分が貫通している。その地域に住んでいる蒙古人は、外蒙人及び満洲国の西部やバイカル湖畔のシベリアに居住するブリヤート蒙古族と同種であり、ヂンギスカン時代に欧亜を荒らした蒙古人の子孫である。彼等の思想は、再び蒙古人の国家をアジアの中部に建設することであって、内蒙古において、最も蒙古族の間に勢力を有するのは「徳王」である。

以上のごとき、内蒙古の地が地政学上東亜の全局に如何に重要なる地位を有するかは、問わずして明らかである。内蒙古は、支那と満洲国との利害の衝突点でもあり、日・支・ソの利害の交叉点でもある。この地域に、勢力を新たに植えつけるものに対して、他の関係国が極力妨害行為に出ることは当然である。特にソ連を背景に持つ中国共産党は、ソ連との連絡上、内蒙の地盤擁護に重きを置き、全力を尽してこれに反抗することは云うまでもない。

昔は、長城外は関外不毛の地で、兵を用いるのは関内であった。長城外の砂漠草原は、到底大軍を動かすことは困難であって、ゴビ砂漠は、自然の国境であり、ロシア勢力を支那から遮断する形になっていた。然るに、今日の如く、軍隊が機械化され立体化されて来ると、長城外の草原は、誂え向きの機動部隊の活動地である。用兵の点から、形勢が一変して来たのみならず、政治的にも、越ゆるべからざる障碍物ではなくして、むしろ、反対に連結力を持つ接続地となって来たことは、見逃すことの出来ぬ時代の変化である。

土肥原・秦徳純協定

かような意味を持っている内蒙古に、関東軍は力を伸ばして来た。長城外であるので、その交渉には、当然関東軍を代表する土肥原特務機関長が当った。日本兵と、宋哲元軍の兵との小競合を機会に、土肥原少将は、宋哲元軍の、内蒙古の地域たる察哈爾引き揚げを要求した。察哈爾において、日支両軍の衝突を未然に防ぐ趣旨であった。宋哲元軍は結局これに応じた。これが土肥原・秦徳純（宋哲元軍参謀長）協定と呼ばれるもので、梅津・何応欽協定と称せられるものと双児型であった。関東軍は、内蒙に蒙古自治委員会を起し、張家口を首都として徳王を擁立して委員長とし、満洲出身の日本人顧問を配置して行政を行わしめた。

関東軍の内蒙古工作は、北支工作と相並んで、油田に火を弄ぶようなものであった。これらの工作は、斎藤、岡田両内閣の時代に、軍が単独に、次ぎから次ぎに取り上げて実行したものであって、日本政府はその真相を知るに由なく、また推知することが出来ても、これを制御する何等の力ももたなかったものである。満洲国の独立は、事実上関東軍の独立を意味したのであった。そして、岡田内閣の後を承けた広田内閣の時代には、ただ軍のやったことを既成事実として受取る外はなかった。

北支工作については、関東軍の手によって軍部は早くより手を付けていたが、中央部においては、関東軍が北支に進出することを好まず、北支問題は、天津軍において処理すべきものである、との意向であった。天津軍は、これに基づいて、北支処理要綱（第一次）なるものを立案して、中央に提示した。これは実質的に、北支五省の満洲化を意図するものであるのだが、外務省は強くこれに反対し、当時、南京政府が北京に北支政務委員会なるものを組織し、日本側に理解ある黄孚を委員長として、成るべく衝突を避けんとしている態度を助長して、南京政府の下に北支をして分治せしめ、自治体として特殊の行政を行わしむることを主張した。その結果、昭和十一（一九三六）年八月十一日五相会議を通過した北支処理要綱（第二次）においては、多分にこの趣旨が織り込まれている。しかし、北支問題の処理は、事実上、中央及び出先き共に、軍部の処理するところであり、従って、外務省の意向等は顧みられず、事は軍部の欲するままに進められた。前に述べた北進南進両建ての基本国策要綱なるものは、北支処理要綱決定の前提として採用せられたものである。

かかる行きがかりによって、広田内閣は、北支五省の分治の完成方針を、八月十一日五相会議において正式に決定し、「該地域に確固たる防共親日満の地帯を建設せしめ、併せて国防資源の獲得並びに交通施設の拡充に資し、以て一つはソ国の侵寇に備え、日満支三国提携共助実現の基礎たらしめん」ことを決意したのである。この北支処理要綱なるものには、その要綱において、北支五省全部を目標として、事実上の分離を企図する趣旨を明らかにし、さらに冀察政権及び冀東自治政府の指導方針を示し、また山東、山西及び綏遠の三省の各地方政権の指導方針は、別個に規定して、結局北支五省の分治政治の完成及び経済開発を指示している。

斯くして、二・二六叛乱の圧力下にある広田内閣は、軍部の北支分離工作を容認して、形式上においても、政府の方針としてこれを採用することとなった次第である。

北支工作及び内蒙工作は、実に、日支を全面的衝突に導いた導火線となったものであって、また満洲事変を満洲問題として解決することを不可能ならしめた所以のものであった。

防共協定　その一

軍部は、満洲建国後、国防に関する重大責任に直面して非常に神経質となり、内に対しては、国防国家の建設に突進するとともに、外に対しても急に眼を注ぐようになった。

欧亜に跨って北方に閉ざされているロシアは、日向を求めて海港を探し、或いは西に或いは東に、時の国際情勢に応じて進出したことは、ピーター大帝以来繰り返されたところである。東して日露戦争となり、西して世界戦争（第一次）となった。ソ連革命後においても、ロシアの本質的政策に変りはない。革命直後、西方、ポーランド、ハンガリーその他に進出した後には、また時計の振子の如く、トロツキー、チチェリンの東方政策となって、支那問題は騒がしくなった。

ソ連をして西せしむるか、または東せしむるかは、欧州の形勢如何に懸るのであるから、ソ連の直接の隣国として東に位する日本は、ソ連の西隣諸国の情勢を注意して見極めることが必要である。これらソ連の西隣諸国が、ソ連の東隣国であると日本と、国防安全上、共同の利害を感ずるや、或いはむしろソ連と共同の利害を感ずるやは、日本にとっては大問題である。即ち、彼等がソ連に対抗して、日本と同盟的の立場に立ち得るや、または日本に対抗して、ソ連と共同する立場に立つかは、満洲国、延いて日本自身の国防上、死活の問題である。

ドイツの政策

昔ビスマルクは、二重保険政策による対露親善政策をとり、よくドイツの東部国境を安固にし、ロシアを東方に追った。カイザー・ウィルヘルム二世の親露政策は、ロシアをして、東進してシベリア鉄道を敷設し、満洲へ進出せしめ、ついに日露戦争の要因を作った。第一次世界戦争後、ドイツ陸軍は、ソ連陸軍の建設には、少なからず援助を与えていた。今日、ソ連に直接境を接するものはポーランドであるが、将来ドイツ興隆の場合、新ナチ・ドイツが、如何なる政策をソ連に対してとるかは、日本に対しては直接重大の問題である、と考えられた。軍部は、ポーランドと対ソ問題について共同利害を感じ、同国には非常に重きを置いたが、元来独ソ両大国に挟まれたポーランドの国力は、もとよりソ連を掣肘するに足るものではなかった。然るに、ドイツの将来は、大いにこれと趣きを異にするものがあると認められた。

将に勃興せんとしつつある「ナチ」ドイツの政策が、カイザーの政策の如く、ソ連に接近する方策に出で、その西方を保障して、力を東方に集中せしむるが如きものであれば、日ソの衝突は早晩免れぬこととなり、日本は単独に、ソ連の全武力を極東において引受けねばならぬ。これに反して、日独が協同してソ連に当る形勢を作り得れば、日本の負担は非常に軽減するわけである。ソ連の武力が急激に増加し、ナチ・ドイツの国力が著しく上昇するにつれて、ドイツ今後の東方政策を見極めることが、日本のために益々必要となって来たことは云うまでもない。しかし、これは単なる国防の問題ではなく、日本にとっては基本的国策に関する問題であった。ヒットラーは、マイン・カムプの筋書を如何に運用するのであるか、元来、人種問題について、アリアン人種以外を極度に侮蔑するヒットラーの思想は、カイザーの黄禍論を想起せしむるものがある。この思想が、極東問題に如何に反映するかは予測を許さぬ。ドイツの政策を観察し、日本に同調せしめるよう努力することは、軍部のもとより頗る重要視するところである。この目的のために、軍部より駐独大使館付武官として、ナチ政権樹立後間もなく、ベルリンに派遣せられたのが大島少将であった。

大島ドイツ駐在大使館付武官

日本の近代陸軍は、ドイツ陸軍を見習ったものであり、陸軍首脳部は殆んど悉くドイツ見学将校より出来ており、ナチ・ドイツに対しても、陸軍は多数の研究員を送っていた。従って日本陸軍は、多数の所謂ドイツ通を擁し、ドイツに対しては、特殊の親し味を感じていた。ドイツ流の陸軍の中でも、大島少将は随一のドイツ通で、ドイツ語に堪能なる明朗闊達の武人であり、かつて山県元帥の下において、日本陸軍をドイツ化するに与って力のあった大島陸相の嗣子として、ドイツ流の教育を受け、ドイツ側に受け入れられる素質の持主であった。

大島武官はドイツ着任後、直ちにドイツ軍部に接触して、情報の交換方を申入れたが、ドイツ軍部は、政治に関する事項は、一切、党の外交主任者フォン・リッペントロップの事務所に連絡するようにとのことであった。これより、大島武官は、リッペントロップを通じて、ヒットラー総統及びナチ幹部と懇親を結ぶこととなった。

フォン・リッペントロップは、南独ライン河辺の酒造家に生れ、商業の関係で、英国やカナダににも長く住んだことがあり、英語を能くする怜悧な商人であった。ナチ党の外交代表として、ヒットラーの対外政策にも最も関係多き人である。

ナチ政権の初期においては、穏健なるフォン・ノイラート男が、なお外相として残っていたため、外務省と、これに向い合って設けられた党外交代表「リッペントロップ」事務所との間に、少なからず軋轢があった。リッペントロップは、その後在英大使として、ロンドンに滞在すること数年、その間絶えずベルリンとの間を往復して、党の外交を動かし、日本との防共協定の交渉及び署名にも、在英大使たる彼が当ったのであるが、一九三七年には、ノイラートの後を継いで、ドイツ政府の外務大臣となって、表裏ともドイツの対外政策を動かすに至った。従来、ドイツ外務省は、シュトレーゼマンの流れを汲む系統のものが多く、恰かも日本の外務省と同じく、世界の形勢は、なお未だ、日独の直接の結合を考うる時機には達しておらぬ、との意見であったのであるが、リッペントロップ指導の下にあるナチの外交部は、初めより独自の見解に拠って、両国の外務当局とは離れて、直接日本軍部と取引きを開始したのである。日本軍部もリッペントロップも相互に先き物を買った形である。

ナチ・ドイツ

第一次世界戦の生みたるもの

第一次世界戦争は、欧州大陸における「スラブ」(露)と「チュートン」(独)との勢力争いに始まり、「チュートン」と「アングロサクソン」との勢力争いに終った。その結果、「スラブ」も「チュートン」も敗北して、「アングロサクソン」が世界の覇権を握るようになり、資本主義的帝国主義思想が盛んになった。これと同時に、資本主義世界に対する新たなる革命戦は、一九一七年の露都におけるレーニン十月革命以来、既に開始せられていたのである。

ソ連のボリシェヴィキ共産革命は、世界を挙げて赤化し、資本主義を倒して、プロレタリヤの専制時代を出現せしめんと企図するものであった。これは、レーニン以来、共産党の一貫した方針であって、この目的を達するために、常により極端なる思想と政策が採用された。レーニン死後、スターリンの現実政策は、トロツキーの理論派とは異なり、共産祖国ソ連ロシアを強化し、その実力を背景として、世界赤化の目的を達することに重きを置き、ますますスラブ的全体主義の色彩を帯びて来たことが特色である。共産党は、その目的達成のために、世界到るところに散在する共産党の組織及び第五列を自由に活動せしめ、更に「目的を達するためには手段を選ばぬ」活殺自在の戦術を運用した。

共産党革命運動は、ソ連の力の及ぶ場所ほど、また第五列的勢力の強大なるところほど、盛んであることは云うまでもない。

第一次世界戦争後の、東欧及び中欧諸国の混乱状態は、共産革命の最も乗ずべき第一の機会であった。

ワイマール憲法とドイツ国民

一九一九年第一次世界戦のまだ腥い空気の中から、国際的にはヴェルサイユ体制が出来、ドイツにおいては、戦勝国の監視下に、ワイマール民主憲法によるドイツ共和国が生れた。当時戦勝国側は、ホーヘンツォルレン家をドイツに立てて、ドイツ民族の信望を維持して行こうという、一部の穏健政策を排斥して、理論的民主主義の政府を樹てることに直進し、社会民主党を中心として民主主義政府を組織せしめ、これによってヴェルサイユ体制を維持せんとしたのであった。

ドイツは、一九二五年（十二月一日）ロカルノ条約に参加して、欧州の現状維持を前提とする安全保障を承認したのみならず、一九二六年には、国際連盟に加入し、シュトレーゼマン外相は、この国際機構の輪郭内で、中道漸進主義の民主政策を遂行した。しかし、英仏流のデモクラシーは、ドイツ民族には、単に敗戦によって、強制せられたものであって、ドイツ人に適応したものでもなく、またドイツ人の好むところでもなかった。ドイツの政治は、なおユンカーの伝統的勢力を無視することが出来ず、またドイツ民族の政治性は、アングロサクソンの個性を主としたデモクラシーとは、自ら異なる協同体的のものであることを見逃すことは出来ぬのである。

戦後におけるドイツ人の思想は、甚だしく動揺した。ドイツを懲罰し、束縛するために作られた、ヴェルサイユ条約によって成立した国際連盟の枠内で、ドイツの政策を運用せねばならぬことは、ドイツ国民には、敗戦によって課せられたる懲罰的負担から、永久に脱し得ざるものとして受け取られた。賠償支払によって、ドイツ人は奴隷的地位に置かれていると感じ、政治経済上の不安は急に増大して来た。

ヴェルサイユ体制において全く見遁されたものは、ソ連革命に基づく世界の動揺であった。ボルシェヴィキの世界赤化の計画からは、当時の英国は勿論、フランスもまだ安全であったため、火のついている東欧の形勢に対しても、また危険に曝されている旧敵国の情勢についても、英仏の諸国は強いて眼を蔽うことが出来た。他方、共産党は、その世界に散在する分子を活用して、仏英米その他の世論を自己に有利に誘導し、着々東（支那）西（東欧及びスペイン）にその勢力を進出せしめつつあった。

第一次世界戦争直後、ハンガリーを赤化したベラクーンの革命は遂に失敗し、ポーランドに対するトハチェフスキー軍の進出は、ピルスツキー及びウエガンによって撃退されたが、ドイツにおいては、ポーランド共産党出身のユダヤ系ローザ・ルクセムブルグや、リープクネヒト等の指導する共産党の運動が、益々白熱化し、ドイツは、恰かも赤化革命の前夜の如き喧騒を久しく続けるに至った。秩序を尊ぶドイツ民族は、この不安なる政情に対し、益々不満を抱くに至り、ワイマール憲法による民主主義なるものは、到底敗戦後のドイツを救済するに足らぬ。これはただ単に強制せられたる借りものである、と感ずるようになった。

他方戦勝国であったイタリアにおいても、戦後の経済的困難に乗じ、共産党の急激なる進出を見るに至り、国内は混乱するに至った。

ヒットラーの政権掌握へ（昭和八年）

ドイツにおいて国家社会主義ナチ党が出来て、ヒットラーが党主となったのは、ヴェルサイユ条約成立後、ほど遠からぬ一九二一年であったが、ワイマール憲法の下における民主主義政治は動揺し、賠償下のインフレ経済は混乱を続け、共産党の革命運動の激化するのを見守ったナチは、直ちにこれに対して行動開始を決意した。ミュンヘンにおける一九二三年のナチのプッチは失敗に終り、ヒットラー等は捕えられて獄に投ぜられたが、ナチの大衆的国粋主義は、混迷せる国民的感情を、恰かも磁石のごとく引きつけ、その勢力は年々増加して行って、一九三二年の選挙の結果、ヒットラーは大勝を博し、ヒンデンブルグ大統領の下に、宰相として政権を掌握するに至った。彼の政権掌握は、ワイマール憲法の下に行ったのではなく、これを無視した革命的行為であった。

ナチがドイツを支配するに至ったのは、かくの如く、ムッソリーニがローマに進軍（一九二二年）してから十年も後のことで、また満洲事変発生後二年（一九三三年）のことであった。ナチ・ドイツは、直ちに日本の例に倣って、国際連盟を脱退し、国際的にも革命の第一歩を履み出した。ヒットラーは、すでにヴェルサイユ戦勝国のドイツ圧迫に対する激しい復讐的存在となった。

スペインにおいても、一九三六年七月フランコの右傾勢力が起り、ムッソリーニ及びヒットラー援助を得て、遂にソ連の援ける赤色政権を倒すことが出来た（一九三七年）。かくして、欧州大陸においては、明らかにソ連ボルシェヴィキ共産勢力と、伊、独、西のファッショ勢力とが対立し、英仏民主主義国は、両者に対する仲裁的立場をとったが、その感情は、スペイン問題の処理に当ったロンドンにおける大使会議においても、多分にソ連に引き付けられていた。

欧州における赤化勢力とファッショ勢力

ナチもファッショも、その主義とするところは、左右両翼の思想を統合合体したもので、その実体は、国家社会主義実行のための独裁的全体主義であった。共産主義と異なるのは、国粋主義に立つ点にあり、資本主義と異なるのは、社会主義実行を努めた点にあり、民主主義と異なるのは、その独裁的にして個人を排する全体主義的な点にある。

ナチもファッショも、何れも独伊赤化勢力の生んだ反動であり、穏健なる中道民主主義をもってしては、到底救い難き事態を救わんとするに出でたものである。もし、第一次世界戦争後に、欧州にファッショ及びナチが起らなかったならば、欧大陸全部の赤化は、到底免れ得なかったであろうことは、スペインにおける赤化闘争に鑑みても想像し得られるところである。当時、スペインは全く赤化されていたのであるが、赤軍包囲中にあった、フランコ側アルカザールの守将、モスカルド大佐の如き愛国的英雄によって初めて救われたのである。

欧州を赤化の混乱より防止し、自国を破綻より救うために、ファッショもナチも急激に台頭した。民主主義仏国は、共産党の人民戦線戦術によってすでに去勢されており、英国は、ボールドウィン及びマクドナルドの指導の下に、ひたすら国内問題に没頭して、欧大陸の急激なる変化に対しては眼を閉ざし、国際問題は挙げて、半ば左翼の宣伝機関化した国際連盟機構の活動に一任していたのである。

マイン・カムプ

政権掌握とともに、ナチは、徴兵制度を復活して軍隊を再興し、ワイマール民主憲法とヴェルサイユ条約とを、二つながら無視して行った。英仏は、ナチが欧州の現状に対する脅威であることを直感した。

ヒットラーの思想及び政策は、極めて明瞭にその著『マイン・カムプ』の中に叙述せられている。内に対しては、全体的社会主義の独裁国家を建設し、外に対しては、民族国家の飛躍的発展（Grossdeutschland 建設）を実現せんとするものであって、換言すれば、国粋的超国家主義の実行であった。従って、ナチ思想は中世紀（封建主義）的帝国主義と多くの共通点を有した。

かかる根本観念に立って、ヒットラーは第一にまず「優秀なる」ドイツ民族の純潔性を保持し、次いで全ドイツ民族の結集を計ることを決意したわけである。ドイツ民族の堕落を防止するため、堕落の根源をなすユダヤ人を、ドイツ人の勢力圏より駆逐し、さらに進んで、欧州各地に分散するドイツ人の力を結合して、大ドイツ国を結集することに着手した。第二に、ドイツは人口多く、国土狭小にして資源に十分でない。大国として日向に出ることは当然であるから、ドイツ民族の適当なる活動舞台（レーベンスラウム）を要求する、しかしてその活動舞台は、ドイツ本国の手の届くところでなければならぬ。海外領土は、本国の保護の及ばぬところであるから、その取得は希望せぬ、然るに、隣国ソ連は世界の擾乱を目的とする共産革命日なお浅くして、民度低き国柄であるから、ウクライナ及び白露の地域は、当然、ドイツ民族の植民地であり、活動舞台でなければならぬ、東方進出は、ドイツに与えられた天命であって、何国と雖もこれを阻止すべきでない、というのがヒットラーの主張であった。

ヒットラーの主張は、東進であって、英米との衝突は成るべく避けたい考えであった。この点は最初から現われている。

ナチの台頭と英米仏民主主義国

独裁的全体主義国家が、欧州の中原に建てられること、それ自体が、民主国英仏の危険視するところである。しかのみならず、ヒットラーのかくの如き超国家主義的発展政策は、これまた英仏の政策と全然両立するところのものでない。何となれば、仏国に倍加するその民族を結集して、独裁国を立てることが、仏国の存立を危くするものであり、これがまた英国の欧大陸に対する根本方針たる勢力均衡政策に、正面より衝突することは云うまでもないからである。況んや、ヒットラーの公言するがごとく、ドイツがその民族線を突破して、白露及びウクライナを征服することは、東欧バルカンを挙げてドイツの領導下に置くことを意味し、結局西欧大陸全部の支配を実現することであるにおいてをや。かかる政策は、ソ連に対してのみならず、英仏に対しても、戦を挑むものであるとともに、如何にこれが米国に反映するかは、識者を俟たずして明らかである。

ヒットラー自身は、よく英国の実力を理解し、少なくとも、これと衝突を避けることに努めたのであって、一九三五年（六月十八日）には、英国と海軍条約を締結して、英国の絶対優勢なる海軍力を承認し、ドイツが、海外において領土的野心のないことを実証して、英国の諒解を得んことに努めた。彼の英国に対する要望は、ドイツが海上における英国の優越権を承認する代りに、陸上におけるドイツの優越権を英国において承認し、ドイツの東進を黙認すべし、と云うことにあった。リッペントロップの判断に基づき、英国がついにはこれを黙認するであろうと認定したもののごとくであった。これによって見ても、英国に経験あるリッペントロップが、英国の判断に根本的誤謬を犯したことが明らかであって、またこれが第二次世界戦争勃発に、大なる関係を有するのである。英国の勢力均衡政策は、欧州に関する限り、カイザードイツ打倒後日なお浅き際、到底これを放棄する国情ではなかったのである。

英国にとっては、ドイツに陸上の優越権を承認することは、その伝統たる勢力均衡政策の放棄を意味するのみならず、陸上の優越は、ナチ・ドイツの成立から見て、結局海上の優越をも意味するものと解した。従って、ヒットラーが、この公表せる政策の基本を変更しないかぎり、ドイツは早晩、英（米）、仏、ソの大国と衝突するの外なき情勢であった。さらにまた、ナチ及びファッショは、かくのごとき利害の問題のみに止まらず、その思想の根本において、到底米英の民主主義とは両立し難いものであったことは云うまでもない。

ヒットラーの突進

ナチ・ドイツは、成立後日なお浅く、国内に多くの異分子を包蔵して、民心の帰一は容易ならざる国情にあったにも拘らず、ヒットラーは一気にドイツの人的及び物的動員を強行して、予定の目的に向って突進した。

独裁者は失敗を許されぬ。ために独裁は甚だしくなり、国民に対しては、その成功をしばしば誇示して、独裁を謳歌せしめねばならぬ。したがって、独裁者はその功を急ぎ、相手の立場や四囲の情勢を顧みる余裕がなくなる。国内的基礎に乏しい独裁者ほどこの傾向は強い。ために、何もかも一方的となり、独善的となり、盲目的となる。国内問題については、権力を握っている間は、かかる方針を続けることが、或いは不可能ではないかも知れないが、国際問題については、その政策遂行に一旦破綻が生ずれば、それは、直ちに自己の没落を意味することとなるのは明らかである。ナポレオンもそうであった。ヒットラーも、ムッソリーニもそうであらねばならぬ。しかし、ヒットラーは大島中将にこう云ったことがあるとのことである。『急ぎ過ぎる、急ぎ過ぎるという非難は尤もであるが、独裁者は急がねばならぬ事情がある。自分の一生の間に一応完成して置かねば、その後に如何なる意志の薄弱なる後継者が出て来て、破綻を見せるかも知れぬ』と。この言葉の中には、民族百年の長計は含まれてはいない。この言葉自身、急ぎ過ぎる弁解であり、また失敗の理由である。独裁者の一方的な時間割が、正確に守られなければならぬことほど危険なことはなく、それ自体が破綻の源となるのである。

ヒットラーが、一九三三年に政権をとってから後は、一瀉千里に事を急いで、五年余にして、第二次世界戦争に突入して行ったのは、あまりにも激しい足取りであった。

ヒットラーの時間割

ヒットラーの行動は、前に述べた通り、すべて革命的であって、従来の行きがかりを一切無視したものであった。国内に対しては、ワイマール民主憲法を破棄して独裁政治を布き、手荒くユダヤ人を排斥し、ドイツ民族の優越を高調した。対外的には、ロカルノ条約の安全保障体制を放擲して、国際連盟より脱退し、ヴェルサイユ条約を無視して、一方的に再軍備を断行し、ゲーリングをして大空軍を建設せしめ、陸軍を再興するとともに、海軍の復興をも企てた。国内の把握が一応確実となり、軍備充実の進行するとともに、ヒットラーの対外方略は、時計の針の如くに、正確に進んで行った。

一九三四年には、墺国に内乱が起って、首相ドルフスは暗殺せられ、一九三五年には、「ザール」地方が人民投票によって、ドイツに復帰して、ドイツの勢力は益々強化せられ、一九三六年には、遂にラインランド一帯の武装占領に成功した。一九三五年はドイツに徴兵制度の復活された年であり、ムッソリーニがエチオピアに侵入した年である。

ヒットラーはこれから進んで、まず失地を恢復し、ドイツ民族の結集を計った。一九三八年三月墺国を合併し、さらに九月チェッコよりスデット地方をも恢復した。ヒットラーの時間割は、かくのごとくして、予定のごとく正確に進行した。破竹のごときヒットラーの勢力は欧州を威圧し、世界を驚かした。その結果は、ナチ反対の勢力を国際的に急速に結集することとなって、ついに欧州大戦勃発の因をなし、第二次世界戦争への展開となったのである。

ヒットラーとスターリン

ヒットラー＝ドイツの公然たる反ソ態度と、日本の満洲進出とは、もとより直ちにソ連に対して反響を与えた。ドイツのナチと日本の軍部が、如何なる腹案をもって、如何なる協議をなしつつあるかを、諜報によって詳細的確に知っていたソ連は、党部及び政府の機構を動員して対策を進めて行った。これがためには、コミンテルンの指揮下にある各国の共産党は、第五列的存在として最も有用な役目を演じた。コミンテルンは、既に一九二八年に資本主義国間の動揺を予言して、帝国主義政策の相互衝突を策し、さらに一九三五年には人民戦線戦術を採用して、英米仏等のデモクラシー諸国を、平和維持の名目の下に、味方に引き入れることに全力を尽した。かくして東亜においても、欧州においても、日独英米の各資本国間の衝突に導いて行くことに力を尽したのである。

スターリンは一国社会主義を宣伝し、一九二八年には第一次五ヶ年計画に着手して、ソ連の武力増進に邁進し、軍国ソ連の建設をもって、総ての先決問題となした。他方、米英の気受け好きリトヴィノフを起用して外交を担当せしめ、一九三三年にはルーズヴェルト大統領を動かして、米国のソ連承認をかち得、さらに日・独・伊が国際連盟を脱退するや、間もなく、一九三四年九月、連盟に加入して常任理事国となり、連盟の議場においてソ連の平和主義を宣伝し、リトヴィノフは、「平和は一つにして二ならず」と大声叱呼して、連盟諸国を完全に魅了することを得た。独伊ファッショ国及び軍閥日本が、現状に不満を抱き、反動政策を採用して、他国の権益を一つ一つ侵害して、多くの敵を作っている間に、ソ連はかかる旧世界における分裂を利用して、民主国の仲間入りをなし、これを反枢軸に活用し、枢軸包囲の陣形を、短時日の間に形成するに成功するに至ったのである。

防共協定　その二

軍部とドイツとの連繋

大島武官が、ベルリンにおいてリッペントロップと接触した結果、ヒットラーは飽くまでマイン・カムプの筋書、即ち東進政策を変更せぬことを確かめ、更にソ連の脅威に対する日独共同防衛の軍事上の必要にも同感であることが明らかとなった。ドイツとソ連との間には、当時ポーランドやチェッコ、ハンガリー等の東欧諸国が介在している関係上、大島、リッペントロップの意見交換は、相当遠大な政治的意義を包含することは云うまでもない。軍部は、さすがにこの政治的大問題を政府にはからぬわけには行かぬ。この問題は、岡田内閣の末期に起り、広田内閣に入って、軍部より正式に防共問題として持ち出された。当時、コミンテルンは、既に日独両国を侵略国として攻撃し、支那共産党は日本軍を敵として、北支方面を中心としてあらゆる策動をしておった。ために防共ということは、広田三原則にもうたっており、日本としては重大なる政策問題であった。もとよりこれが単なる軍事問題でなかったことは云うを俟たない。

政府は、この重大なる政治的交渉を、大島武官の手から武者小路大使の手に移し、同大使をして、政府と連絡しつつドイツ側と折衝せしむることをもって安全なりとした。しかし、談はもともと、大島武官とリッペントロップとの間に進行したのであるから、出先きにおいては、やはり大島武官の活動に俟つほかはなかった。軍は、東京においては内閣を動かし、ベルリンにおいては大島武官を通じて、武者小路大使を動かした。ドイツ側は、最近の日本の国内情勢の発展を熟知して居った。軍部は、親独反英米であるが、外務省は、軍部と異って米英を重んずるものであることもよく知っていた。満洲事変後、軍の勢力は圧倒的で、益々増大する傾向にあり、日本の対内外政策を動かすものは、軍部であることを観取していた。

ドイツがすべてのことを、リッペントロップ――大島の線で取引きするようになったのは、これがためであった。他方日本側にあっては、大島武官の報告電報は、軍部において重きをなしたことはもちろんであって、大島武官の意見は、軍部の欧州情勢判断の基礎となった。世界情勢に通ぜず、且つその判定に責任を有せざる軍部は、自己の都合から、これを鵜呑みにして、益々ナチ・ドイツに偏倚し、感情は勿論、政策に至るまで、事実上これと連繫策応するようになった。

かくして、国内政治を動かしている軍部の枢軸外交が、遂に政府を支配し、日本を左右するに至ったのである。一国政府の意志が、他国において、かくも効果的に作用したことはあまり例のないことである。

軍部の外交独占は、革新の手段として、国家内外にわたる指導権を、軍の一手に収めんとする計画の一部をなすものであったが、統帥権の独立の観念は、この点においても決定的作用を演じた。

統帥権の濫用

軍部は統帥権の独立を堅持して、これを徹底し、その観念を拡張して行った。それが一般政治問題のみに止まらず、日常生活上の行動にまで、特権を要求するようになった。軍人と非軍人、若しくは普通人または地方人とに区別して、軍人優待（恩給制度や宮中の優遇の如きその一例に過ぎぬ）を要求し、軍人は一種の治外法権的特殊階級であると考うるようになった。ドイツ式日本軍隊は行軍の際は、道路の右側を通行する。一般公衆は、左側を通行することとなっているので、軍隊は統帥権を楯として一般交通規制に従わぬから、軍隊の市街通過の場合は著しい混乱が生じ、公衆の交通は、一時停止せられることすらあった。一兵士が交通信号を無視して、統帥権は独立していると説明したゴーストップ事件も起った。かような常識を逸した軍部の気位が、戦争終結まで各種の問題について、また各種の態様においてむしろ高められて行ったために、一般公衆の反感を買ったことは想像のほかである。

外国政府との交渉についても、軍部は統帥権の独立を楯に、特殊な見解を持つようになった。統帥権の範囲に属する事項及び統帥権に関する外国との交渉は、大公使等の政府外交機関の権限外であるとして、これら日本の代表を通ぜずして、軍部派遣の武官が、直接折衝すべきであると主張するようになった。外国における我が大公使館には、大公使館付陸海軍武官の制度があって、国際慣例上、外交官の特権までも享有して仕事をしている。武官（及び駐屯軍隊）は、元来大公使の監督の下に、大公使の責任において仕事をするというのが、国際慣例であるにも拘らず、日本だけは、彼等は大公使とは、儀礼のほかは全然独立であって、その仕事に関しては、直接軍中央部と連絡し、大公使とは何の関係もないことになっている。これらの武官が、駐在国の政府機関との間に、何を交渉しているかは、武官自身より、またはその交渉相手から聞く外に、大公使には知る方法がない。武官は、軍部の統帥事項と認むるものは、勝手に相手国と交渉を行う、而して、その交渉題目となる軍事事項の範囲は、軍自らの判断によって定まるのであるから、軍の力とともに常に拡張され、重要なる政治問題にまで及ぶ傾向にあったのは当然である。

日本には既に、統帥部（参謀本部）と内閣との二箇の政府が併立した。そして、おのおのが、独立した別箇の対外交渉機関をもっていたわけである。国家意志に統一がなく、しかも外部に対する国家意志の発表が、二途に出づる場合において、その結果は国家自身の破滅を招来する以外の何物でもない。日本憲法の解釈として、統帥権の独立が承認せられていることは、その影響するところ、遂に計り知るべからざるものがあったのである。軍の政治力が急増し、その行動が、満洲事変以後拡張すればするほど、軍の対外折衝は多岐となり重要となった。

防共協定締結（昭和十一年十一月）

大島武官が、中央軍部の切望した、日独両国の対ソ軍事協力を大きな目標としてドイツ側と交渉した後、交渉は、外交機関の常道に移された。ドイツ側は、この際これを軍事政治的の協定とすることを好まず、単に、共産党防止ということを、目的とするに止めたい意向であった。日本外務省の意向も同様であったので、交渉は順調に成立し、取極めは単にコミンテルン反対の協定として署名された。しかし、これのみでは、軍部の希望を満足せしむることが出来ないので、別に日独両国は、軍事上ソ連の負担を軽からしむる措置はとらぬ、ということを約束して、これを秘密文書とした。日本軍部は、飽くまで、ドイツがソ連を東方に追いやる政策を取ることを恐れたのである。これが、一九三六年十一月二十五日、記者が駐ソ大使として、モスクワに到着したその日に調印発表された日独防共協定であり、広田内閣の所産であった。防共協定成立発表に対して、ソ連政府は、当時モスクワにおいて、我が酒匂参事官とカズロフスキー極東部長との間の交渉によって、将に成立せんとしていた、日ソ漁業条約締結に関する交渉を続けることを拒否してこれに応えた。

防共協定の交渉が、如何にして始められたかを十分に窺知せざる外務省は、これをもって、単に共産党破壊運動の防止を目的とする相互援助の約束であるとなし、コミンテルンは、ソ連の公式説明によれば、ソ連政府とは何等の関係もないとのことであるから、ソ連との国交を害する理由は一応ないわけであり、秘密協定のごときは、極めて消極的の意義を有するに過ぎず、重大なる政治上の意義をもっておるものではない、と、説明した。これに対し軍部は寧ろ秘密協定に重きを置き、防共協定をもって対ソ軍事協定なりとなした。然るに、ドイツは恐らくは日本の力を、全般的に利用することに重きを置いたものと見え、これをもって一つの外交戦術的産物と思惟したごとくで、一九三九年欧州の事態が急迫した際には、日本と何等の協議をも行うことなく、ソ連との間に不可侵条約をも締結した始末である。これは防共協定付属の秘密取極めを蹂躙した行為であった。

他方、大島・リッペントロップ交渉の経緯を探知していたソ連は、これをもってソ連挟撃のための日独軍事同盟と解釈し、直ちにその対策に着手した。ソ連がその工業の中心地を、ソ連領土の中央部ウラル及び西部シベリア地域に選定し、五ヶ年計画の実現を、特にこの点に重きを置いて強行するに至ったのもこの時からである。

ヒットラーが、ヒンデンブルグの死後大総統に選任せられて（一九三四年八月）後、間もなく（同年九月）ソ連は国際連盟に加入して、常任理事国として活躍を開始し、日独防共協定成立後は、日独を侵略国と断定して、国際連盟を通じて国際的共同戦線を樹立せんと計り、世界の世論を日独に対して動員するに努めた。一九三六年には、いわゆる民主主義の憲法を採用して、盛んにソ連の民主主義なるものを宣伝し、国旗を制定して党色を薄くするに努め、すべての施策を国防に集中するとともに、国際的には英仏米等デモクラシー諸国の好感を繋ぐことに努めた。ソ連は、コミンテルンと呼応して、日独伊枢軸を破壊すべく、すでに世界的地位を築き上げつつあった。

国防国家

新体制運動と広田内閣総辞職

国家改造の具体案は、軍部幕僚より頻りに放送され、十年計画による国防充実計画も、その前に出来ておった。二・二六事件以後、一般の軍部に対する反感は急に増加し、政党員中にはこれを利用して、議会において軍部を攻撃し、その機会に政党の旧勢力を恢復せんと策したものがあった。これに対する軍部の反撃は、困難な仕事ではなかった。軍部は左右両翼の思想を取り容れ、国防国家建設の考案を急速に具体化して行った。彼等の案は、自由主義の基礎に立つ議会を解散して、有力なる一政党の上に立つ独裁的政治を起し、国政を円滑活発に運用し、全体主義的国防国家を建設せんとするにあった。所謂後の新体制運動がこれであった。

軍に反感をもつ議会において、政党は広田内閣を攻撃し、特に防共協定を非難した。防共協定が、日独軍事同盟締結を希望する軍の推進したものであることを知る政党は、これによって間接に軍に対する反感をも表示し、内閣を苦境に陥れた。寺内陸相は、軍の内外に対する方策の実現のためには、広田内閣を犠牲とすることをも辞せぬ態度に出で、度々議会と粗暴に衝突した。軍部は、一挙に議会を解散して、その目的を達せんことを企図し、寺内陸相は、広田首相に対して議会の解散を屢々強く迫った。首相は議会の解散よりも総辞職を選んだ。

当時参謀本部は、石原第一部長が中心勢力であったが、左翼の闘士浅原健三が、国家改造の考案をもって参謀本部に出入りしておった。軍は林銑十郎大将を擁して、事実上独裁的な軍部政府を樹て、議会を解散して、ナチ的の一党を作らんとする意図であった。彼等は政策として、ソ連に対する国防を中心に、独伊との連絡を緊密にすることを強く主張していた。

宇垣内閣の流産

広田内閣総辞職の後に、元老は宇垣大将をその後任に推した。宇垣大将は、軍出身であって、政党方面にも好感を持たれる人であるから、困難なる政局の収拾に適任である、と認めたのである。上層部の考え方は、飽くまで時局の収拾であって、極端なる変動、特に右傾を避けんと欲するものであった。

宇垣大将の推薦は、国家改造派に対する打撃であって、彼等は極力その組閣を妨害した。宇垣大将が、第一次世界戦争後、民政党内閣の陸相として、山梨前陸相の実行した軍縮に引き続き、更に第二次の軍縮を断行したのは、全く政党に迎合し、軍の機能を阻害し、国防を無視したものであるとした。宇垣反対の空気は、当時軍に拡まっていたため、陸軍は全体として、遂に宇垣大将の組閣を支持せぬことに決し、慣例による陸軍大臣、参謀総長及び教育総監よりなる三長官一致の陸相指名を拒絶することとした。換言すれば、現役軍部大臣制によって、陸相を任命することを不可能ならしめるとともに、軍は宇垣大将に組閣中止を勧告したのである。宇垣大将は、組閣を断念せざるを得ぬこととなった。元老はここにおいて、軍部の希望する林銑十郎大将を推すより外に途なきに至った。何となれば、当時の情勢より軍人出身者を選ぶ以外に方法はなかったからである。

林内閣の成立と紛糾（昭和十二年二月）

元老の林大将推薦は、決して軍の急進派に全然屈服したものではなかった。上層部は、林大将に対して閣員に穏健分子を配置することを要望し、林大将はこれに従って、陸相には杉山、海相には米内を配し、外相には、帰朝途上の佐藤大使を起用し、急進派の要望する板垣中将や末次海軍大将等の入閣を悉く退けた。

折角林大将の内閣が成立（一九三七年二月二日）して見ると、広田前内閣とその性質において何等異なるものがないのみならず、逆行するものさえある感を軍部に与えたがため、国家改造の主張者たる参謀本部の石原部長は、浅原健三とともに、林大将を訪問して、その組閣ぶりに厳重抗議を申入れた。林内閣は組閣当初より、軍部の急進派に圧迫せられること甚だしく、彼等はしきりに、ソ連関係は一触即発の危機にありと宣伝して、「臨戦体制」の実現を期し、国防国家建設の空気はますます濃厚となった。政府のなすところも軍の希望のままであって、陸軍の産業五ヶ年計画は承認され、国防国家建設の基礎的施設として、中央に企画庁が新設せられた。

かかる情勢の下に、林新首相の政治は拙劣を極め、世論に副わず、議会とは闘争を重ねた。それにもかかわらず、議会は最後には妥協的態度に出で、政府提出の予算案を通過せしめ、会期も無事終了の段取りとなった。然るに、政府は出しぬけに議会を解散して、総選挙を断行するに至った。林大将は軍部の要求を容れ、国家改造に新たなる飛躍を試みるために、突然議会を解散して、政党勢力に挑戦したのである。しかし政府としては、議会を解散した後に、日本を支配する一政党建設の準備は未だ具体化してはいなかった。

世論は興奮した。圧迫も宣伝も更に干渉も行われたが、総選挙の結果は、国民は何のための民意を問う総選挙であるかは、理解することが出来なかった。国民が林内閣に全然離反したことを示したもので、議会勢力の勝利に帰し、政党は旧勢力そのままの形で選出された。林大将の政治の運行については、国民は理解することが出来なかったのみならず、同大将の神がかり的政綱「祭政一致」や、「総親和」の如きスローガンには、甚だしく反感を示した。林内閣は進退に窮し、成立後僅かに数ヶ月にして後退の已むなきに立ち至った。

広田内閣の時以来、一国一党的新体制運動を起して、既成政党の解散を主張した、軍部の一部を中心とする勢力は、この時既に新政党の首領に、近衛公を推す計画を進めつつあった。

第四編　日支事変（近衛第一次内閣）

近衛公

西園寺公と天皇学

元老西園寺公は、立憲自由の主義を了解した人であって、藩閥政治は民主的の政党政治に移行せしむべきであり、政党政治は英米流の、二党更代の制度に誘導すべきであるとして、これがため、藩閥元老の凋落後は、政友民政の両党の華やかな時代を現出したのであった。西園寺公を常に代表した牧野伸顕伯はもちろん、これを継いだ一木、湯浅の二氏も、元老の意向によって動いた。西園寺公がすでに老い、その晩年より上層部における公の実勢力を嗣いで、天皇の側近において、国家の指導勢力を形成したのは、近衛公と木戸侯とであった。西園寺は、若き貴族出身の両氏を自分の後継者として教育し、また事実後継者とした。しかし、新時代の新人たる近衛、木戸両氏は、西園寺公とは政治上の考え方を異にし、唯々軍部を排斥することの不可能なることを知り、むしろこれと協力しつつ、出来得るだけ過誤を少なからしむることを期すべきであるという意見であった。特に近衛公は、西園寺公とは趣きを異にし、デモクラシーの米英流の政治には共鳴してはいなかった。

明治天皇は、群雄を率いて、藩閥政治より日本を立憲政治に指導せられた。明治の元勲もその数は少なくないが、指導の根源は、いずれも天皇御自身の叡慮にあった。立憲日本が建設せられた後は、万般の組織制度が憲法によって動き、西園寺元老は明治天皇の後継者に対して、立憲治下、何事も責任者の輔弼によって行動すべきことを天皇学として進言した。昭和天皇は、明治陛下を嗣いで、聡明叡智、摂政時代から内外諸般の政務をみそなわせられ、一点の曇りのかからぬ大御心によって、政治向きの事は一切責任者の輔弼によって動かれた。責任者は、即ち内閣と統帥部とであった。

昭和天皇は、群臣の何人よりも政務に通じ、内外の大勢を解しておられた上に、多年引き続いて貴重なる経験を積まれていたがため、恐らく、入れ代り立ち代って御前に出る責任者の意見や説明は、時には却って愚かなことと陛下には映ったことも少なくはなかったであろう。また現に責任者に対して、その意見の誤謬を指摘せられたことも度々あったが、陛下は、常に責任者の輔弼によって、行動せられることを忘れなかった。

昭和天皇が自ら進んで、断乎として指導力を発揮せられたのは、政府が消滅した二・二六反乱の当時と、国家の存立が眼の前に危殆に瀕した終戦の時のみであった。終戦の際には、責任者は何れも皆、（陸相をも含めて）終戦の詔書には副署を行い、形式上輔弼の責任を果している次第である。

近衛文麿公

昭和政界において、最も重要なる一人は、西園寺公と同じく公卿出身の近衛公であった。公は、怜悧明敏なる性格の持主であって、万人に親しまれ易い好紳士であった。その政治的見解は広く且つ開放的であって、決して軍閥的政治を希望し、またこれに共鳴している人ではなかったが、さりとて右翼的思想も左翼的見解をも敢て排斥はしなかった。政界においても、個人的趣味においても、真に四通八達の融通性を有つ万人向きの人であって、特に政治には非常に興味をもち、常に舞台の上で活動する華やかさを楽しんでいた。皇室に最も近き公卿華族の出であるため、おのずから上下に重きをなし、この人によって、国家は救われるのではないかという、何となき信頼感が上下一般に有たれていた。かかる性格から、近衛公ほど軍部の傀儡として適当の人物はなく、且つ近衛公も自ら期せずして、軍部の傀儡的存在となり、重大なる責任をとるに至った。

近衛公は、二・二六叛乱の際に組閣の大命を受けて、これを辞退したが、間もなく西園寺元老の推輓によって、政治の表面に活躍する人となり、或いは貴族院議長となり、或いは枢密院議長に任じ、昭和天皇の御信頼を一身に集めた形であったが、明治天皇の信頼を担っていた伊藤博文公とは、著しく識見、内容を異にし、単に時勢の波に乗った一公卿的存在に過ぎなかったと観て誤りはない。

第一次近衛内閣においては、陸相杉山、海相米内は留任し、外相広田、その外に政界、実業界、官僚及び軍部出身者の有力者が、或いは閣僚として、または内閣参議として参加した。

衆望を荷った近衛内閣が成立して、これを利用する軍の内外にわたる工作は、一層急進して来た。

蘆溝橋

陸軍部内の対ソ派と対支派

二・二六叛乱によって、軍内部の皇道派なるものは要部から一掃せられ、その影を潜めたが、その後、軍内部に目立って来たのは、北支工作に伴う対ソ派と対支派との対立であった。陸軍の統帥系統の人々は、国防に専念する関係上、ソ連関係に重きを置くのは当然である。当時、対ソ軍備を如何にするかが、主要なる問題であって、参謀本部に席を置くものは多く対ソ派であった。彼等は、満洲事変より北支工作まではこれを是認し、その成功に協力したものであるが、北支工作をさらに支那本土及び南方に拡張することには強く反対した。北支工作は、満洲国の擁護のため、またソ連の力の支那に及ぶことを防ぐためにのみ、必要であると彼等は解した。石原第一部長及び多田参謀次長は参謀本部にあって、この派の代表的人物であった。

然るに、軍部内の統帥関係よりも、むしろ軍政関係の人々、特に支那問題に関係を有した人々は、北支工作より、進んで支那問題の処理ということに重きを置くようになった。これに附和するものに、従来支那問題に専ら携わった多くの中堅将校があった。第二の満洲事変によって、「勲功」を樹てんとする功名心も多分に手伝った。支那派は陸軍本省を根拠とするものであって、陸軍省には、杉山陸相や磯谷中将を嗣いだ後宮軍務局長等がいた。当時の参謀本部と陸軍省との関係は、単に軍事政策上の意見の差ばかりではなく、むしろ個人的の感情による軋轢が多かった。軍部の派閥闘争は、既に病膏肓に入っていた。

陸軍省によって代表せられた、軍部の支那問題に関する意見は、非常に強硬なものであって、その急先鋒は、もちろん、北支方面で活躍していた当時の幕僚将校連であった。政府は、陸相によって発言せられる陸軍省の意見をもって、軍の代表意見と思って、その強硬意向を尊重した。軍部のいずれの派も、日独提携には熱心なる主張者であった、ことは前に述べた通りである。

北支工作と排日

梅津・何応欽協定及び土肥原・秦徳純協定以来、北支工作は急速に進捗し、京奉線に沿って満鉄の勢力が進出して来た。それとともに、北支の資源開発を名とする日本人の活動が目立って来た。すべては支那側の悪感情を招き、民衆に対する排日宣伝の好題目ならざるものはない有様であった。

満洲事変以後、明瞭に日独両国を敵視したコミンテルンは、防共協定締結後、その傾向はもとより一層甚だしく、支那共産軍は、すでに公然日本軍に対し開戦しており、抗日戦線は、北支において非常に強化されていた。北支の事態を紛糾せしむることは、日独防共協定による、東方よりのソ連に関する圧力を緩和する唯一の方法であり、日支が衝突して、支那に混乱を惹起せしむることは、東方赤化の捷径であると見られたのである。

軍の北支工作は、ついに日支の全面的衝突にまで誘導せられずしては止まぬ形勢となった。

西安事件（昭和十一年十二月）

満洲から遁れた張学良は、日本の圧迫によって、北京を去り陝西省に移り、北京は宋哲元に委せた。陝西省は、毛沢東、朱徳及び賀龍等の共産軍の根拠地であって、張学良は、共産軍と妥協し、同盟して、抗日戦線の一翼を担当することとなっていたのである。換言すれば、彼は、日本軍により満洲を追われた後は、北支において共産軍に合一するほかなき絶体絶命の位置に追い込まれたのである。当時共産軍は、軍隊としては未だ有力ではなかったが、党の活動は目覚ましく、農民運動によってその勢力を拡張し、その地下工作は北支一帯に及び、支那民族の解放を標語として、抗日排外の気勢は頗る激烈となっていた。而して共産党の世界的宣伝によって、米国を初め多くの国の同情を集めておった。

蔣介石が、当時、傳作儀軍が、日本軍の進出を喰い止めた後の綏遠方面の視察を目的として、飛行途中西安に着陸し、張学良と会見したのは、一九三六年の暮のことであった。

学良は熱心に介石に対して、国内の諸派一致して、外敵日本の侵入に当るべきことを説いた。蔣介石は、外敵に当るには、まず国内の敵を除かんことを主張した。共産党の如何なるものであるかを知りつくしておる蔣介石は、一九二七年、共産軍の討伐を開始して以来、満洲問題勃発にもかかわらず、共産党を討伐して支那の統一を完成することをもって、先決問題としていたのである。ここにおいて学良は、ついにその兵をして蔣介石を監禁せしめた。

蔣介石の生命は危ぶまれたが、彼も南京政府もともに強硬な態度に出でた。ついに、学良の顧問で後に蔣介石の顧問となった、英濠人ドナルドの斡旋によって、蔣介石は無事南京に帰ることが出来た（一九三六年十二月）。しかし、この時以来、南京側と共産軍側とさらに張学良の軍隊とは一致して、抗日戦線に乗り出し、ここに、挙国一致日本反抗の態度が確立し、日支事変発生後、蔣介石は、一九三七年九月二十二日、正式に国共合作成立を声明し、翌九月二十三日、共産党は、抗日戦線の統一を声明するに至った。

張学良は、南京に来って罪を請い、その後長期の軟禁生活を送ることとなった。

満洲事変は、張学良をも、蔣介石をも、ついにここまで追い詰めてしまった。張学良が西安において、非常手段をもって橋渡しをした、蔣介石及び国民党と共産軍との合作がこれから始まるのである。

それは兎も角として、日本の北支工作に刺戟された支那側の挙国一致の抗日態勢は、日支の関係には大影響を与えた。一九三七年に入ってから、日本の北支積極政策は益々進捗し、支那の排日態勢は、益々露骨になり、相対峙する日支両国軍隊衝突の危険は著しくなって来た。北京近くの豊台で先ず衝突が起った。次いで日本軍の一部が、京漢線の起点に近い蘆溝橋（マルコポーロ・ブリッヂ）附近で、夜間演習を行った際に、日支軍の衝突が起った。一旦休戦交渉が成立したが、再び砲火が交えられ、ついに大事になって日支戦争が始まった。

これは一九三七年七月七日のことである。
ここに、日本と衝突した近代支那の本質について検討する必要がある。

支那革命小史

支那解放運動

支那は、古来易姓革命の国であって、王朝がある世数の政権を維持した後、民意を失って衰運に向うとともに、英雄豪傑が出現して、力をもってこれを倒し、新たなる王朝を樹てる。これは天の命により、民意にも副ったものであると、天下を取ったものも云い、また一般人民もさよう観念する。

かくのごとくにして、秦の始皇が天下を統一して後、支那文化の出来上った漢や唐を経て、宋、元、明、清と遷って行った。ついに支那をして、絶えざる革命の国とならしめ、群雄争覇の地たらしめた。限りなき土地と資源と、而して多くの人口とを包容する支那は、政治上の永久の争闘場としての、多くの素質を備えている。しかし、永年の自然及び人為による鍛錬で、支那人は体力上から云っても、神経の点から云っても、人類中、最も生活力に富む人種となったため、支那が禍乱の地と化しても、支那民族は世界到るところに進出し、増加発展しつつある。

支那歴朝の中で、梁、元及び清は北方ツングス族で、異民族たる漢民族を統治したのであるが、支那文化は、彼等を受け入れるのに何の支障もなかった。清朝は康熙、乾隆のごとき歴史上稀有の英主が出たために、約三世紀の政権を維持し得たが、それでも、ルネッサンスの勢いに乗った西洋思想文化の東漸に会い、産業革命後の欧州各国の侵略に直面して、未曾有の激変を免がれることが出来なかった。清朝を倒さんとする革命思想は、単に五朝興亡の権力闘争のみでなくして、欧州自由思想に基づく、人類の向上を要求する自由解放の運動に基づくものであった。

十九世紀の中葉に、長江筋に蜂起した、キリスト教を奉ずる洪秀全の太平天国の乱（所謂長髪賊）も、また自由解放の思想に拠り、外国の侵略に反抗し、異民族清朝の統治から脱出せんとする、支那解放運動の先駆をなすものであった。清朝末期の革命運動は、王朝の衰亡期に起る、支那従来の易姓革命の思想と、異民族の統治から漢民族を解放せんとする思想、及び西洋の自由思想に基づく帝国主義諸国の侵略から支那を解放せんとする思想の競合であったことを、見逭してはならぬ。革命の進行とともに、さらに支那を横断する近世的階級闘争思想がここに加わり、プロレタリヤたる一般民衆を、封建的特権階級より解放せんとする運動が起って来たため、事態は未曾有の混乱を見るようになった。

孫文の思想

支那解放の父と称せられる孫文の蹶起も、また太平天国の乱、及びこれに続く清朝顚覆の志士に刺戟せられて起ったものである。香港で医学を学び、自由の思想をも摂取した孫文は、広東で医業に従事する傍ら、革命運動を起して同志会を作った。彼等は広東地方の政権乗取りの目的をもって、直接行動に出たこともあるが、何れも失敗し、身をもって国外に遁れ、同志は多く処刑せられた。孫文は幾度か日本及びその他欧米の国に亡命して、革命の同志を募り、計画を協議し資金を集めた。

彼の初期の態度は、支那を強くして外国の侮りを防ぐこと、あたかも明治日本のようにしたいと考えたものであって、政治の近代化を、その直接の目的とした富国強兵主義であって、清朝を亡すの必要は、これを認めていなかった。従って、その思想は、清朝を復興せんとする康有為等の革新運動と大差はなかった。

しかし、その運動が前進するに従って、彼の思想は、到底清朝擁護の革新運動とは相容れぬものとなり、まず満洲朝廷を滅して、漢民族の自由統合を恢復し（滅満興漢）、民主主義の新国家を建設することが、前提問題であるとするようになった。彼は、同志とともに興中会を組織し、康有為等の運動とは全然新たなる立場に立って、公然、清朝覆滅の革命を主張するに至った。この時期が孫文革命の第二期である。

孫文は、長く国外に漂浪し、遂に国民党を組織して革命事業に身を委ねた。

袁世凱

清朝の打倒は、一九一一年（明治四十四年）、興中会の同志黄興等の武漢において起した辛亥革命が成功してから間もなく、実現せられるに至った。武漢における革命行動は、すでに熟したる機に乗じて、破竹の勢いをもって長江筋に拡がり、ついに孫文の率いる国民党は、南京を首都と定め、中華民国を立て、共和国を宣言し、この地に国民議会を開き、支那式民主主義の国民憲法（約法）を制定、五色旗を立てて孫文を臨時大総統に選んだ。

北京における清朝政府は、国民党の乱を鎮定するために、一旦退けられていた直隷総督袁世凱を起用することに決定した。怪傑袁世凱は、清朝の衰運に乗じて、窃かに易姓革命を企て、自ら帝位に昇り、新たに王朝を建てんことを企図していたのであった。直隷総督を罷められて、河南に引退していた彼は、配下の武将と連絡して時機を待っていた。起用の召致に接した袁世凱は、時機の到来を察し、北京に乗込み、まず国民党の退位条件を容れて、宣統帝の廃位に成功した。彼は表面革命党と妥協して、孫文の地位を譲らしめ、自ら臨時大総統に就任し、北京において着々新王朝を樹立すべく工作した。彼の計画に反対した国民党の急先鋒たる宋教仁は、暗殺せられ、黄興、李烈鈞等の起した第二革命は弾圧せられ、孫文及び国民党との正面衝突は惹き起された。袁世凱は形勢の非なるを見て、遂に悶死するに至った（一九一六年六月）。彼の企図した易姓革命は斯くして失敗に帰した。その以後、袁世凱配下の武将は交々立って、彼に倣って中央の権力を握らんとして蜂起し、国民党の無力に乗じ、長期にわたる群雄割拠の軍閥闘争時代を、現出するに至ったのであるが、これらの軍閥の主なるものは、袁世凱の旧配下の武将であって、彼等を総称して北洋軍閥と呼称した。

護憲運動と排外運動

清朝を倒す革命の目的は達せられたが、国民革命党の主張する民主主義政府の樹立は、軍閥争闘のために前途遼遠となった。国民党は、袁世凱が帝位に上る野望を表示するとともに、南京において制定された国民約法を擁護する運動に移ったが、この護憲運動は、袁世凱の死後、当然、各地に実権を握る軍閥に対して向けられることとなった。

孫文の指導下において、国民党は、護憲運動による軍閥からの解放をもって、革命の目的となしたが、これとともに、時世の波に乗って、外国の圧迫からの解放をも同時に叫んだ。軍閥の打倒と帝国主義反抗の排外運動とは互いに競合して、知識階級及び一般国民の間に、深く浸潤するようになり、列国は、北京における中央政府を握る軍閥と交渉を続け、事実上これを援助し、軍閥は、また常に事実上外国租界を闘争の本拠とする実情に鑑みて、列国の利権を回収することが、国民革命の成功のための前提条件である、とする極端論も出で来たって、不平等条約の廃棄を叫ぶ声は、排外熱に一層油を注いだ。

国民党のこの内外に対する解放運動は、支那一般知識階級の支持するところなるのみでなく、米国デモクラシーの支援するところであって、米国方面の少なからざる同情を買い、有力なる米英人は個人としてこれに参加した。そして、米国政府自身も、終始支那の民主的解放運動を奨励し、十九世紀末ジョン・ヘイの門戸開放政策樹立以来、同情ある態度を維持して来た。かかる情勢の下に、支那の排外運動は益々露骨となり、常軌を逸するものがあるに至った。

元来、支那の帝国主義反抗の排外運動は、支那に権益を持っていた、英国を先頭とする列強に向けられたものであったが、大隈内閣が、袁世凱に対し、第一次世界戦争中、所謂二十一ヶ条の要求を行い（一九一五年五月）、また寺内内閣によって、段祺瑞安徽派政府に対して、西原無担保政治借款（参戦借款を含む）が援段政策として供与せられ（一九一七年七月）、さらに、田中内閣時代に両度の山東出兵が行われ、相続く軍部的積極政策に関連して、日本は、恰かも、帝国主義の代表者のごとくに排斥せられ、攻撃せられるに至ったいきさつは、その後に起った日支衝突の原因をなしている。

支那の排外思想は、共産分子の活動によって、一層露骨となり、ソ連革命後は利権恢復の革命的直接行動が採用されるまでになった。

支那軍閥の消長

武力を擁して、群雄割拠の状態にあった軍閥も、支那社会の変遷には逆行することが出来なかった。況んや、支那の解放運動は、自然の勢いであることは争うことは出来ない。軍閥は自己の勢力を拡張するためにも、民衆の排外運動には或いは便乗し、またはこれを武器として利用した。かくのごとくして支那においては、次第に民族国家の思想が醸成せられ、愛国心が鼓舞せられるようになり、国民的覚醒はさらに内外に向って、解放運動を激成して行った。一九一七年に起ったロシア革命は、支那に大影響を与え、一九一九年に組織せられたコミンテルンの活動は効果的であった。ソ連は、国民党に手をつける前に、すでに支那における軍閥の実勢力に手をつけていた。

かような形勢の下に、二十年にわたる軍閥の消長時代において、その勢力は旧式軍閥から新式軍閥へと移行して行った。清朝没落後、中央においては、民国の政体は維持せられ、五族を代表する五色旗が樹てられておった。段祺瑞や黎元洪や徐世昌等によって、中央政府は、形のみではあるが保存せられ、各国も、この北京政府に対し引続き使臣を派し、これと外交関係を維持していた。その間、一九二一年黎元洪大総統時代に、張勲の復辟《ふくへき》クーデターがあって、張勲は国会を解散し、孫文は広東において国民政府を樹てた。張勲の復辟運動は、直ちに曹錕《そうこん》、段祺瑞の平定する所となったが、地方は到るところ実力者の割拠に放任せらるるほかはなかった。特に満洲において、日本の勢力を背景とする張作霖は、終始半独立の権力を保持し、東三省の独立を宣言した（一九二二年五月十四日）。第一奉直戦争は、馮玉祥の背反によって呉佩孚の敗北となり、張作霖の勝利に帰したが、ソ連を背景としてクリスト教徒と称する馮玉祥の率いる赤色軍閥は、到底反動的張作霖と両立すること能わず、奉天側は、今度は呉佩孚側と連繋して馮玉祥を挟撃した（第二奉直戦）。馮玉祥は、遂に北方に軍を引き上げて、張家口を本拠とするに至った。奉天軍は、張学良に配するに郭松齢を以てし、赤色軍閥討伐のため関内に侵入していた。その際、馮玉祥に通じた郭松齢の叛乱があって、郭松齢軍は逆に満洲に侵入し、奉天は危く見えたが、張作霖は、日本側の間接の援助によって、郭松齢軍を撃滅することを得た。奉天軍は、勝に乗じて関内に侵入し、段祺瑞執政政府の没落後、張作霖は北京において大元帥と自称し、津浦線に沿ってその軍隊を南下せしめ、南京を占領した蔣介石の国民軍と接触するに至った。張作霖が関内に永く留まり、国民軍と対峙する時は、再び北支の治安は乱れるのみならず、若し、張作霖の敗退する場合は、延いて満洲をして戦場たらしむるような事態が起り得る。これは、日本の忍ぶところではない。田中大将は、支那本土については、国民軍をしてこれを統一せしめて好意を示し、満洲については、これを特殊地域として張作霖の勢力下に置いて、日本との関係を密接ならしめ、ここに満洲問題解決の端緒を得んことを企図した。ここにおいて、田中首相は、張作霖に満洲引揚げを強く勧告して、国民軍との衝突を避けしめた。張作霖は日本の勧告に従って、遂に北京を引上げたのであった。

もともと馮玉祥は、ソ連の力を背景とし、国際共産勢力を利用し、内乱に乗じ、まず北支とソ連との接境地域を支配せんとの企図の下に、呉佩孚に反逆したものであった。かくして呉佩孚に代った馮玉祥は、全く左傾した赤色軍閥であった。彼は北京には、部将鹿鐘鏻《カシヨウリン》を配し、自らは張家口を本拠とし、外蒙古を通じてソ連と連絡し、地方を基盤として共産政策を実行し、資本主義勢力排撃の強力なる左傾軍隊を訓練しておった。彼自身モスクワに到って、ラデックの下で共産教育を受けた。張作霖は常に反ソ反共的であって、満洲におけるソ連の権益の没収をも敢えてしたほどであるが、ソ連の勢力を利用する馮玉祥を討伐するため、学良に郭松齢を配して関内に侵入せしめていたのであった。郭松齢は、当時日本の政策が反張作霖的であると見えた機会に、馮玉祥と諜し合せて、張作霖に叛乱し、逆に満洲に侵入したが、全く失敗に終った（一九二五年十二月）ことは前に述べた。かくして、赤色軍閥の、北支、蒙古及び満洲を通ずるソ連国境に接する広大な地域の占領計画は、郭松齢軍の潰滅によって失敗したのである。蒋介石の北伐による北京占領（一九二八年六月）後も、馮玉祥は閻錫山とともに、北方における特殊の存在であったが、その後朧海線に沿って戦われた、大規模の支那中原の南北戦争において、閻錫山とともに敗れて遂に蒋介石に降り、これと妥協するに至った。ここにおいて蒋介石の支那統一計画は、一応完成し、軍閥時代は終焉を告げた次第である。

赤色軍閥馮玉祥の立場は、終始ソ連依存にあった。第二次世界戦争中は、彼は重慶にあって、蒋介石と対日戦に協力したが、戦後、共産軍と蒋介石との協力が不可能となる形勢を見て、米国に至り、米国の空気を利用して反蒋宣伝をなし、香港における李済琛《りさいちん》等の反蒋広西派と連繫して、蒋介石排撃を企て、さらに機の熟したるを察し、共産軍に合するためソ連を経由して支那に帰還することを計り、一九四九年初め、ニューヨークを出発、海路ソ連船に乗じ、オデッサに向ったが、その途次黒海において船中怪死した。当時、支那における共産軍の満洲及び北支に対する計略は着々進捗し、もはや過渡的産物たる赤色軍閥は、ソ連に取っても、共産党に取っても、むしろ有害無益の存在となってしまった情勢であった。

話は、支那の国民党革命に戻って孫文の護憲運動から続けねばならない。

孫文の三民主義と容共政策

元来、孫文が三民主義を唱えたのは、一九〇〇年頃からで、同年の八月東京で結成された「中華革命同盟会」は、その綱領として三民主義を掲ぐるに至った。辛亥革命後、袁世凱打倒運動以来、十数年にわたって、孫文は多く海外に流浪しておったが、その後の国民党の運動も畢竟勢力争いの観を呈し、支那一般民衆から見れば、軍閥の勢力争いとの差異を見出だすことが出来なかった。孫文の思想は、次第に進歩発展をとげ、民族、民権、民生の思想を明確にすることによって国内的デモクラシーと、民族解放の方向を明らかにするに至って、三民主義によって支那民心を能く摑むことが出来るようになった。

ヴェルサイユ条約に対する不満を直接の動機とした五・四運動は、当時支那革命思想の殿堂ともいうべき地位に在った、北京大学の学生の運動に端を発したものであったが、忽ちにして燎原の火の如く、全国の各都市、農村に拡がり、労働者、農民、商人をも捲き込むに至った。

五・四運動の火の手が盛んに燃え上っていた頃、ソ連政府は、カラハン外務人民委員代理の名において、帝政ロシア時代の在支権益一切を放棄し、平等の原則の下に、中ソ国交の恢復をはかる旨の宣言を発した（一九一九年七月二十五日）。

翌年春には、コミンテルンの東亜部長ヴォイチンスキーが来支した。彼はまず北京で李大《りたい》釗《しょう》に会い、次いで、上海において陳独秀と会った。かくして、翌年七月上海において、中国共産党第一次全国大会が開催され、中共が正式に成立を見ることになったのである。一全会には陳独秀、陳公博、劭力子、周仏海、毛沢東が出席し、ヴォイチンスキーもオブザーヴァーとして列席している。

次いで、ソ連政府はヨッフェを支那に派遣した。ヨッフェは孫文と会見し、革命の今日まで成功しないのは民衆を無視しておるからである、国民革命は単に政治革命でなく、社会革命であらねばならぬ。労働者、農民を味方とし、地主、資本家を敵とし、また帝国主義者及び侵略者に対しては、実力をもってこれを駆逐せねばならぬ。国民党は、これがためには共産党と提携し、民衆を味方に引き入れて行動することが、革命成功に対する捷径であると説いた。コミンテルンは、既に第二回大会（一九二〇年）において、植民地及び半植民地に関するテーゼを決定し、また第三回大会においては、統一戦線の方針を採択しており、これらの戦術は、直ちにこれを支那に適用することとなったのである。かくして、有名な孫文・ヨッフェ共同宣言の発出となった（一九二三年一月二十六日）。一九二四年一月の国民党第一次全国代表大会は連蘇、容共、労農の三大政策を基調として、国共合作を正式に決議し、同時に、国民党の組織を根本的に改造した。また同大会は、中共党員が国民党員として正式に入党することを承認した（既に陳独秀、李大釗等の有力共産党員は個人の資格で入党していた）。その結果、党員中、譚平山は組織部長、林祖涵《りんそかん》は農民部長、毛沢東は宣伝部長代理等の要職に就き、国民党はほとんど共産党員に牛耳らるるに至った。

孫文等は、広東において、旧軍閥系の陳炯明の力を藉りて、広東軍政府を樹立したが（一九二三年）、ソ連は、トロツキー及びチチェリンの政策によって、米国で学校教育に従事したことのあるボロージン（本名グルーデンベルヒ）を政治顧問とし、ガロン後の極東軍総司令官ブリュッヘルを軍事顧問として広東に派遣し、支那駐剳のカラハン大使と呼応して活動せしめた。ボロージンは、広東軍政府の政治及び党部の最高指導者としての実権を振い、ガロンは、軍事上の計画指導及び訓練をなし、軍官学校において、ソ連式軍事教育を実施した（一九二四年）。かくの如くして、広東国民党政府は、全然ソ連顧問の指導する赤化政権と化し、共産党及び国民党の組織によって、全国的に、知識階級及び労働者農民に向って、有効なる大革命運動を開始することを得、一挙に支那を共産化せんとするの気勢を示した。ここにおいて、支那の革命運動は、これまでとは全然趣を異にし、政治的解放から社会的解放の要求に進み、階級闘争の直接行動による過激なる力をもって、再出発するに至った。

蔣介石の北伐と漢口政権

孫文は、一九二五年春、北京臨時政府の首席たる段祺瑞の招請によって、彼と会談するために、神戸を経て北京に入ったが、間もなく病死した（一九二五年三月十二日）。孫文は神戸において、大アジア主義を講演して、日本人に呼びかけたのであった。広東政府は、孫文の遺命に従って、国民政府と改称せられ（七月一日）、蔣介石は、国民革命軍総司令に就任し、軍を挙げて北伐の途に就いた（一九二六年）。これが即ち有名なる蔣介石の北伐であった。蔣介石は、政学会系の出身で、壮年時代、日本において軍事教育を受けたことがあり、広東時代に永く軍官学校長として、軍首脳部の養成に当った国民党の首領であった。

孫文死後、広東国民党の政府部内においては、国民党系人物と、新たに加入した共産党員との軋轢は絶え間がなく、ソ連顧問の横暴に対して、国民党分子は初めより反感を抱いていた。蔣介石は、曾つてソ連にも見学に行ったことはあるが（一九二三年）、彼の立場は、宋子文及び何応欽その他の領袖とともに国民党長老の側に立ち、共産分子の駆逐を密かに企図していたのであった。共産党分子と見られた国民党員廖仲愷の殺されたのも、この時であった。かかる内部の亀裂を包含したまま、国民革命軍の北伐は実行に移されたのであった。北伐において、共産党の戦術は全面的に採用せられた。土豪劣紳は到るところ追放殺戮せられ、大衆運動は随所に展開せられた。あらかじめ共産党によって組織せられたる民衆運動のために、革命の嵐は吹きすさび、国民革命軍は、無人の境を行くがごとく長江筋に進出し、唐継尭の雲南軍を手中に持つ共産分子は、逸早く武漢を占領して、この地に赤色漢口政権を樹立した。ボロージン、ガロンのソ連顧問の下に汪精衛、顧孟余、陳公博、胡霖、陳独秀等がその中心となり、陳友仁を外交部長とし、宋慶齢、孫科の国民党左翼もこれに荷担した。

北伐の完了と南京政府

他方、蔣介石等国民党系分子は、湖南の南昌に入り、それより揚子江に出て南京に下った。一九二七年（二月二十四日）国民軍の南京進入の際に、南京事件が起って、各国の領事館まで徹底的に掠奪暴行を受けて、各国軍艦は暴徒を砲撃した。日本軍艦だけが砲撃しなかったと云うので、幣原外交攻撃の材料に供せられたのは著明のことであった。北伐軍は、共産戦術による直接行動に訴えたので、到るところ恐慌を惹起した。上海は辛うじて青斑紅斑を率いる杜月笙の協力によって、共産党の乱暴を阻止することが出来た。杜月笙は蔣介石軍と妥協して、何応欽と共に赤化分子掃討に尽力したために、後に勢力をなすに至った。

蔣介石は一度下野し、その間日本を訪れて、朝野の意向を打診して、南京に帰り、再起して、愈々北征の軍を起した。然るに、その軍は済南において、ついに日本軍と衝突するに至ったことは、すでに述べた通りであるが、北伐軍の主力は、済南を迂回して天津に向い、張作霖は、日本政府の勧告を容れて軍を満洲に引き上げた。蔣介石は、これによって北方策定を一応完了した。

北伐完成後、南京政府は、孫文の遺骸を北京より南京に迎えて、政府の基礎を確立し、列国と外交関係を開き得る段取りになったのである。

南京国民政府は、永く創立初期の訓政期にあったわけであるが、すでに容共連蘇の方針を放棄し、日本を初め列国と外交関係に入るに至って、その性格は、漸次穏健性を取得するようになった。また、上海を中心とする財界及び経済界は、所謂浙江財閥を中心とするもので、共産党を極度に排斥する資本家であり、南京政府は、その勢力に反対しては存立を全うすることが出来ぬ有様であった。これらの財閥は、奥地の地主であり、若しくはこれら地主との関係が極めて密接であったので、浙江その他江南地区における共産軍の遣り方を極度に憎んでいた。蔣介石は、これら資本家勢力を利用することが必要であって、南京を本拠として、政権を保持せんとする以上、漸次、穏健政策に転換して行くのは当然のことであった。しかのみならず、蔣介石は、共産党の何物なるかを、今日まで十分知るの機会を有っていたのである。

共産軍の西征

これより先き、漢口に成立した共産政府は、外国租界を占領し、共産政策を実行し、その勢力は頗る盛んであったが、附近の奥地地主や土地の有力者の協力を得ることが出来ず、ために漢口の食糧は窮乏し、経済は全く行きづまり状態におちいり、共産政府の正体を暴露して、幾何もなく内争を生じて、汪精衛はボロージン以下ソ連顧問を免職するに至り、漢口政府は遂に没落してしまった。一九二七年国民党が完全に共産党と絶つに至って、共産党の勢力は表面その影を没し、その後数年間は、蔣介石の共産軍討伐の激しき内戦時代となり、南京政府は極端なる反共政策に移行した。

かくして、トロツキー派の対支積極政策は全く失敗に帰した。ボロージン及びガロンは、漢口政府没落とともに、モスクワに召還せられた。実際家スターリンの政策は、理論家トロツキーの方針と異なり、実力の背景によって動くものであり、両者は、支那問題においてすでに対立していたのである。トロツキー派と目されたカラハンも、ガロンも後に処刑せられ、ボロージンは失意の境遇に追われた。

漢口政府が倒れて、後に残された共産軍は、毛沢東、賀龍、朱徳等に率いられて、湖南方面に残留し、数年にわたって激しく蔣介石軍と闘い、或いは漢口上流喜魚を占領（一九三一年六月）、または瑞金にソヴィエット臨時政府を組織し、中国共産党第一回ソヴィエット大会を開催し（十一月）、一九三二年には、如何なる国民軍とも日本軍に対抗する限り協力すると宣言したが、蔣介石は共産党討伐の力を緩めず、ついに共産軍は形勢の非なるを見て、ソ連との連絡に便なる北西地域に移転するため、西方チベット国境を迂回し、さらに北東上して劉子丹の開拓した陝西省甘寧辺区に入り、その間湖南より山路数千里(二万五千支里と称す)の行程を戦いつつ行軍した(一九三五年六月)。これが有名なる赤軍の西遷である。この難行軍のため、七万の軍は一万に減少したと云われたが、赤軍は、再び陝西地方を根拠として延安に政府を樹て、ソ連との連絡の下に勢力を恢復し、永き抗日戦に従事したのである。共産軍が、かくして十年の後、第二次世界戦争の末期において、百万の強力なる赤色軍を組織することを得たのは、ほとんど奇蹟的事業と云われている。この時代の共産軍は、貧農を背景とし、地主及び共産軍反対の立場にありと認められるものを悉く解消して、その権力を西北に樹立し、日本軍と直接接触したのであった。当時、共産軍は、すでに完全にコミンテルンの指導の下にあって、日本を敵として宣言していた時代であって、他方、日本においては、共産党に対する検挙が引き続いて行われており、共産党強圧の時代であった。

西北に遁れた共産軍と、蔣介石の中央軍とは、地理的関係から相互に直接の接触を免れ、互いに小康を得たが、蔣介石の態度は終始反共であって、一九二七年以来の葛藤は医するに由なく、敵味方の関係は、西安事件に至るまで変るところはなかった。

上海地方にあって、排日煽動に従事していた李立三は、一九三〇年ソ連に遁れた。元来、彼の率いる共産党は、労働者を基礎とし、且つ主として工場労働者に対して働きかけていたのであるが、毛沢東は、農民運動を基礎とし、農地の分配を政策としていたため、都市よりもむしろ地方に勢力を伸長することを得た。一九二〇年頃より一九三〇年頃まで、工場労働者や鉄道従業員相手に李立三の指導した時期は、丁度トロッキー派たる国際マルキストの勢力盛んな時期に相当するのであって、上海、天津を中心とし、排外的罷工騒擾の頻発した時代である。

毛沢東等の共産軍は、むしろスターリンの実際派を学ぶものであって、その農民運動は、多分にスターリンの農民政策に通ずるものがある。共産軍は、戦争後の成功によって満洲、北支、中支を手に入れ、都市の経営を自ら行うこととなって、農民中心の政策を都市中心に換えることとなった。戦後モスクワより満洲に現われたのが李立三である。

支那の対日戦線統一

蔣介石が南京に国民政府を樹立し、支那の大部分に実勢力を及ぼした後は、大小の都市は多くはその勢力に帰した。従って、都市における共産軍の勢力は、漸次衰退して来たが、多年急激なる人口増加によって支那の地方全土に溢れた農民を背景とする共産党の勢力は、益々増加して来た。米国の共産党は、支那共産軍は真の共産軍に非ずして農地改革主義者であると宣伝して、米国の知識人を迷わした。毛沢東の率いる共産軍は、陝西省延安を本拠として、農村を縫って勢力を増して行った。彼等の得意とするところは、正規軍による戦争でなく、地下運動によるゲリラ戦であった。土地分配の共産政策と、その民衆に対する注意深き態度とによって、その勢力は増加の一方であった。彼等の主張とするところは、対日戦線の統一と内戦の停止とであって、コミンテルンの指導する中共軍の宣伝力は、内外に対し百パーセントのものであった。

日本の圧迫によって、北京から陝西省の西安にその根拠を移した張学良が、直ちに共産軍と協力するに至ったことは、何等不思議ではない。北支一帯は、国民的地盤に立つ共産軍と、満洲より追われた張学良系軍隊の完全なる排日協力の場所であった。かかる状態において、西安事件が起ったのである。西安事件の際の、西安における蔣介石の交渉相手は、張学良でなくして周恩来であった。張学良は、全く共産軍の指導下にあったのである。一九三六年の西安事件後、支那において、国共合作による対日共同戦線が張られ、蘆溝橋の衝突は、半歳後の一九三七年七月に発生し、ついに日支の全面戦争にまで発展するに至った。張学良は、南京より重慶へと蔣介石に随って行ったが、戦後に及び、国民党と共産軍との戦争は新たに開始せられ、支那本土はついに共産軍の占領するところとなり、蔣介石も張学良も台湾に移るの外はなかった。一九五〇年毛沢東のモスクワ訪問と、ソ支同盟の締結とは、中共支那の大戦後の方向を定めたものであった。

支那革命と今後

孫文革命は、富国強兵の革新運動から清朝打倒の運動となり、さらに軍閥反抗の護憲運動となって、漸次民衆を基礎とするようになり、ついに容共連蘇の政策によって、国民党革命の成功の要因を作った。これによって、孫文を継いだ蔣介石の北伐は一応成功し、南京国民政府は出来て、清朝の盛時以来の統一支那が実現したが、それは極めて短かい期間であって、間もなく国民党と共産軍との激烈なる争闘が続いた。両党の内戦は、日支戦争という対外戦のために、西安事件を契機として一旦解消したごとくに見えたが、根底を異にしている両者の闘争は、戦時においても続行せられ、対日戦が終熄（一九四五年）するとともに、直ちに表面に爆発したのである。

支那革命運動は、他の革命と軌を一にして、人類発達の歴史を刻む一種の解放運動であることは明らかである。暴政に対する反抗から始まり、満洲異民族の制圧から漢民族を解放せんとし、外国の侵略的帝国主義から支那を解放せんとし、国内の軍閥から人民を解放せんとする運動であった。

辛亥革命以来の径路を観れば、革命の基礎は広くなり、かつ深くなって来ている。大衆の覚醒に早く着眼し、その力を動員し得たものが勝利を得ることは、恐らく人類文化発達の当然の径路と認められる。国民党が民衆を背景となし得るまでは、孫文の革命軍も、軍閥の軍隊も、大同小異のものと見られた。日本との戦争において、大局的勝利を得た蔣介石も、戦後の民衆動員において共産党に機先を制せられて、今日の苦境に立つに至った。

今後共産軍が成功して、支那を統一することがあっても、共産党がソ連の傀儡である間は、支那革命の素因は依然として存続するものと思われる。

日支事変

「支那膺懲」

日本は極力隠忍自重して、満洲以外に手出しすべきではなかった。然るに、政府の無力と、軍部の無思慮とによって、北支工作を連鎖として、満洲事変が日支事変となり、日支全面戦争に拡大されてしまった。その原因を尋ねると、日本の政治機構の破壊されたためであり、結局、日本国民の政治力の不足に帰すべきである。蘆溝橋の衝突によって点火された日支事変は、運命的に、昭和日本を破綻に導いて行った。

北支の如き、国際的に類例のないほどに、複雑にして危険なる地域に、浅慮にして功名心に富む軍隊の活動を、野放しにすることほど無謀のことはない。

排日事件の連続のために、日本守備軍の夜間演習に起因する蘆溝橋の小衝突は、一旦交渉によって目鼻がついたかに見えたが、また廊坊に飛火して、さらに大規模な衝突が起った。梅津・何応欽協定によって、河北から撤退した国民軍は、中央からの増遣軍とともに北上して、日本軍と対抗の態勢を取った。衝突が衝突を生み、あたかも数ヶ所における放火が風を呼び起して、ついに大火事となるように、大衝突となってしまった。数は少なかったが、今度こそはと思った日本北支軍は立った。一旦動き出した兵は、もはや坂を墜ちゆく石のごとく、加速度的に勢いが加わった。

近衛内閣は成立して間もない際で、事態を急速に収拾せんとして、統帥部の要求により、直ちに三個師団の増兵を決し、さらにこれを五個師団に増加し、思慮なき内閣代弁者は、日本の強硬なる決意なるものを繰りかえし、今度は事件ではなく事変であると発表した。政府は不拡大方針を決しながら、事件を拡大して行った。遂には政府も軍も「支那膺懲の聖戦」を宣言し、近衛首相は東亜「新秩序」の建設を提唱した。こうなればもはや、これを阻止する何物もない。

北支の戦争は、結局永定河の線で喰い止めることが出来ず、日支の全面戦争に展開した。

北支戦争

日本軍部の態度は非常に強硬であった。蘆溝橋における衝突のあった頃は、北支軍司令官田代中将は、既に病気になり、その後間もなく死亡した。軍は北支における軍の統帥者として、阿部大将よりも寺内大将を選んだ。寺内大将は、対支積極主義者の筆頭であった。不幸なる戦争は一気にかたを付けるという軍側の予定を裏切り、泥沼に足を履み入れるが如く、深く深く、さきへさきへと履み込んで行って、京津地方から奥地各方面に戦線は拡がって行った。

この形勢は、支那問題及び世界の形勢に常識を有つものには、当然判断し得たところであったが、日本はそれにも拘らず、第二の満洲事変の発生を予防出来なかったのは、如何にも政治の破産であり、国家の不祥事であった。軍首脳部は軽はずみにも、数ヶ月にして事件を片付けると云って突進して行き、近衛内閣は、満洲事変の苦い経験に鑑みて、事変の指導力を軍部の手より政府の手に収めんことを慮ったためか、軍の主張に先行して強硬なる態度を示し、ひたすらに追随するものにあらざることを示さんとした。

北支における日支の衝突は、直ちに中支に反映する。満洲事変の際の上海戦争に顧みても、極力上海に事の起るのを防がねばならなかった。何となれば、上海に事が起ることは、もはや上海だけに止まらず、一歩誤まれば、戦争は中支、南支に波及し、海軍の南進政策の端緒となるからである。蘆溝橋の衝突後、数ヶ月を出でずして、戦禍が上海に飛火したことは云い難き不幸なことであった。

第二次上海戦争発端（昭和十二年）

上海は、何と云っても支那における経済文化の中心であるとともに、共産党の活動の中心であって、北支における日支の衝突は、敏感に上海に反映し、排日侮日の風潮は直ちに上海に氾濫する。日本が、大局上、如何にこれを忍ぶかが問題であるのである。

一九三二年五月五日に締結せられた、第一次上海戦争の休戦協定は、列国軍の警備する上海の平和を確保するために、一定の地区内に支那軍の入ることを禁止しておる。支那側は、この文書は一時的の休戦のための協定であって、支那の主権を制限するものではない、と云って、日本側の抗議を無視して、この地区に軍隊を進入させて来た。上海駐屯の支那軍は、またも左傾した、今度は、張発奎の第二十九路軍であった。蘆溝橋の衝突が起ってから、この排日気分に充ちた軍隊は、何時日本海軍陸戦隊と衝突するかも知れぬ切迫した空気となった。

日本陸戦隊の大山海軍大尉が、支那側の軍用飛行場附近で殺害された事件に端を発して、ついに支那軍と日本海軍との間に衝突が起り、前の上海戦争の発端と同様な形勢となった。北方において、陸軍の手によって事が起きれば、必ず上海において海軍の手で何か事が起るとまで云われた。その責任問題は暫く措き、かかる日支の衝突が、到底海軍の手一つで処理出来る性質のものではないことは、第一次上海戦争で十分明らかになっている。

上海出兵と反対論

米内海軍大臣は、強硬に陸軍の出兵を要求した。さきに統帥部年次作戦計画中に、「要すれば上海方面に出兵することあるべし」との陸海軍の妥協案は成立している。而して、現に第一次上海戦争において陸軍は直ちに出兵している。海軍は、単独で処理することの出来ない陸上戦闘に対して、陸軍の出兵を要求するのは当然であると考えた。

然るに、石原第一部長、多田参謀次長を中心とする参謀本部は、強硬にこれに反対した。北方派である参謀本部は、支那事変が中支及びそれ以南に拡大されて行くことは、日本の戦闘力の分散であって、北方の防備を薄くする危険があるし、国防国家の十分出来上っておらぬ今日、用兵は最小限度に止め、北支以外への出兵は、犠牲を忍んでも思い止まらねばならぬ、と云うのが北方派の意見であって、統帥に責を負うものの理由ある意見であった。

しかし、上海戦争はすでに始まっているのであって、如何にして戦争が始まったかを問う暇はない。数万の在留民の生命財産は、危殆に瀕している。参謀本部と、感情上対立している陸軍省では、杉山陸相も後宮軍務局長も、これまた責任上、出兵は是非必要であるとした。政府は陸海軍部と妥協の上、遂に最小限度の出兵ということで、僅かに三個師団をもって上海上陸軍を編成し、松井大将を予備より起してこれを指揮せしめ、敵愾心に燃えている抗日支那軍に対戦せしめた。

かような日本内部の不一致の結果、第二次上海戦争は、五年前の第一次上海戦争の過失を、更に大袈裟に繰り返すに過ぎなかった。呉淞方面に上陸した軍は、苦戦を重ねるのみで前進することが出来ず、多大の損害を蒙りつつ上海の正面に粘りついた。国際都市を中心とした、陸海空の宣戦なき戦闘であるから、事故百出で、世界的に益々日本に対する悪感情を挑発した。参謀本部の強い反対を克服して、更に数ヶ師団をもって編成した柳川軍が、杭州湾方面から上陸して、支那軍の背後を衝き、南京に向って前進するに及んで、上海の支那軍は退却した。上海軍は、杭州上陸軍と呼応して南京を急襲し、遂に首都を攻略した（一九三七年十二月十三日）。

南京に入城した中島師団の暴挙が主となって、南京における日本軍の乱行（南京の強姦）として、世界に宣伝せられた国際問題がその際起って、日本の名誉は地に墜ちた。

支那南北の占領

日本軍が首都南京を陥れるに及んでも、蔣介石は、政府を漢口に移し、さらに重慶に移して（一九三七年十二月二十日）、いささかも和を請うことなく、日支戦争は全く軍の予想に反して、唯々拡大するばかりであった。北方では、陸軍大臣を辞めた杉山大将が、寺内大将を襲って司令官となり、中支では、松井大将に代うるに畑大将をもってした。北方軍は、済南や徐州の苦戦を経験したが、北は山西省まで進入した。中支軍は、長江に沿って漢口攻略を作戦した。他方、台湾で組織した古荘司令官の率いる南方軍は、バイアス湾に上陸して、広東を攻略する作戦を樹てた。かくの如くにして、一九三八年末には日本軍は、漢口及び広東をその手中に収めた。この広大なる支那の地域において、北は京綏線、中部は京漢、津浦、朧海の各鉄道線及び揚子江筋の要衝を占領することを得て、日本軍は尨大なる支那本土を、点と線との確保によって、これを維持しなければならぬこととなった。これらの地域における共産軍のゲリラは、自由自在に活動した。

支那事変が南京占領後、支那本土にわたって拡大しつつある間に、他の重大なる国際事変が起った。それは一九三八年七、八月の交に起った張鼓峯に関する日ソ間の紛争であった。

占領地の経営

北支方面の軍事行動が進捗するにつれて、先ず押し出して来たのが満鉄の勢力である。軍は、北京、天津、山海関、奉天の鉄道を直結運用するために、満鉄の力を藉りねばならなかった。満洲経営によって、最近に得た経験は貴重であって、これをそのまま北支に移して、北支の経済計画が開始せられた。

しかし、北支の満洲化は、関東軍の勢力を北支に導入することであって、満洲をこれまで独占していた関東軍の勢力を再び支那に及ぼすことは、中央における軍部、政府、民間のともに到底忍ぶ能わざるところであったがために、中央におけるあらゆる政府、民間の機関は、先を争って、自己の権益を扶植するために、北支方面に進出した。

而して、政府も軍部も、北支は満洲とは別であると云う建て前を取った。中央軍部の考えも、北支を含む支那本土の経営は、関東軍及び満洲より切り離すことにあって、これがために特別の機構を新たに作ることとなり、恰かも満洲経営に対して、対満事務局を創設した如く、支那経営に対して、同種の更に大なる機構を考案した。これが後に問題となる興亜院であって、中支南支方面の作戦が進捗するに従って、支那に関する軍事以外の全部の仕事を統轄した機構となるのである。

和平工作

日支和平の斡旋

北支問題から日支の全面衝突となり、上海から揚子江一帯にまで戦火は拡大せられ、政府は対支膺懲を宣言して、形勢は悪化の一途を辿ったが、日本政府は、元来事変を局地化する方針であったし、再び日支の間に和平を恢復したいという意向は十分にもっていた。また軍部の中でも、支那派の勢力の少なかった石原少将を中心とする参謀本部は、戦禍の中支に及ぶことを好まず、なるべく速かに和平の成立することを熱望して、以前からこれが工作をしておった。軍全体としても、条件如何によっては、強いて和平に反対するものではなかった。かような内部情勢の下で、軍は、出先によって単独に、蔣介石との連絡をも試みたが、軍を信用しない支那側は、真面目にこれを受けつけなかった。軍部は、日支の紛争解決を熱心に希望している、ドイツの仲介によって、その目的の達成を計らんとして、政府にこれを持ち出した。近衛公は、組閣当初は、杉山陸相によって代表せられた軍部支那派の勢力に拠っておったが、参謀本部の和平説を聞いてこれに共鳴し、参謀本部の勢力を利用して、陸軍省を押えんことを考えた。これがため、石原第一部長等の近衛公に対する影響力は、急に増大して行った。

当時英米両国大使も、広田外相に対して、日支紛争の調停を申出た。英米両国は、自国の支那における貿易及び権益保護の点から云うも、また、東亜禍乱の拡大を防止する意味から云っても、この際日支の間に仲介を試みることを得策とした。広田外相を首脳とする外務省は、支那問題の解決は英米の力に倚らねば実現不可能であることを、もとより知っており、またドイツ単独では、支那におけるドイツの権益から見て、到底日支紛争の仲介に成功する地位にはいなかったことも、十分に承知していた。しかしながら、軍部は、当時英米に対して全面的に反感を有し、満洲事変以来、日本軍の行動に反対し続けてきた英米とは、激しく感情的に衝突していたので、今日、日支間の仲介を英米に依頼することは、軍としては恰かも日本の運命を敵手に委するの感を禁じ得なかったために、これに反対した。近衛公は、軍部の接近しているドイツの仲介に異存はなかった。識者は、英米の申出を受けることが、日支紛争を解決し、国際上、日本の地位を将来に向って開拓する唯一の途であることを理解していたが、日本の実権は、軍の手中にあり、またこの際英米の力によることは、日本の政策のこれまでの方向を変えることを意味するものであり、軍部の意向に反してこれを強行することは不可能であった。

ドイツの仲介

ドイツ人の、第一次世界大戦後の支那における商業上の苦心経営は、戦敗によって不平等条約が清算されたため、却って大きな成績を挙げた。支那政府は軍事顧問をドイツより招聘し、且つ他国より得られざる武器の購入をドイツより試みた。支那におけるこれらドイツの地盤は、ヒットラー政権以前に、ナチ反対側の人々によって築き上げられたものであって、彼等はむしろ、商業上日本と競争の立場にあり、而して、日本の対支政策には反感を持っていた。ヒットラーの時代となっても、彼等の立場は変更されなかった。彼等は、自己の商業上の利益擁護のためにも、強く日支紛争の終熄することを希望した。而してヒットラーも、日支紛争の継続は、単に支那をソ連の懐中に追いやるに過ぎぬことになるので、極力日本軍部に戦争行為の終結を勧告した。このドイツ側の態度は、日本参謀本部を中心とする軍の北方派の考え方と一致し、彼等のドイツを仲介として、日支事変の終熄を計らんとする努力となって現われた。当時、参謀本部とドイツ大使館オット武官との連絡係第二部員馬奈木中佐は、石原第一部長の下に兼務を命ぜられて、石原部長は馬奈木中佐を通じてオット武官と連絡し、日支和平の交渉を進めた。ドイツ側の記録によれば、すでに一九三六年末より日支問題の全面的解決を目的として交渉は行われ、支那側は（一）内蒙古の自治を許し（二）満洲において支那主権を認め親日政権の樹立をなすと云う条件にて、和平をなすに異議はなかった。日支事変が勃発して後、オット武官は、馬奈木中佐同伴、上海においてトラウトマン駐支ドイツ大使と会見して、日支和平幹旋について打合せた。ドイツ側と密接なる連絡を持つ参謀本部は、日支和平に非常に熱心となり、その意見は政府において取り上げられ、陸軍省においても異議はないこととなった。これは前に述べた。

トラウトマンの和平斡旋

広田外相は、政府及び統帥部の意向に基づき、在京ドイツ大使フォン・ディルクセンに対して、正式に在支ドイツ大使トラウトマンを通じて、日支和平仲介の労を取らんことを依頼し、共同防共、排日防止、経済提携及び損害賠償を骨子とした妥協案を提出した。満洲国承認のごとき、支那側の承諾困難なる問題は後日に譲ることとし、今日これを提出することは差し控えた。和平工作に熱心な参謀本部は、在東京ドイツ大使館付武官オット少将との連絡によって、すでに日支和平の裏面工作を行っており、支那側に対しては、賠償支払の必要は無いとの内意をも通じ、また多田参謀次長は、在ベルリン大島武官に対して、在支首席軍事顧問ファルケンハウゼン大将の側面的斡旋を要請せしめたりした。参謀本部とドイツ側とにおいて行われたこれらの折衝については、政府は何も知るところがなく、外交は離れ離れであって、帰一するところがなかった。

　支那派の拠る陸軍省によって代表せられる軍の態度は、和平交渉の条件についても強硬であって、その緩和の如きは思いもよらざることであり、更に、日支事変が進み南京が陥落してから、その態度は益々硬化するばかりであった。漢口にあった蔣介石政府は、ディルクセン大使を通ずる広田外相の提案に対し、根本的に疑惑を抱き、トラウトマン大使を通じて、詳細なる具体的説明を日本側に要求し、支那側においては、北支非武装地帯設置のごとき要求には、初めより承認の意なきことを明らかにして来た。ここにおいて、広田外相は、支那政府において交渉に応じ妥結を計るの誠意なきことを認定し、かつ、日本軍部の強硬なる態度に鑑みて、この交渉は、到底成立の見込みのないことを早期に結論するに至った。内閣もこれを承認した。ここにおいて、軍部の強硬派の計画せる支那占領政策は、忽ちにして具体化するようになった。

　政府はその結果、公然、「蔣介石を相手にせず」との有名な声明を発表し（一九三八年一月十六日）、日本側は相手となるものを自ら探し、独自の見解をもって、対支政策を進めて行くと云う方針を決し、これを議会でも言明し、なお質問に応じて、広田外相は、この日本の態度は宣戦よりも更に強硬なものである、と答弁して喝采を博した。そして、支那占領政策遂行のために興亜院の新設が急がれた。

近衛内閣大改造

近衛公が絶えず連絡して、その意見を尊重している、石原第一部長等参謀本部の人々は、事態の発展を憤慨して、これが救済策に腐心し、内閣を改造し、陸軍省首脳部を代えて方針を新たにせしめんことを期した。まず陸軍大臣として、彼等は、支那北部山西省方面に第五師団長として出征中の板垣中将、または多田参謀次長を推薦した。板垣中将は、満洲事変発生以来、石原部長の同志であった。

近衛首相は、この進言を容れ、人を支那に派遣して、板垣中将の内意を確かめた上、重大なる時局に対処するために、各方面の実力ある重要人物を閣内に網羅する目的をもって、内閣の大改造を断行した。杉山陸相は、特に閑院宮参謀総長を煩わして退職せしめ、その後任には板垣中将をもってし、広田外相に代うるに宇垣大将をもってし、更に荒木大将を文相に、三井の総帥池田成彬氏を蔵相として賀屋氏に代えた。末次海軍大将は、すでに内務大臣に就任しておった。宇垣新外相は陸軍の希望を入れて、大島武官を昇格して駐独大使となし、白鳥公使を駐伊大使に任命した。近衛公の註文は、常に陸軍と連繋を保っていた白鳥氏を外務次官に任命することであった。大島武官大使昇格に対し、ドイツも、在京オット武官を大使に昇格してこれに応じた。陸軍は、梅津陸軍次官よりも後輩である満洲派の板垣中将を、陸相に据える意図を見ぬいて、新陸相任命を待たず、その直前に梅津を逸早く北支における軍司令官に転出せしめ、その後任に、統制派の系統に属する東条中将を任命し、予め石原次官の実現を防いでしまった。

これがために、満洲派たる板垣、石原等の勢力と、東条等統制派勢力との激しい軋轢が起ったが、対外的には、結局統制派の意図する対支強硬政策と、満洲派の主張し統制派の異存のない日独同盟締結の方策とが、いずれも軍部全体の主張として現われるようになった。日独伊三国同盟実現のための布石としては大島、白鳥両大使の任命は申分がなかった。かくして近衛公が、皇道派の進出を促し北方によって統制派を押えんとした企図も、結局失敗した。

近衛内閣大改造の主眼点は、杉山陸相と、陸相に連結する広田外相及び陸軍省支那派の追い出しにあったことは勿論であって、参謀本部側は、これによって、差し当り日支間に和平交渉を成立せしめんと策した次第である。近衛公は、その伏線として、防共、日支経済提携、善隣友好の主義を骨子とする近衛三原則を声明して、「蔣介石を相手にせず」との方針を変更したことを表示し、軍は、また裏面において蔣介石側との連絡に種々腐心した。これ等の動きは、汪兆銘一派分裂の動機を作ることにはなったが、重慶政府よりは何等実質的反響は起らず、和平工作は少しも進展することなくして、支那事変は、支那派たる中堅将校が実権を握る軍部の活動の下に、奔馬の如く走って行った。

ドイツの仲介による支那問題の解決は、実現しなかったが、支那問題を仲介として、日独の関係は一層緊密となった。軍部においては派閥の如何を問わず、日独の接近は歓迎するところであった。かようにして、東京では、板垣＝オット、ベルリンでは、リッペントロップ＝大島の線で、イタリアをも加えた日独同盟の談が進捗して行くこととなったのである。

大島武官は、防共協定による軍事関係打合せのため、日本に帰朝していたが、日独関係緊密化の内訓を受けて、再びベルリンに帰任したのであった。大島武官は、帰任後間もなく大使に任ぜられて、三国同盟締結の交渉に進むこととなった。

海軍の南進

海軍と三国同盟

当初、ドイツの意向もまた、北方派を中心とする日本軍部の意向も、日独関係の緊密化は、すべて対ソ関係を対象とするものであった。然るに東亜においては、日支戦争が南へ南へと拡張せられ、欧州においては、独伊と英仏との軋轢が急角度に悪化して、ここに日独関係緊密化の検討は、英（米）仏との関係を考慮せずしては不可能となって行った。日本において、三国同盟に永らく反対していた海軍の態度が、軍事行動の南進と共に変化したことは、遂に三国同盟に決定的影響を与うるに至った。

海軍の南方計略

上海は我が陸軍および海軍にとって接触点であり、また連結点であった。満洲や北支のことには、海軍は無関心であったのみでなく、陸軍の積極政策には、むしろ反対の態度をとっていた。しかし、上海に事が起って、海軍の手にある場合には、進んで積極的態度をとって陸軍の出兵を要求し、決して後には引かなかった。ここに陸海軍共同の立場が生ずるわけである。上海及び長江筋で出来上った共同作戦によって、陸海軍は、相率いて南へ南へと事件を拡大するようになったのである。

上海以南は海軍の受持ちである。海軍は、さきに南洋庁長官にも、現役海軍軍人を当てることに成功し、さらに、台湾総督をも、広田内閣に至って海軍の手に収め、陸軍の朝鮮総督に対抗するに至った。台湾は、また籍民統治の上から、対岸の福建省に密接な関係を有すると云うので、福州や廈門の総領事館や興亜院の連絡部を、海軍の実勢力の下に置いた。また後に行われた比島攻略の基地が台湾であったことは云うまでもなく、その前、広東攻略のため、バイアス湾に上陸した古荘軍は台湾で編成せられたのであって、台湾は南方に対する跳躍台であった。

支那事変が、中支の方面に拡大されてから、全支那沿岸の封鎖を宣言したのは、日本海軍であって、日本海軍は、もはやこれまでのように、陸軍の大陸進出に対する傍観者ではなくして、むしろ南進の主たる役者となった。満洲事変に反対の態度をとって来た海軍は、日支事変には全力を挙げて協力するようになった。

海軍の南進と米英

海軍の政策は南進である。前には、仏印洋上の無人島新南群島なるものを占領して、ここに国旗を樹て、仏国より抗議を受けた。今度は、広東省南方にある、海南島の占拠を計った。

これは、陸軍による広東占領後の南支計略に協力し、またこれに対抗して、南進の要衝にある同島を第二の台湾として、海軍の手において占領経営せんとする計画であった。海南島の占領は、仏印の問題を呼び起すこととなるのは当然である。

第二次上海戦争以来、海軍は陸軍と手を携えて、或いは協力し或いは競争して、南へ南へと進出して行った。陸海軍連合の南進政策は、日本と英米との関係の大勢を決し、我が国際関係は、ほとんど救い難き形勢に進んで行った。この形勢は、日独伊三国同盟締結の交渉によって一層促進せられることとなった。

三国同盟　その一

支那問題に関する日独の結合

ドイツによって、支那問題を解決しようという軍部の考え方は、昭和動乱全局について意義深いものであった。

日本とナチ・ドイツとは、一九三六年防共協定締結以来、ベルリンにおいて大島＝リッペントロップの連絡を通じ、東京においてオット武官の日本軍部との接触によって、急速に密接の度を加えて行った。軍部は、英米に対しては理解も少なく、また満洲事変以来極度に悪感を有っておった。目覚しい新興ナチ・ドイツは、何もかも軍には手本であり協力者であると思われた。ドイツは、蔣介石に対して有力なる軍事顧問を送っており、これを通じて支那側にも圧力を加え、日支和平を実現する力を有するものと軍部は判断した。

防共協定成立後、欧州における形勢は急に逼迫して来たので、ドイツとしては、ますます日本との関係を重んじ、両国の接近を計ることに意を注がなければならなかった。日本を利用するためにも、ドイツは支那問題については、日本側の歓心を迎えることを得策と認め、ヒットラーは、旧来の分子の反対を押し切って、このためにあらゆることをなすに、吝かではなかった。満洲国の承認もやった。支那における軍事顧問の引揚げも断行した。支那におけるドイツ人の経済活動に関する日本軍の特別取扱い（諸外国よりも）は、ドイツ側の強い要求であったが、これについても、遂にその要求を固執することを止めた。

英米側が、日本の支那における行動に反対を続け、ますます支那援助に進むと反比例して、ドイツは、支那における日本の施策について好意を表し、日本軍の感情を尊重するに努めた。その対照は日本軍部の頭を漸次支配するに至った。

日独と英（米）仏との対立

元来、日本とドイツとの関係は、防共協定締結の経緯によって明らかなように、ソ連を挟む両国の地位から来たものであって、対ソ問題を外にしては、両国の関係は稀薄であった。然るに、支那においては、政治上の問題でも経済上の発展についても、日独の利害は、寧ろ対立的であると考えられた、従来の考え方に、大なる変化が起った。一方、日本において、支那問題の進行とともに、その解決についてドイツの力に依頼する考え方が強くなって行くとともに、他方、欧州問題が切迫するに従って、ドイツにおいては、軍部を通ずる日本との関係にますます重きを置くようになった。日本が支那問題にますます深入りし、陸軍は陸上より、海軍は海上より南進を続けて、遂に止まるところを知らぬこととなって、北方ソ連を対象としていた従来の陸軍の考え方は、支那問題を通じて、次第次第に変化し、漸次英米を対象とするようになって行った。ドイツもすでに、対ソ問題の外に、対英（米）仏の問題を、イタリアとともに真剣に考慮せざるを得ぬまでに、欧州の形勢は切迫しつつあった。この一般形勢は、コミンテルンの世界政策上最も歓迎したものであって、共産党の世界的組織は、これに油を注ぐべく最善を尽した。ゾルゲが尾崎とともに東京において、最も努力した時期もこの時であって、当時ゾルゲが、ソ連に対する日本の危険は除かれたと、クレムリンに報告したのはこの形勢を観取したからである。支那問題を通ずる日独の接近は、日本が対支戦争に深入りするに従って、日本の南進政策を決定的ならしむる基礎を作った。

　支那問題は、日本にとっては、結局英米に対する問題であった。支那において、日独間に従来あった故障が除かれて、協力の途が開かれたことは、日独をして英（米）仏に対し、共同の動作をとらしめ得る前提となったわけである。この空気の中で、日本軍部は三国同盟の交渉開始に着手した。その情況は、恰かも満洲事変後に日独の間に対ソ軍事協定を実現せんとした情況と相似たものがある。

軍事同盟の対象

ベルリンにおいては、大島武官は、防共協定成立以来、軍中央部の意向を体してドイツ側と密接に連絡し、親善関係を開拓した。元来防共協定は、共産党の世界攪乱工作に対抗するものであるから、その危険を感ずる諸国は、理論上これに参加すべきであった。イタリアが、逸早くこれに加わったがために、防共協定は、日独伊三国を中心とするものとなった（一九三七年十一月）。その後、直接ソ連の危険に曝されている独伊の友国スペインや衛星諸国が、漸次加入するに至った。ここにおいて、防共協定に関する限り日独伊三国の結合はすでに出来ていたわけである。然しながら、防共協定締結の際におけるソ連に対する軍事上の地位に至っては、日独とイタリアとの間には、地理的に根本的な差異があった。従って、防共協定附属の秘密取極めは、単に日独両国の間の問題に止まって、イタリアは勿論、他の防共協定加入国も関知していなかった。

然るに、今新たに軍事同盟締結の目的をもって、日独間に防共協定強化の交渉を進めるに当っては、もはやイタリアを除外することは勿論、欧州の形勢は、その対象を、単にソ連に限定することも、許されぬようになって来た。

軍事政治関係から見れば、イタリアの対象とするところは英国であった。ムッソリーニは、地中海を中心にイタリアのインペリウムの建設に邁進していた。エチオピアの征服（一九三六年五月イタリア＝エチオピア合併宣言）によって、伊領エリトリアとともに、スエズ運河を越えて、大植民地を建設せんとし、北部アフリカのキレナイカ、トリポリの伊領植民地はすでに開発されつつあった。イタリアは、また地中海の東隅ボスフォラス海峡の附近に、トルコに接近して、一九一一年以来、多数の島嶼（ドデカネス諸島）を領有していた。バルカンは勿論、小アジア及び北阿並びにバレアル列島、地中海沿岸の広大なる地域は、ファッショ＝イタリアの野心の対象であった。ローマ帝国の復興を夢想しているムッソリーニの野望は大きい。イタリアは、ムッソリーニの指導下に、急速に内外の発展をなしつつあったのであるが、その野望は、直ちに英帝国の利害と衝突することとなる。何となれば、ムッソリーニのこの計画は、英帝国の連鎖を意味する地中海における英国の実力を排除し、その永き指導的地位を奪わんとするにあるからである。

英国は、世界帝国たる地位を擁護するために、ファッショ＝イタリアの発展策に反対するとともに、直接欧州におけるその指導権を維持するためには、ヒットラーの東進政策を黙認するわけにも行かぬ。仏国の地位もまた、全く英国の地位に準ずるものである。独伊の発展政策の進行は、英仏の反抗を日一日と結晶せしむるに至った。英仏の政策が、独伊のこの上の進出を阻止せんとするものであったことは云うまでもない。思想的にもまた、英仏は到底ファッショ＝ナチと一致するものではない。ドイツが東進を策すれば策するほど、英仏に対する背後の手当が必要となって来るし、イタリアが発展を望めば望むほど、ドイツの援助を必要とする。独伊の枢軸提携は、英仏の接近に伴って、一層強化される必要があった。即ち、ドイツが英仏を共同の対象とするように、欧州の形勢は次第に発展して行ったのである。ドイツとしては、日本との間に三国同盟のことを交渉するに当って、イタリアの対英関係をも考慮に入れずしては、意義をなさぬと考うるに至った。
しかし、日本の立場は、自ら独伊の立場とは根底的に異なるものがなければならぬ。ソ連のみならず英仏（従って結局は米国をも）を相手とするような軍事同盟を締結し、日本を世界戦争に引き込む如き、破滅的政策を遂行する無謀は、日本の進むべきところではないと、なお意識的に一般に考えられていた。

日独同盟案の交渉

板垣陸相等、軍中央部の内訓を帯びてベルリンに帰任した大島武官は、リッペントロップとの間に防共協定強化の交渉を続行した。その趣旨は、ソ連を唯一の対象とするものであった。日本軍部も、最初は防共協定の延長として、ソ連以外のことは考慮して居らず、唯これまでの思想的協定を、三国間の軍事的協定となし、日独伊三国の連繋強化に特に重点を置いていたのである。

この交渉は、当時軍部内に限られ、内閣は、軍の南進計画と同様これを知らなかった。一部軍部以外のものは、ドイツとの軍事協定に、ソ連以外の国を対象として考うることは、勿論出来なかった。英米との関係を重んずる日本の伝統的空気は、軍部以外にはなお非常に強く、支那戦争が進展しても、米英との戦争を真面目に考うるものはなく、海軍極端派による故意の宣伝以外に、これを論ずるものもなかった。三国同盟の締結は、英米をも結局敵に廻す結果となることを、了解せしむることが、三国同盟を思い止まらしむる捷径である、とさえ考えられたことは不自然ではなかった。

しかし、日本の情勢は、軍事同盟を実現せんとするにのみ、急なる軍部を中心に、次第に変化するに至った。ドイツの仲介が失敗し、支那問題を自力をもって解決するの自信を失った軍部は、支那戦争がますます激化拡大せられて行くに従って、その原因を、主として英、米、仏の態度に求めるようになった。日支紛争の解決が困難なのは、全く英米の妨碍によるものであり、しかも、これらの諸国が蔣介石を援助し、対日戦争の継続を強要する結果である、日本の敵は支那に非ずして英米等であるとの宣伝が、次第に効果的となって、日本の世論はますます反英米に傾いて行った。日本の国運に最も危険なこの反英（米）の宣伝がかくも有効であったことは、理性的判断を超越したものであった。

大島武官が、リッペントロップ外相と交渉したところ、ドイツの見解は、日本の見方のように狭いものではなく、防共協定締結の時とは、全然違ったものであることが解った。その結果得たドイツ側の日独伊同盟案は、締約国の一つが他国から挑発せずして攻撃を受けた時は、他の締約国は直ちにこれを援助する、と云う一般的軍事同盟の趣旨のものであった。大島武官は、ドイツ駐在員笠原少将を日本に特派して、これに対する日本中央部の意向を探らしめ、今後の措置振りについて、訓令を仰いだ。

同盟交渉の準備

笠原少将の報告を受けた、板垣陸相等軍部首脳者は、同盟実現の見透しを得て、頗る満足し、直ちにこれを五相会議（近衛首相、宇垣外相、板垣陸相、米内海相及び池田蔵相）に諮った。その結果、五相会議は一応これを諒承し、例によって、今後の交渉は、これを基礎として、武官の手より離し、政府の代表者たる駐独大使の手によって行うべきことを決した。

笠原少将の復命に接した大島武官は、中央の命によって、従来の交渉の経過を東郷大使に報告して、交渉を大使の手に移した。しかし、間もなく、大島武官は大使に昇格し、東郷大使の後任として、三国同盟の交渉を自ら引受けることとなった。而して、同盟論者白鳥公使は、駐伊大使としてローマに移り、天羽大使と更迭することとなり、大島大使を援助し、欧州の現場から逆に、本国政府を動かさんと努力するに至った。これらの手順は、近衛公が板垣陸相の要求を容れて取り計らったものである。近衛内閣における三国同盟交渉のための外交陣は完成し、ベルリンにおける交渉は進捗する気配となった。これは一九三八年末のことである。東郷大使がベルリンよりモスクワに移り、記者は、吉田大使の後任としてモスクワよりロンドンに転任することとなった。

三国同盟の交渉は、間もなく近衛内閣から平沼内閣に持ち越された。

支那工作

大本営の設置、興亜院の新設とその活動

日本政府は、支那との紛争解決の端緒を得べく種々努力したが、和平実現の可能性はなか

った。而して、支那における戦争は、大規模に拡大される一方であって、日本は、遂に、事実上支那との全面戦争に乗り出さねばならぬこととなった。既に日清・日露の両戦役の例に倣って、東京宮城に大本営が設置せられ、これに陸軍部、海軍部が設けられて、事変遂行の中心機関とせられた。ここにおいて、一般政治もますます統帥部に附随するものとなるに至った。軍部における、石原将軍等の北方派の勢力が時代に没落し、軍部は、もはや全く支那派の勢力の支配するところであった。

軍部は、すでに支那占領政策の用意を具体的に完了しておった。支那の満洲化は急速に進み、軍部の勢力を支那全土に及ぼさんとするものとなった。対支問題の全部を、外務省の手より離して、軍の実勢力の下に興亜院を組織して、これをして支那を管理せしめんとする案が、閣議に上程された。外務省の国際問題処理の観念と、軍部のドイツとの連繋及び支那満洲化の観念は、全く正反対であることが、ますます明らかになった。軍の支持なき宇垣外相は、興亜院新設反対を理由に辞職して、有田八郎氏が近衛内閣の第三次外相に就任したが、新外相の考え方も、軍部の考うるところとは趣きを異にしており、近衛内閣は、外交方面から見ても、すでに行き詰っておった。

宇垣外相辞職によって、興亜院は出来上った。興亜院第一部は政治問題を取扱い、第二部は経済問題を取扱った。出先機関として、北京、青島、上海、漢口、廈門及び広東に興亜院連絡部なるものを置き、尨大なる組織の下に、その地方の政治、文化、経済のすべての方面に亘って、日本側及び支那側を指導し、且つ自ら必要なる行政事務に当った。青島及び廈門の連絡部は海軍、北京及び漢口、広東は陸軍、上海は、陸海軍折半の勢力をもって、その部署に就いた。外交機関は、ただ国際関係の表面を粉飾する形式上の存在たるに止まった。

経済上の事業統轄のために、北京に北支開発会社、更にまた上海に中支振興会社、いずれも、特に議会の承認した日本法人の特殊会社が設けられた。これらを親会社として、多数の大小生産会社が、日支合弁の形において新たに成立し、または、従来既設の会社を統合し、これらの親会社が、おのおの北支及び中支において、興亜院連絡部の指導監督の下に、経済開発及び統制の任に当った。而して、北京には北支連合準備銀行、上海に儲備銀行を興して、日本貨幣と等価の北支連銀券及び五・五対一比の儲備銀行券が発行せられて、財政上の中心機関となった。

大体、揚子江筋以北の支那本土を、徐州附近において両断して、北部を北京中心に、南部を揚子江沿岸の地域とともに上海中心に、統治する組織であって、その境界は、我が北支軍と中支軍との、駐屯守備区域の勢力分界線によって、全然人為的に、分断せられたものであった。而して、南北の地区は、政治的にも経済的にも、全く別国の観を呈して、通貨の交流も許されなかった。鉄道は北部は満鉄系で、中支は日本鉄道省の勢力下にあった。概して、北方は満洲的色彩が強く、中支は日本の各官庁の競争出張所の観があった。而して支那側行政機関は、何れも興亜院連絡部と軍司令部の直接二重の監督下にあった。

以上の組織は、近衛内閣の時代に基礎が築かれ、その後において急速に実現されたのであった。大体同様の組織が、日本軍の南進とともに、支那より南方地域にまで拡張せられたのであって、これが軍部の管理する、占領地行政の見本となった。

近衛声明と軍部の対支工作

後から発せられた近衛三原則の新声明によって緩和はされたが、「蔣介石を相手にせず」との声明は、もはや取返しはつかぬ。種々と和平恢復の手段が執られたが、蔣介石は、日本の軍部に対し極度の不信を表し、軍部を相手としては、如何なる交渉にも応じない、と決意するに至った。よって、日本としては、日本自身の考えをもつて満洲式に支那の行政機構を立てるより外に方法がない、と考うるようになった。北支では、塘沽協定後、冀東及び冀察の両自治政府が樹てられたが、これは素より過渡的性質のもので、更に根底ある行政機構を設ける必要がある。五相会議は、これら支那の内部工作のために、特殊委員会を作って、支那における広汎なる権限を賦与し、陸軍特務機関と協力せしめた。陸軍の特務工作は、土肥原中将が指導するところのものであって、上海を根拠とする土肥原機関（後に影佐機関）と称する陸軍特務機関によって行われた。

五相会議の作った特殊委員会は、退役陸軍中将坂西利八郎（貴族院議員）、予備海軍中将津田静枝の二人の支那通を主とするものであって、陸軍の特務工作と連繫して、現地において支那側の間に活躍する任務を有っていた。

土肥原中将は、北方においては、呉佩孚の起用を計り、次いで斎燮元等の直隷軍閥の頭目に目をつけ、上海においては、国民党の老友唐紹儀の引き出しに努力したが、何れも失敗に終った。それがために、北方に対しては、当時香港にあった、政治家王克敏の出馬を促し北支政務委員長となし、中支に対しては、福建派に属する梁鴻志を立たしめて、過渡的に維新政府を南京に組織した。

　間もなく、重慶において国民政府の内部に、重大なる意見の対立があることが判明した。国民党の大先輩汪兆銘が、蔣介石の主戦論に反対し、共産党と手を分って対日妥協論を主張していることであった。

　軍部の内外においては汪兆銘に対する反対論もあり、また蔣介石との和平実現に悪影響を及ぼすとの、議論もあったが、大勢は、蔣介石と意見を異にする、汪兆銘を引き出すことを、得策とするに至った。汪兆銘引き出しは、土肥原中将を継いだ影佐少将によって実行に移された。汪が重慶を脱出し、影佐少将に迎えられて、河内《ハノイ》より上海に出で、それから東京に現われたのは、すでに平沼内閣になってからであったが、軍の支那工作は、もとより内閣と関係なく、軍独自の見解によって続けられていたのであった。

臨時軍事費の設定

　軍に対する予算の割当は、二・二六事件後より目立って寛大となったが、日支事変となり大本営が設置せられて、政府の中枢が戦時態勢となってから、遂に、無制限となった。日支間の戦争が拡大して、到底普通の予算をもっては、これを処理することが不可能となって、予算の戦時態勢が採用されることとなった。即ち、過去の戦争の場合と同様に、臨時軍事費制度が設けられ、軍事費は、軍の要求に応じ作戦の進捗に従って、必要に応じて無制限に支出せられることとなった。これは近衛内閣、賀屋蔵相の時であった。

ここにおいて、日支事変後、日本においては、健全財政の片影をも消失し、戦時財政は紙幣の印刷によって、無限に賄えるものであるとの経済理論が、いよいよ実行に移されるようになった。陸海軍は、予算折半で折り合い、互いに競争して多額の要求をなし、大蔵省はこれに対抗する、何等の手段を持ち合せなかった。無制限の予算を有つ陸海軍は、戦費の外に、国防国家建設のための軍備の拡張に、予算の大部分を振り向け、海軍は英米との間に建艦競争に入り、陸軍は満洲の軍備を急に進めて行って、不必要にソ連を刺戟する有様であった。

無制限なる軍事費の使用は、国内経済に異様なる変動を与えた。軍事費に相当する物資の供給を、日本の経済活動の地域内において、見出すことが出来なくなるにつれ、物資は欠乏し、物価は騰貴し、極端なる管制経済に移行せざるを得なくなり、更に世界市場から完全に遮断せられ、日本の経済活動の範囲が、東亜の一局に制限せられるに従って、国内の経済状態は萎縮するばかりであった。かくして、占領地に対する日本側の経済的圧迫が、強化せられる一方であった。軍は、出先軍隊を通じて、必要の物資、原料を支那占領地域から集収せんとするために中支において儲備銀行券を、北支において連銀券を無制限に発行せねばならなかった。その補充のために、日本から金や生産品が輸出せられたが、これも忽ち限度に達し、輸出されたものは、支那商人の買い占めるところとなった。貨幣は急に増発されて支那にインフレが起った。安い支那貨幣は、既定の換算率をもって有利に日本貨幣に換算されて、日本への送金は一時洪水の如く行われた。これが禁止された後は、支那貨幣は価値を失い、益々インフレが助長された。物資は、日本だけではなく支那においても尽きるようになり、軍事行動の拡大とともに、東亜における日本の地域の経済は、急速に涸渇するようになって行った。かような経済施策が、支那その他の占領地に対し、如何に政治的悪影響を及ぼしたかは想像の外である。

遂には軍事費はあっても物がなくなり、使いきれなくなった。それでも、予算を使い果して、軍備の充実をしなければならぬ、と云う考えから、物資の統制法を無視して、軍自ら民間の物資を買い漁るに至った。日本の経済は、無制限に支出せられる軍費のために漸次荒廃し、ついに破壊せられる方途を辿った。

近衛内閣が、臨時軍事費を制定し、戦時財政に移行したことは、財政的には、日本はすでに事変ではなく、戦争に突入したことを意味し、この点から見ても、海外貿易は局限せられ、且つ資源の貧弱なる日本は、次第に経済的に枯死し兼ねぬ運命にあったわけである。

近衛公の責任

近衛内閣の国内方面の施策は、一時、日支戦争の勃発に圧倒せられた形であったが、軍部の国防国家建設の計画は、その間にも着々進行していた。近衛公の私的調査機関であった、昭和研究所を初め、その他各種の半公半私の国策調査計画機関が新たに設けられて、従来の調査機関と共に軍と協力して、種々な国家改造の革新案が建てられ、重要国策が進言された。

これらの機関には、左翼方面の頭脳も参加し、軍の中堅分子の直接指導もあって、国家の秘密はこれを衛るに由なく、政府の機密事項にわたって自由に討議が行われていた。

当時すでに近衛ブレーンの一員となっていたものに、共産党員にして、ソ連のスパイ尾崎秀実《ほつみ》なるものがいたことは、顕著なことであった。彼が、ソ連の共産党員ゾルゲとともに、諜報任務に従事し、日本の最高国家機密を、近衛公及びその周囲の人々から探知していたことは後で分った。彼等の政策的任務は、日本の進路を北方より南方に向け日本とソ連との衝突を避け、日本を米英との衝突に導くことであった。

第一次近衛内閣が、日支戦争を惹き起し、その放漫政策によって、日本の内外政治を破綻に導いた責任は甚だ大である。大東亜戦争の直接の原因となった日独伊三国同盟は、第一次近衛内閣にその端を発し、第二次近衛内閣において成立を見たのである。

張鼓峯

満洲国の国境地帯

満洲事変以後、日本と、国防線を直接接触することとなったソ連は、極度に神経を尖鋭化し、日本が満洲国と共同防衛の責任を負担するや、外蒙古と同様の約束を締結して、これに対抗し、日独防共協定に対しては、コミンテルンは日独を共産党の敵として行動した。

満洲国が国境開発を兼ねて、軍事鉄道網の建設に着手するようになってから、ソ連は、北満鉄道を満洲国に売却して防備を国境に集結し、異常の速度をもって国境線の防備を行い、シベリア鉄道の複線工事の完成を急ぎ、更に「バイカル」迂回線の工事に着手し、東部シベリア開発に全力を尽し、その五ヶ年計画に次ぐ五ヶ年計画は、極東ソ領に特に力を入れた。

シベリア鉄道は、チタより浦塩に至るまで満洲国の国境を迂回している。ソ連は東は沿海州より、北は東部シベリア、西は外蒙古をもって満洲国を三方において包囲し、満洲国境に沿ってその国防幹線をもつこととなった。従って、満洲国の辺境地域は、ソ連の最も活発なる動脈線に、直ちに接触するに至ったわけである。満洲国の中央部の手の届かぬ遠隔の辺境が、かくの如く、直ちに、ソ連のもっとも活動力に富む、中枢的神経線に接触することとなったがために、ここに国境問題は絶え間がなかった。

国境に関するソ連との紛争

ソ連側は、自ら国境とするところは、トーチカ（火点）を築いて哨兵を配置し、国境を一歩でも越ゆるものあらば、直ちにこれを射殺するという方針を取った。東部国境綏芬河において、日本兵の射殺された事件も、その一例に過ぎなかった。

元来、満洲国境は、愛琿条約や暉春条約によって、久しき以前に、露支の間に決定せられたものであって、当時双方の重要視せざりし僻遠の地域のことで、永く不明の箇所が多く、住民も国境を越えて自由に往復した集落が少なくない。とくに、東部国境、東寧暉春方面はそうであった。一例を挙げれば、東寧の集落は小川に近く、村民は川向うの山の峰が国境であると信じていた。川の対岸に馬を繋ぎ、また川で洗濯することが習慣であり、また川より東方の集落と自由に交通していた。ソ側は、川が国境であると主張して、渡川する住民を射殺するに至った。已むを得ず、東寧の集落は危険を避けて、全部国境から離れた地点に移転するに至った。

満洲国とソ連との境は、北方は、黒龍江をもってし、東方・興凱湖以北はウスリ河、以南は朝鮮国境に至るまで連続せる山岳地帯である。国境地帯においては絶えず問題が起った。飛行機や間諜の越境等については、多くは地方的に解決がついたが、時として、地方的に解決のつかぬ重大な衝突が起った。その一つは、一九三七年夏に起った乾岳子《カンチャツ》島事件である。

乾岳子島は、黒龍江中の数多き洲島の小群であって、ブラゴヴェシチェンスク、黒河の東方に位している。河の本流は、問題の島の北側即ちソ連側を通っていた。

ソ連側は、水路は満洲国側即ち島の南側を通っていると主張して、これらの洲島をソ連領域であると主張した。満洲国は、国際河川は、流れの中央を以て境とすることを主張し、満洲側の水路を侵すことを許さぬという態度を取ったので、問題は、モスクワにおいて大使(記者)とソ連政府との間に、重要なる交渉問題となった。ソ連艦船は、満洲国の主張を無視して、満洲国側の水域を通過したため、射撃を受けて撃沈せられたものもあった。この事件は、外交交渉によって談がついた。

翌一九三八年七月に起った張鼓峯問題は、更に深刻な問題であった。

張鼓峯事件（昭和十三年七月）

張鼓峯は、朝鮮、満洲及び沿海州の境に近く、図們江の北方間島地域にある山で、朝鮮の北部に接し、羅津から琿春に至る鉄道線路を見下している。東方は、遥かに烟霞の間に浦塩港を臨み、ポセット湾を見渡すことが出来る。この峰の東麓に、長湖（ハッサン湖）と称する小さな湖がある。

事の起りは、この地域の国境を規定した原琿春条約の解釈問題で、ソ連側は露文によって、ハッサン湖の西方の峰を国境が通っておると解し、日本側は、支那文によって、国境は図們江のある地点から北折して、山の峰を通り長湖の西岸を経て北上していると解した。露支両文が、条約の正文である。ソ連側の解釈によれば、国境は張鼓峯の上を通過している。日満側の主張によれば、張鼓峯は満洲領内にあり、国境はその東麓を通ることとなる。元来が辺境の地で、満洲人は張鼓峯へは牧草を追って往復していたのであった。

ソ連の国境防備が厳重になって、一九三八年夏、ソ連軍が突如張鼓峯の頂上を占拠して、塹壕を掘り、鉄条網を廻らすに至って、日満側を刺戟した。何となれば、この地点をソ連軍が占領すれば、北朝鮮方面を制圧し得る戦略地点であるからである。これと同時に、張鼓峯北方草山地帯で、日本兵が射殺されたりして、国境守備隊の神経をいらだたせていた。日本政府は、ソ連軍の張鼓峯占領をもって、国境侵犯であるとして、ソ連政府に対しソ連軍の撤去を交渉すべく、もっとも厳重なる訓令が、日本政府から在モスクワ日本大使（記者）宛に到着した。若しソ連軍の撤去を見なければ、如何なる事態の発展があるかも知れぬ、と云う趣旨であった。

外交交渉

交渉は、記者とリトヴィノフ人民委員との間に行われ、非常に難渋であった。リトヴィノフは国境は張鼓峯の頂上を通っているので、ソ連国境守備隊の行動は、条約上当然のことであるから、日本側において文句のあるわけはないと云う、その証拠として、暉春条約の附属地図を見せようと云うのである。記者は、今日の問題は、日ソ両軍の衝突を、未然に防止すると云うことが主眼点である、日満側は、張鼓峯は暉春条約によって、満洲領内にあると信じ、而して、日本軍は、満洲領土を防衛する権利及び義務がある、また百歩を譲って、張鼓峯の頂上が国境であると仮定しても、この地点に、一方的に、防備施設をするのは不都合である。今は両軍の衝突をなからしめるために、進出せるソ兵を一旦退かしめ、原状を恢復して、その上、国境を確定するために、混合委員会を設置し、その際、条約文や地図等を慎重に研究して、国境を確定しようと云う趣旨であった。

ソ連側は、何としても、張鼓峯に進出せる兵員の撤去を聞き入れない。双方の主張は対立したまま、張鼓峯で衝突が起った。日本軍は武力でこれが奪還を計った。ソ軍はこれに応じて、大挙して機械化部隊を動かし、多数のタンクを使用し、飛行機をもって我が後方の交通路の破壊に着手した。衝突したのは朝鮮軍であって、中村司令官が、小磯司令官の後を受けて着任したばかりで、国境軍には中央から追われた中堅将校もおり、満洲事変の初めからの関係者であった。桜会の長勇（当時歩兵連隊長）は陣頭に立っていた。日本側も、約一個師団の兵を動かし、砲兵も参加した。しかし、ソ連の大規模な戦闘準備には、対抗し得ずして苦境に立った。日本がこの事件を単なる国境衝突の問題として取扱い得るか、またはそれ以上の問題として、大規模の準備をしなければならぬか、形勢は頗る重大であった。

板垣陸相は、ソ連の進撃の万一に備えるために、軍隊を準備するの勅許を得んとしたが、これに対しては、天皇陛下より、政府が外交交渉によって、問題を解決せんとする方針に反するとて、陸相を叱責せられるような有様であった。

モスクワにおける外交交渉は辛うじて纏まり、両軍とも現状を維持して停戦することとなった。交渉の任に当った記者は勿論、大使館陸軍武官も、現地の戦闘の状況については、ただ日本軍は、張鼓峯を完全に恢復したと知らされて、実際の真相は何も通知されなかった。本国政府の態度は、記者には容易に汲み取れないこともあったが、記者の交渉に対する主張は、終始一貫、一様であった。即ち戦闘を停止し、軍隊を引き離して、国境線を公正に確定して、紛争を終結せしめようと云うのであった。正しき立場を一貫して強く主張する外に、ソ連政府と交渉を纏める方法はなかった。即ち衝突を避けるために、双方とも若干の距離を退却し、戦闘を休止することを提議したのであった。而して、結局軍隊は現状維持で、戦闘を停止すると云うことに纏まった。

恐らく、ソ連側は自己の軍隊が、その主張する国境線に到着したことを知ったためと認められた。休戦後、日本軍は、自発的に戦争地帯から引き上げて、国境は事実上、ソ側の主張した通りとなった。

張鼓峯衝突の意味

この張鼓峯の衝突は、日本側の対ソ侵略戦争だと云うことに、東京におけるソ連判事を含む十一ヶ国の代表者から成る国際軍事法廷で、多数決によって判決されたが（一九四八年十一月）、その判決の当否は、勿論、将来歴史家及び法律家の研究に俟つ外はない。日本政府は勿論のこと、参謀本部においても、かような戦略上の価値の少ない地点から、対ソ侵略戦争を行う計画のなかった事は事実である。しかのみならず、日本上下は、極度の憂慮をもって、事件の発展を注視したのであった。

軍部としても、当時支那において、漸く武漢地域攻略の目的をもって、少なからざる軍を動かしつつあった時で、他のいずれの地域においても、静謐を希望していた時期であって、ソ連と事を構える準備すら、全然なかった。更に、一般に外国で云われているように、この際、ソ連の実力を試験するために行った、攻撃であると信ずる理由は少しもない。何となれば、日本軍部は、ソ連の実力はソ連の北満侵入（一九二九年）によっても、十分に評価しており、自らの実力の甚だ不足していることは、すでに支那事変によってよく承知しており、またかかる試験的の行動としては、余りにも的外れの地点に発生した、偶発的の衝突であったからである。ただこの衝突は、全く国境の不明確に起因する衝突事件であったけれども、朝鮮軍の将校が、慎重を欠いて事態を悪化せしめたことは否認出来ぬ。慎重を欠いた軍の行動は、昭和動乱の一貫した様相であった。

張鼓峯事件は、月余の交渉によって漸く解決されたが、日ソの間に一つの暗影を投じた。日本は、満洲の国境防備のますます重要であることが、顕著となったにも拘らず、日本の南進態勢は、少しも緩和されずに続けられた。

第五編　「複雑怪奇」（平沼中間内閣）

中間内閣

近衛公の退却と次期中間内閣

近衛内閣は、所謂大物内閣で、改造に次ぐ改造をもってしたが、少しも補強にはならず、大物は却って邪魔物であった。内閣組織の初期に起った日支事変なるものが、全面戦争となって、国家の前途に暗い影を投じた。思い通りにならぬ近衛公は、すでに政権に飽きた。議会に対して軽率に与えた言質は、不渡手形となっていて、次期議会にこのままでは臨み難い形勢になりつつあった。近衛公は、遂に年末に押し迫って総辞職を決した。

第一次近衛内閣の退却の理由は、名分上、明確を欠く嫌いがあるが、支那事変の発生拡大のため、内外諸般の政策が、既に行き詰ってしまったので、人を替えて人心を新たにすることを総辞職の理由とした。従って、その後を継いだ平沼内閣は全く近衛内閣の延長と考えられた。

平沼男は、枢府議長より出でて内閣を組織した（一九三九年一月五日）。これまで国粋運動の一原動力と思われた国本社は、山本内閣の虎の門事件の後に成立して、平沼男を頭として日本全国にわたって活動していたが、平沼男は、内閣組織前に特に国本社の首領を辞した。平沼内閣の閣員には、有田外相、板垣陸相、米内海相、荒木文相、木戸内相等多数の前内閣員が居残って、すべて近衛内閣から残された重要問題の処理に当らなければならなかった。

平沼内閣に次いで、阿部陸軍内閣が出来、それから米内海軍内閣に移行して行った。平沼内閣から米内内閣の終期までは、日支事変後の比較的平穏なる時機であったこと、恰かも、満洲事変後の斎藤、岡田海軍内閣時代と軌を一にする。この間に、軍部は、支那大陸における経営に没頭していたのであるが、その経営が、次に来る禍乱の温床であった。これらの点も、満洲事変後の事態と同様である。この中間期間で、国内的には相変らず国家改造の問題が取り上げられ、また対外的には、東亜共栄圏建設の問題がやかましく論ぜられた。その間海軍の南方進出が実行せられ、支那戦争は南方へと移動して行った。

第一次近衛内閣は、画期的の存在であった。また第二次近衛内閣も、これに劣らず画期的の存在であった。その間に介在した平沼、阿部、米内の三内閣は、前記の通り、要するに一種の過渡的の存在に過ぎなかった。この期間において、政治的に最も重要な事柄は、三国同盟問題であって、独伊との関係を如何に決定するか、という点であった。この問題は、第一次近衛内閣で取り上げられ、次ぎの内閣へと引き継がれた問題であって、その取扱い振りは、欧州の形勢の激変によって動揺し、遂に結論を見ないままに、第二次近衛内閣の解決に委ねられたものであった。三国同盟成立の経緯を説明するために、この日本の根本国策に、重大なる影響を与えた欧州の政局についてもまた、その概要を語ることが必要である。

平沼内閣と軍部の活動

平沼内閣成立後、間もなく、海軍は海南島を占領した。海南島占領の報告を、米内海相から初めて聞いた平沼首相は頗る驚いた。海軍は、統帥事項たる対支作戦の一部分として、海南島の占領を実行したのであるが、海南島の占領が、如何に仏印及び東南アジアの南方に、大きな政治的波紋を投げかけるかは、問わずして明らかである。かくの如くして、支那問題は、もはや南方問題に移動する気勢を多分に備えて来た。

支那問題が解決しないのは、日本自身の力が弱いためであって、日本の強い自省によってのみ、解決せらるべき問題であるに拘らず、蔣介石が飽くまで日本に抵抗するのは、全く米英等の諸国が彼に援助を与え、抗日戦の継続を奨励するからである、という考え方が、急に台頭して来て、反米英の宣伝が、一層盛んとなって来る反面に、ドイツ接近の要望がますます昂じるようになった。

間もなく、板垣陸相は、重慶を脱出した汪兆銘が、日本に来ることになったから、総理にも会見して貰いたい、との申出をなして、平沼首相は再び驚かされた。これまで局外に在った平沼男は、これら軍部の動きについて窺知していなかったのである。

軍部の支那経営は、引続き進行した。新たに出来た興亜院は活動し、北支の経済開発は着手され、特別委員会の手によって、支那側の政治組織は画策され、土肥原及び影佐の両将軍等は、相次いで支那において活躍していたのである。

汪兆銘

汪兆銘の対日感

汪兆銘は、革命初期より孫文の同志であった。北京において清朝を倒すべく、宣統幼帝の摂政醇親王に爆弾を投ぜんとして捕えられたが、その才を愛した清朝の有力者粛親王によって、助けられた（一九一〇年）経歴を有っている。彼は、学識ある現在稀有の文化人として、国民党の思想方面を代表し、孫文に次いで声望を有っていた。北京において孫文が死亡した時も、枕頭に侍していて、その遺言書を公けにした人である。従って、蔣介石よりは、国民党及び革命事業には遥かに先輩であった。日本や仏国その他海外に永く滞留しており、蔣介石の北伐の際は、漢口左派政府に参加した。彼はその後、広東に政府を樹てたりしたが、蔣介石に協力して南京政府の行政院長に就任したのは、満洲事変発生の後であった。

彼は相当激しい左傾的革命思想家であるが、実際家としては、既に円熟して来ていた。その思想の根底は、アジアの解放にあり、その政策は、アジア人のアジアと云うアジア主義であって、アジア人の協力を要望し、その共同の力によって、アジアの復興興隆を計らんとするにあった。その結果、日本とは何とかして妥協の途を発見し、共同の方針を樹てんことに腐心した。彼は元来左派であって最初は共産党との妥協を計ったが、次第に共産党を見離し、ついには支那の共産化には、絶対反対の意見を持つようになった。

かような意見の下に、一九三二年の第一次上海戦争の際も、当時記者のなした停戦努力に対し、外交部長として熱心に協力したのであった。その後も、日支の妥協には力を惜しまなかった。蔣介石も、最初は汪兆銘に共鳴していたが、西安事件以後、蔣の態度は変化し、共産党と提携して、挙国抗日の方針をとらざるを得なかったので、汪兆銘とは次第に離れるようになった。

重慶脱出

国民政府が重慶に移転した後も、汪兆銘はその考え方を変えなかった。彼は、日本と妥協し、共同して、アジアを興すと云う立場に常に立ち、これを直ちに実行すべきであると主張した。これに対して、蔣介石は、その根本趣旨には同感であるが、日本側との永い経験において、度々妥協を試みたけれども、日本軍部の遣り口に考えて、到底妥協は不可能であるとの結論に到達した。よって、米英政府の援助を藉り、また共産党とは協力し、飽くまで日本と戦うの外には支那の行く途はない、と決意をしたと云うのである。汪の意見が正しかったか、または蔣の判断が正しかったかは、歴史の批判に俟つの外はない。

政見に関し、以上の如き重要なる相違があった外に、個人として相容れざる感情の蟠りが多分に作用した。蔣介石にとっては、汪兆銘のこれまでの政治上の出所進退は納得の出来ぬものであり、汪兆銘にとっては、彼の国民党の大先輩である権威と立場とは、大切なものであったと察せられる。日支戦争が進むに従って、重慶における両者の意見の差は、ますます顕著となって来て、両立することの出来難きまでに立ち到った。

汪兆銘は、重慶にいても、その志を行うことは不可能であり、その身辺に危険さえ感ずるに至ったので、遂に脱出を決意した。汪兆銘は、陳公博、周仏海、褚民誼、曾仲鳴、梅思平等（何れも左派）と相前後して、重慶を脱出して、仏印河内に到着した時に、重慶側の刺客のために、汪兆銘の股肱と頼んだ曾仲鳴は暗殺されたが、汪兆銘は身をもって遁れた。汪は、河内において、近衛声明（一九三八年十二月二十二日）に呼応して声明を発表し（十二月三十日）、日本と妥協を計って、東亜の大局を救済せんとするの決意を表明した。彼は、日本軍部の特務機関影佐少将に迎えられて、日本船によって上海に到着し、それから間もなく、日本側要部に接触すべく、東京にやって来た。彼は、日本側の妥協条件を知った上で、日本軍占領地区において、中国の統一政府樹立の準備に取りかかったのである。

日本の対支進出政策の禍

汪兆銘の中央政府樹立の工作は、可なり長くかかった。第一、日本側との了解に達するにも、多大の忍耐と努力とを要した。

日本には、当時、なお蔣介石との妥協を断念すべきでない、と云う相当有力なる分子があった。これらの分子は、汪兆銘の声望をもってしても、支那の現状において、新たに政府を樹立することは、決して成功はしない、しかのみならず、新政府の樹立は、蔣介石との妥協工作を決定的に封ずることとなって、政策上面白くないとなし、妥協の成立するまでは、寧ろ過渡的の施設で満足すべし、と云うのであって、汪兆銘引出し工作者の考えとは、全く相背馳するものであった。しかし、形勢は進展して、汪兆銘は既に日本にも来て、平沼首相外、要路首脳部と会見し、近衛公とも了解を得ることが出来、軍の中枢は、汪兆銘の新中央政府を樹立して、これによって占領地行政を行うべしと云う意見であった。

次に、汪政権樹立を支持する人々の間にも、硬軟両様の見解があった。支那の事情に通じているものは、何れも汪兆銘に対し、その多年抱懐している政策実現の機会を与え、その要望に沿って、支那民心を吸収せしむるために、自由手腕を振わしめんことを主張したが、これは単に政府及び識者の大局的意見に過ぎなかった。軍部及び興亜院を中心とする意見は、これに反して、純然たる満洲式傀儡政府を起さんとする気持が大勢を制し、更にこの機会に、日本は支那に動かすべからざる権益を設定すべし、と云う議論が事実上勝を制した。実際、軍・官・民の諸機関は、この際とばかりに、我先きにと、支那問題に手をつけ、最初汪兆銘に与えた言質は事実上蹂躙されてしまった。

汪兆銘政府が成立して、日本から承認を受けたのは、第二次近衛内閣の時で、一九四〇年（十一月三十日）日支基本協定締結の結果であって、汪兆銘による統一政府樹立を決した平沼内閣から、阿部内閣を経て米内内閣の終りまで一年以上の日子は、大体その準備時代と云っても差支えはない。内閣は、幾度更迭しても、軍の対支工作は連続して進められていたのである。

汪兆銘の国内工作

汪兆銘の、国内即ち支那側に対する準備工作も複雑であった。上海に活動した特別委員会と、軍特務機関との工作の結果になった、維新政府なるものは、福建派梁鴻志を首班として、相当成績を挙げていたが、これを新国民政府に併合することは、初めより予定せられていた。汪兆銘は、北京における北支政務委員会を主宰している王克敏と青島で会談して、形式だけは、新政府の傘下にこれを入れることとなった。これら、今まで存在した政権の裏面には、幾多の日本の軍部及びその庇護の下にある種々の分子が、支持者として存在していたので、これがため、これらを統合する措置は困難を極め、幾度か蹉跌しつつ、進行した。かくの如くして、北支政務委員会は歴史もあり、我が北支軍と云う有力なる軍隊の背景を有って、実質上最後まで、独立的存在を維持した。

三国同盟　その二

板垣陸相

近衛公が、参謀本部石原第一部長等の進言を容れて、杉山陸相を排し、満洲事変の中心人物板垣中将を内閣に入れたことは、単に支那問題の処理のためばかりでなく、北方派たる参謀本部の勢力を利用して、対支強硬派の拠る陸軍省を押えんと意図したものであった。しかし、これは不可能なことであった。板垣新陸相は、単にロボット的存在であり、中堅将校の計画はそのままに進行し、満洲事変や、日支事変の関係者が、つぎつぎに要路に進出して来た。元来、近衛公は、組閣の当初は、陸軍の宣伝した北方に対する国防の危機を避けることに腐心し、軍部内の支那派を利用したのであった。これがために、支那事変が拡大して行った。今度は、支那派を制するために、北方派を利用し、皇道派の勢力も恢復させて利用せんとした。しかし、この方法により事変の収拾は出来なかったのみでなく、軍内部における個人的勢力の消長はあったが、軍主流の意図するところは、何等故障なく遂行せられ、近衛公の性格と地位とは全く軍部の逆に利用するところとなった。

支那問題を解決することは、参謀本部側の熱心な主張であったが、さらばと云って、統帥権を握っている参謀本部に、支那より直ちに撤兵すると云う決意はない。支那問題の解決と云っても、結局、対支強硬派をもって主流となす軍部の解決条件を緩和することは、容易でないのであるから、如何ともすることが出来ない。而して、蔣介石の態度も、ますます硬化する一方であるので、支那戦争はついに、奥へ奥へと展開した。

ドイツの仲介による、和平解決は失敗したが、日本のドイツに対する信頼感は支那事変を通じて、米英に対する反感に正比例して昂上して行った。ドイツは、満洲国をも承認し、蔣介石政権に派遣してあった、有力なる軍事顧問の引揚を断行し、また対支通商の利益をも犠牲にすることを厭わなかったことは、前に一言したところである。ドイツの対日政策は、満洲事変以来の、日本軍部の取った大陸政策を是認して、これを支持するにあることが明瞭に観取せらるるに至った。これに反して、英米の政策は、徹頭徹尾日本の政策に反対し、支那を援助して、抗日戦争を継続せしめんとするにあって、日本の軍事行動に対しては、事ごとに故障を設け、妨害をなすものであると感ぜられた。この際、ドイツ側の日本における反英米の宣伝策動が、如何に有効であったかは想像の外である。ベルリン及び東京におけるドイツ側との連繋はますます密接となった。

日独伊三国軍事提携は、満洲事変以来、軍部の主張するところであって、皇道派も統制派もこの点には異論なく、又北方派の特に主張するところであったが、支那派においてもまたその実現に熱心となるに至った。これが指導推進に当ったのが板垣陸相であった。

日本におけるナチ勢力と三国同盟反対勢力

スウェーデン公使時代から、この問題に密接の関係を持っていた急進論者、白鳥公使は、日本において、軍部とともに熱烈なる三国同盟論者であった。板垣陸相及び近衛首相は、彼が外務次官として中央の要部に止まることを欲したが、宇垣外相は、ベルリンにおいて大島武官を大使に任命するとともに、彼を駐伊大使に任命した。大島武官の特使笠原少将が、東京から三国同盟交渉に関して、五相会議の承諾をもたらすと同時に、大島中将は、駐独新大使として、駐伊白鳥大使と呼応して、この問題の交渉を開始したことはすでに述べた。

海軍においても、末次大将等の反英米の急進派は、何れもナチの謳歌者であって、三国同盟には異存はなく、我が内務行政は、末次内務大臣の下に、急にナチ化して行った。軍部を中心とする親独伊、反英米の宣伝は、常識を逸したものであり、新聞及び世論はこの勢力に専ら追従したがため、三国同盟論は、日本を風靡する有様であった。しかし、他面、これに対する反対は、政府、上層部及び識者の間には相当強いものがあった。

近衛内閣によって承認せられた、三国同盟交渉の方針は、平沼新内閣において充分意見の纏まらざるままに、従来の方針に基づき出先きの活動は継続された。中央と出先きとの意見は、漸次疎隔を来たし、また外務省と軍部との意見は、ますます反撥し、外交の不一致を遺憾なく暴露した。短命なる平沼内閣は、近衛内閣より引き継いだ三国同盟の交渉に終始した内閣であった。

三国同盟反対

三国同盟反対の中心である、有田外相の下の外務省においては、白鳥大使等軍部に共鳴する一部のものを除くのほか、その主流をなすものの意見は、極めて明白であった。彼等は、元来枢軸外交に反対であって、三国同盟についても、また反対であった。防共協定強化の観念から出た同盟交渉であるならば、その観念を維持し、目標を共産ソ連と事ある場合に限るべきであって、その他に及ぼすべきではない、若しその目標に英米等をも加うる一般的のものとする場合には、自然に英米を敵視するようになって、我が国際的地位を危殆ならしめる、英米との関係をこの上悪化するが如きは、日本にとっては危険であって、極力これを避けねばならぬと云うのである。

この事は、国際関係に従事しているものや、一般国際常識を有っているものには、極めて見易き事柄であって、外務省の重要な機関は内外とも挙って、この意見であり、日本がまさか、欧州問題が危機を孕んでいる際、英（米）仏を敵に廻して、独伊と同盟関係に入るが如き、乱暴な政策を執るものとは考えなかった。また、日本の上層部には、日英同盟時代の頭を変えておらぬものが多く、この方面には、ドイツの信用は薄く、ために、ドイツと同盟に立って、英米との国交を軽んずるような方針は甚だしくこれを嫌い、天皇陛下は最もこれを排斥された。

海軍は、石油その他の必要物資の入手には非常に熱心で、全体としては、南進政策を決定してはいるが、直ちに英米と戦争を誘発するが如き政策はこれを好まず、当時の海軍当局、米内海相、山本次官及び海軍の先輩穏和派は、強く三国同盟に反対した。この反対は、海軍全体が一致して支持した南進政策とは、その本質において矛盾したものである。南進政策は極端論者に引きずられた形であったが、三国同盟の締結に対しては、海軍部内の思慮ある人々は、日本海軍の実力及び日本自身の国力にも顧み、大局上の見地に立って、第二次近衛内閣の出来るまで反対を続けた。

欧州における風雲は、ムッソリーニ及びヒットラーの対外的急進に伴い、益々険悪となり、何時大国間の戦争が勃発するかも知れざる形勢となり、日本が、欧州戦争に引き込まれる契機となるべき、三国同盟の締結の愚をなすべからざることは、大局から見て、余りに明瞭なことと考えられた。しかのみならず、三国同盟に対して、国内上層部にも有力なる反対論があるのに鑑み、識者は寧ろ安心している間に、軍部の強引は効を奏し、ドイツに対する深入りは抜き差しならぬ程度にまで進んで行った。

三国同盟の昂進

三国同盟の交渉は、軍を中心に、内外にわたって、揉み抜いた。平沼内閣は、遂に一九三九（昭和十四）年五月二十日及び六月四日の五相会議において根本国策なるものを審議し、ドイツとの関係を、更に緊密化するための交渉を開始することを決定した。しかし、ドイツとの関係を緊密にする具体案に至っては、決して意見が一致していた訳ではなかった。無条件に三国同盟を支持する軍部派の意見と、同盟の目的を対ソ問題に限定せんとする外務省側の意見とは、最後まで調和せず、寧ろ個人的感情問題にまでなった感があった。

大島大使は、軍中央の意向を受けて、三国同盟の成立に向って熱心に交渉し、ドイツ側の意見の如く、一般的同盟条約の形式を採用することを進言し、また東京出発の際、軍の意のあるところを熟知していた白鳥大使は、陸海軍武官とともに、側面より援助し、この案に反対した有田外相に対抗して、訓令をも無視して行動した。出先両大使の活動は、東京外務本省の考え方とは非常に喰い違い、越軌の行動ありとさえ云われた。いずれも皆、軍部と連絡した上の行動と見られたので、天皇は、板垣陸相に対して、天皇の憲法上の外交大権は、軍の干渉すべきものではない、と叱責せられたくらいであった。

国内においては、三国同盟の締結運動は露骨に行われ、その余勢は、反英示威運動となって、何時治安をも紊すに至るかも知れぬようになったので、木戸内相は、平沼首相に対して、何とか問題を結末をつけねば、帝都の秩序を保つことが出来ぬかも知れぬ、と警告するに至った。

満洲事変以来、無責任なる右翼と、計画的なる左翼との合作になる反英運動の行列は、英国大使館に押しかけるに至った。冷静な批判に欠けた、かような狂乱行為は、大国民として恥ずべきことであったが、もはや軍部も一般人も、甚だしく思い上った状態にいたのは是非ないことであった。

五相会議と三国同盟賛否

五相会議は、開かれるごとに、同様の議論を繰り返して結末はつかず、新聞の多くは、宣伝入りの刺戟的記事、論評を載せて、軍部に迎合した。満洲事変以来、識者は漸次姿を匿し、新聞雑誌は、どれも、これも軍部の意向を迎うるにただこれ急であって、軍に対する反抗気勢は弾圧を怖れて、何処にも表面には現れなかった。かような一般情勢にあったにも拘らず、裏面における反対勢力は、決して弱いものではなかった。天皇は三国同盟には強く反対され、元老上層部も、また在外使臣も、反対の意見が圧倒的であった。五相会議は、数十回にわたって開かれ、有田外相は終始よく奮闘し、米内海相はこれを支持して、全面的同盟には強く反対した。

しかし、五相会議が七十回以上も続けられ、親独運動が激烈となるとともに、政府の態度も、とかく軍に押されがちであって、平沼首相は、ヒットラーに親交の電報を発したりした。

欧州の形勢の切迫するにつれ、リッペントロップ外相の大島大使に対する交渉促進に関する督促は、甚だ急なるものがあった。

日本政府は、ドイツ側の意向をも斟酌して、形式上一般的同盟、即ち締約国の一方が、第三国より挑発なくして攻撃を受くるときは、他の締約国は直ちにこれを援助する義務がある、と云う形式の条約に同意するも、その第三国と云うのは、ソ連に限るとか、または援助の時期方法及び形式は、各締約国自身が独自の見地により決することとしようとか、あるいは条約文の解釈によって問題を切り抜けんともしたが、ドイツ側を満足せしむることは出来なかった。軍中央部は、三国同盟締結に重きを置き、第三国がソ連であろうと、満洲事変以来日本に敵意を示して、現に支那を極力援助している英米であろうと、戦争の場合には、他の締約国に当然軍事上の援助義務を発生せしむべきであって、最近の支那における情勢から見ても、英米とソ連とを区別して考うる必要はないとして、戦争と云うことを極めて軽率に見た意見であった。交渉の任に当っていた大島大使は勿論、白鳥大使も、三国同盟成立によって、英仏は屈服すると云うドイツ側の主張に同調した。

意見が纏まらぬ間に、欧州の形勢は急転して行った。ドイツは、ミュンヘン会議後間もなくチェッコを合併し、更にポーランドに侵入するに当って、三国同盟交渉の主たる対象として、談が始められたそのソ連との間に、不可侵条約を締結してしまった。英仏はドイツに対して宣戦した。ここにおいて、日独伊三国同盟の交渉は、ベルリンで空中分解をしてしまった。

平沼内閣は、欧州政情は複雑怪奇であると声明し、ドイツに対し、ソ連との不可侵条約締結は、防共協定に違反すると抗議して、退陣するに至った。欧州情勢を十分に考慮しなかった三国同盟の交渉は、これまで木を見て、森を見ないようなものであった。爾後欧州におけるドイツの勝利のみに眩惑されて、世界の情勢を無視した三国同盟論は、森を見て山を見ざるようなものとなって行ったのである。

平沼内閣によって、複雑怪奇とされた欧州の形勢は、果してどんなものであろうか。

欧州の風雲　その一

世界政局の展望

第一次世界戦争によってドイツ勢力は崩壊し、革命の初期においてロシアが国際場裡より一度影を潜め、ここに、英帝国は戦後の休養を十分に摂ることが出来た。世界の国際関係の調整を目的として作られた国際連盟は、米国が孤立政策に復帰した後は、事実上、英国勢力の支配するところであった。

欧州を支配し、国際連盟を動かしている英国は、少なくとも戦後の休養期間は、英国の運命を国際連盟外交に依託することが出来た。戦後の労働党内閣より労働保守連立内閣へ、更に保守党内閣に至る期間、即ちマクドナルドよりボールドウィンに至る時期は、その期間であった。この間において、英国は、戦後経済の調整、国内問題の処理を行い、保守党はボールドウィンの下に選挙に優勢を占むるに至った。

国際連盟外交が破産し、独伊の興隆に直面するに至って、英国がこの新情勢に対処すべく蹶起したのは、ようやく、一九三七年、ボールドウィン内閣を継いだチェムバレン内閣からであった。この時は、米国においては、フランクリン・ルーズヴェルトのニューディールの計画が不況を克服し、彼は大統領に再選せられて、第二期の治世に入った時で、米国は当に国力充実し、孤立せる消極主義から自信ある積極主義に転換しつつあった時である。一九三七年は、東亜においては日支事変が発生し、欧州においてはヒットラーがラインランドに侵入した年であり、ムッソリーニはすでに一九三五年エチオピアを征服し、日独伊三大国は一九三三年以来国際連盟を脱退していた。

当時、英国では、いまだ平和の夢を貪っているものが多く、戦争準備は、決して万全ではなかったが、島国として常に優勢なる海軍を有し、且つ防空計画も実現されつつあった。国際情勢の急変と英国の国防に対してしばしば警告を発して、英国民の覚醒を促したものは、保守党に復帰したチャーチルであって、彼は、特に、空軍の強化を高調し、自らその事業に関与して努力するところがあった。

英国における急進派と自重派

当時、英国の政権を把っていた保守党に二つの流れがあった。一つは、チェムバレンを筆頭とする純正保守系であり、他は、チャーチル一派の自由保守系であって、両者の政策に関する考え方に少なからざる差異を見た。後者は、米国と連繫せんとする理論的世界政策派であり、前者は、英国の伝統を維持せんとする実際的局地政策派とでも云うべき傾向を有っていた。

イーデン、ダフ・クーパー等の所謂反逆派（レボルト）を率いるチャーチルは、英国と独伊とは到底両立することは出来ぬ、必ず遠からず衝突する、英国はこれに向って全力を挙げて準備しなければならぬ、これがためには、自国の軍備増強は勿論、フランスの軍備をも強化せねばならぬ、過去において仏国に軍縮を要求したのは誤謬である、英国はまた万一の場合を慮り、ソ連との関係を改善し、米国とは、その援助を受け、且つこれと共同し得る素地を、早きに及んで準備すべきである、と主張し、国際連盟の政策はあくまでこれを支持し、且つ動員して、独伊及び日本の発展政策は、極力これを防止せねばならぬ、と云うのである。保守党の本流を率いるチェムバレン等は、英独の衝突の危険を肯定しながらも、これを避けるにあらゆる手段を尽すの必要がある、特に英国の武力に十分準備の出来るまでは、日独伊とは何等かの妥協点を発見し、戦争に導かずして、欧州問題も東亜問題をも解決し、英帝国の権威を保持し、その発展を期すべきである。何れにしても、英国は飽くまで独自の欧州的立場を守ることが賢明である、若し、尚早にソ連及び米国に信倚するにおいては却って戦争を早めるに過ぎない、戦争は極力避くべきであって、大戦争は、必ずや英帝国の地位を動揺せしむると云うことを顧慮すべきである、と主張して、ルーズヴェルト大統領が、欧州問題討議のため関係各国首脳者の会議をワシントンに開催してはとの提議も、これを尚早として婉曲に拒否している。彼等は、ソ連には少しも信頼を置かなかった。

チェムバレンの妥協的中道政策が、若し成功したならば、遂には戦争は避けられたかも知れぬ。不幸にして形勢はこれを許さず、独伊の一方的政策は極端に突き進められて、チェムバレンを窮地に追い詰めた。日本もまた、その対外政策のハンドルを失っていたことはすでに記述した通りである。

ヒットラー＝ドイツの東進と英国

ヒットラーは、英国を軽視することなく、その実勢力の偉大なることを了解していたことは、マイン・カムプの中で明らかに分る。彼は、英国とは妥協を希望していた。而して、共産ソ連を共同の敵として、妥協は可能であると信じていた。彼は、一九三五年六月十八日、英国の満足する海軍制限条約を締結して英国の海上優越権を承認した。彼は、英国がこれに対して、ドイツの東方進出を承認することを希望し、これは英国の生命線には何等関係なきのみならず、ソ連は共同の敵と看做すべきであるから、英国は宜しくドイツの東進を黙認すべきであると推論したのは、余りにも浅薄な論理であった。

ドイツ在英大使フォン・リッペントロップは、ロンドンにおいて、特に強硬派のチャーチルとドイツ大使館に会談の機会を作り、長時間の意思疎通を試み、率直にドイツ東進の意図を説明した。彼は、ウクライナ及び白露に進出するは、ドイツの自然の要求であることを力説して、これに対する英国側の了解を希望するところがあったが、チャーチルは、これに対して、若し斯くの如き政策が実行される場合には、これは直ちに英独の戦争を意味するものであることを彼に告げた。チャーチル等自由保守系の人々は、これによって、明瞭にドイツの真意を観取出来るとし、英独の衝突を不可避のものとして、その準備に直進することを主張した。

リッペントロップは、チャーチルの言を額面通りには受取らなかった。彼は、英国の態度はさように強硬なものではない、何等かの妥協の余地のあるものと判断した。英国の態度について、リッペントロップは、根本的に誤った判断を持ち、これをもって、ヒットラーに進言したことは、その後のドイツの行動に少なからず影響を与えたところであるが、ドイツ人は他人の心理状態を察知することは不得手であって、ドイツが他国の判断を誤ったことは、これが最初ではなかった。

チェムバレンとチャーチル

保守党中、チェムバレン派のサー・ザミュエル・ホーア外相は、さきにエチオピア侵入及びスペイン内乱に関する対イタリア問題で失脚した。彼を嗣いだイーデン外相及び海相ダフ・クーパーは、チェムバレンの対独伊妥協政策に反対して辞職するに至り、ここにチェムバレン派とチャーチル派とは、対外政策について明瞭に意見の対立を見るに至った。

イーデン外相を継いだ、前印度総督ハリファックス伯が出で、チェムバレンを援けた。チェムバレンは、未だ決して英国民の多数から見離されてはいなかった。彼は、一九三七年から一九三八年にわたって、熱心に妥協政策を遂行し、老軀を提げて、或いは自らゴーテスブルヒに到り、或いはザルツブルヒの山荘にヒットラーを訪ねて、欧州協調を恢復すべく全力を尽した。ヒットラーは、それにも拘らず、一直線に進んで、一九三八年に入って墺国を合併し、更にスデット＝ドイツ地域をチェッコに要求するに至って、ここにチェッコ問題が欧州の風雲を捲き起した。

欧州の風雲　その二（チェッコ問題）

チェッコ国の地位

チェッコスロヴァキアは、即ちボヘミアであって、独墺とポーランド及びハンガリーに挟まれた、欧大陸の中部にあるスラブ国であり、西欧と東欧との連鎖をなす地位にある。第一次世界戦争によって、民族主義実現の結果独立を贏《か》ち得た国であって、大統領ベネシュは、第一次大統領マサリクに次ぐ独立の元勲であった。彼は、大国に挟まれた小国の政治家として、国際連盟主義者の尤なるものであって、自国の独立及び繁栄を、国際連盟の保護によって全うせんとした。彼は反独親仏であり、またソ連に対しては、人種的結合によって接近しておった。

チェッコは、仏国とは同盟関係にあり、更に仏国を盟主とする、反独的小アンタント諸国と親密の関係を保ち、この一群は、国際連盟内の欧州平和機構の有力なる一部とされていた。

仏国は、一九三五年（五月二日）以来、ソ連との間には五ヶ年間の相互援助条約を締結して、ここに仏・チ・ソの三国は、新興ナチ・ドイツに対する共同防衛の態勢を整えていた。

ソ連は、スペインの赤化に多大の望みを嘱し、これに援助を与え、スペインを欧州赤化の基地としていたが、スペインの内乱が、共産党の不利に傾くや、西欧赤化の中心をパリに移し、次いでプラーグに移し、人民戦線運動は、強力に全欧州に向って運用されていた。反共のナチの眼から見れば、プラーグは、反独策動の中心地であって、チェッコは、ドイツ包囲の目的を有する東欧と西欧との連絡点と見做されるに至った。

ベネシュ大統領とトハチェフスキー元帥事件（昭和十二年七月）

ヒットラーにとっては、チェッコを仲つぎ場とするソ仏のドイツ包囲線を破ることは、もっとも重要なこととなった。ソ仏パクトが出来て間もなく、ヒットラーは、ベネシュ大統領に中立条約締結の提案をなした。即ち、チェッコに対して、仏独戦争の場合に中立を守ることを要求したのであって、仏国とチェッコとの、共同防衛の同盟条約を無力化することを目的とした提案であった。

ベネシュがこの提案に対する措置を躊躇しつつある際、ドイツの軍部は、ベネシュに対し、その態度決定を督促し、ソ連内において事の起った後に、ドイツの提案を承諾しても遅きに失するから、この際躊躇することなく、決断すべきである旨を伝えた。ベネシュは、ドイツ軍部の督促中に云う、ソ連に起るべき事件なるものについて、八方探索した結果、プラーグ

における ソ連大使館に往復する文書及び人物等から、ソ連内にスターリンに対する驚くべき叛逆の一大陰謀が進行していることを発見した。この陰謀は、世界大戦後、密接の関係にあったソ連軍部と、ドイツ軍部との有力分子間の連繫によって、スターリン政権を顚覆せんとするものであった。ベネシュはその詳細を遅滞なくスターリンに通報した。勿論、彼は、ドイツ軍部の圧迫はこれを無視し、ドイツ政府の提案に対しては一顧も与えなかった。

G・P・Uは直ちに活動を開始し、陰謀関係者は、ソ連の内外にわたって遅滞なく一網打尽に付せられた。これが有名なトハチェフスキー事件で、ロンドン在勤のソ連陸軍武官プトナー及び在独大使館付武官シュミット大佐等もこれに連坐した（一九三七年六月）。この粛清によってスターリンは、国内における軍を中心とする反スターリン派を、根こそぎ一掃してしまうことが出来た。而して、他方、所謂トロツキー派なるものを殲滅することによって、スターリンの地位は確立したのである。支那にいたガロン即ち後のシベリア軍司令官ブリュッヘル将軍の消失もこの関係であった。

ベネシュのソ連に対する忠勤は、スターリンの深く徳とするところであって、彼が第二次世界大戦後、ベネシュの復帰を同情をもって迎えたのも、このためであると称せられたが、形勢は再転して、一九四八年の共産党のチェッコ乗取りによって、戦争によって復興したチェッコは、事実上ソ連に合併せられ、マサリク外相の自殺後、ベネシュ大統領も遂に悶死し、共産党首領ゴットワルド首相の一人天下となるのである。

スターリンが、ベネシュを徳としたと同時に、ヒットラーは、彼の行為をもって裏切的であるとして、一撃を加うる機会を待っておった。

爾来チェッコ問題は、独ソ仏の間のもっとも危険なる難問題であった。

ソ連のチェッコ政策

オーストリア合併後は、旧オーストリア領のドイツ人地域で、チェッコの領土に帰属していた地域の、ドイツ復帰問題が起るのは当然である。これがマリエンバードを含むスデット地方の問題であった。

ヒットラーのスデット地方要求は、また自動的にチェッコ問題を呼び起す。チェッコが、スデット問題で、ドイツと争うか否かが試金石である。チェッコのドイツに対する態度は、直ちに仏ソの態度に影響し、欧州の形勢を左右する大問題となる関連性を有っていた。

チェッコの同盟国たる仏国は、一九三八年九月二日モスクワにおいて、代理大使を通じて、リトヴィノフ外務人民委員に対し、もしチェッコが、ドイツから攻撃を受けた場合に、ソ連は如何なる態度をとるや、を質問せしめた。仏国は、ソ連に対するとともに、チェッコに対しても、相互援助の同盟関係にあるのであるが、ソ連は国際連盟関係以外、直接にはチェッコに対し、何等条約上の義務はないのである。リトヴィノフは、ソ連のチェッコに対して負う義務は、仏の援助する場合に限られる間接のものであるから、先ずその場合（ドイツがチェッコを攻撃する場合）に執らるべき仏国の態度如何、と反問した。仏国代理大使はこれに対し、明確なる応答をすることが出来なかった。リトヴィノフは、これらの場合について協議するために、直ちに関係国の軍事専門家会議を起すべきであり、ソ連もこれに参加する用意のあることを言明し、更に進んで、もし軍事行動を起す場合における、ポーランド及びルーマニアの中立の故障を除くためには、国際連盟を通じて、これに働きかけることが一番有効であると述べ、またこの際、ソ仏英は一般欧州政局に対して、共同声明を発表して、ドイツに警告を与うべきであり、もしこれを実行すれば、米国に好影響を与うるであろう、との意見を述べた。このソ連の突き進んだ提議は、明らかに仏英に対して積極的に動くことを慫慂し、ナチ＝ドイツに対して、仏英ソの共同包囲作戦を提案したものである。

かくして、リトヴィノフは、国際連盟に出席して、平和は一にして二ならずと高調して、対独包囲政策に向って、連盟の舞台より世界の世論を動員することを試み、米国にも大なる反響を与えた。

ミュンヘン会議

仏国も英国も、ステッド問題で立ち上る準備は出来ていなかった。ダラディエもチェムバレンも、英仏の対独戦備が、軍事行動を協議する程度に進歩しておらず、且つ他方、ドイツとの妥協実現は不可能にあらず、少なくとも、対独軍事行動を策するは、時機尚早であると信じておった。

そこで、ヒットラーと直接交渉を行うのが適当である、とのダラディエの勧告を容れて、チェムバレンは動いた。その結果ミュンヘンにおいて、ダラディエ及びチェムバレンは、ヒットラー及びムッソリーニと会談して、英仏独伊の四国会議を開き、チェッコ問題を処理することとなった。これは一九三八年九月末のことである。英仏は、これよりさき、すでにチェッコに対し、ドイツの要求を容れることを勧告し、もしこの勧告を容れない場合には、如何なることがあっても、仏英の援助を期待することの出来ないことも明らかにしたため、チェッコとしては、如何ともすることが出来なかった。ドイツは直ちにスデットを占領した(九月三日)。

ミュンヘン会議は、九月末開催されて、単に一両日で片がついた。スデット合併も、正式に承認せられ、チェッコに対して、英仏は直接の支援を与えざる了解の下に、チェッコ問題は落着し、欧州は一時的に戦禍を免れた。チェムバレンは、ミュンヘン会議で、特にヒットラーに別個に会見して意見を交換し、ヒットラーは、共同の利害に関することは、今後一方的にはやらず、関係国間に協議を行う用意があること、及びヒットラーは、この上領土的要望を有たぬことを言明し、その趣旨の書き物にも署名して、チェムバレンの好意に応えた。

ムッソリーニは、国際連盟外で、欧州中原における重要問題を処理した。ミュンヘン会議よりローマに帰って、凱旋将軍のように迎えられた。チェムバレンも、欧州の危機を救ったと云う点で、民衆の歓迎を受け、直ちにバッキンガム宮殿に伺候し、皇帝とともに、バルコニーに出て、市民の歓呼に応えた。

ミュンヘンに対する内外の反対

ミュンヘン会議は、欧州の戦禍を一時救ったかの如く見えたが、これが却って、欧州戦争、延いて世界大戦の重要なる誘因となったことは、歴史上顕著な事実である。スデット問題で、英仏に見捨てられたチェッコの将来は暗く、その運命は谷った有様であった。これでもチェッコは、仏国と相互援助条約による同盟の関係にいたのである。

ミュンヘン会議は、いずれの国にも増して、ソ連を怒らしめた。ソ連は、仏国とこれまた相互援助の関係におり、さきに仏英に対し、事実上、政戦両略の対独共同戦線を提唱したのであった。ソ連は、これが侵略国に対する国際連盟の当然の立場であり、英仏の歓迎するところであらねばならぬ。然るに、英仏はソ連の提唱に応うるところなく、直ちにドイツに対して妥協政策に出で、しかも、国際連盟外において独伊と会見し、ソ連を除外して、恣に四国の間において欧州の重大問題を協定し、同盟国たる小国の利益を犠牲にして顧みざるに至った。ナチの反動全体主義と妥協し、正義と公正とに背反した英仏の政策は、これを許すことは出来ない、と云うのであった。ソ連は、人民戦線によって、世界各国に組織した有力な宣伝機関を動員して、ミュンヘン会議に対する攻撃を開始し、世界をして、ミュンヘンにおける、英仏の対独妥協政策に関する罪悪の数々を信ぜしむるに有効な手段を講じた。この手段は、米国において特に有効であった。チェムバレンとダラディエとが、ソ連の提案を無視し、ソ連を除外して行動したことは、ソ連の深く含むところであって、ソ連は、窃かに他日復讐の機会を待った。

ミュンヘン会議に対する不満は、仏英両国内においても漸次激しくなって来た。それは、単に左翼の宣伝のみに動かされたわけではなく、特に英国においては、チェムバレンの妥協政策を危険視し、これに対する反対は、各方面から猛然として起って来た。これに対抗して、チェムバレンは、ヒットラーより取りつけた今後の態度に関する保障を楯に、妥協政策の正当にして、これが欧州協調を確立し、戦争を防止する唯一の政策であることを力説して、防戦これ努め、世間も一応納得した形であったが、チャーチル一派の保守党及び国内の強硬派は、ナチ・ドイツの信用すべからざることを指摘し、小国の利益を犠牲にするの不義を激しく攻撃した。英国の世論は、寧ろ硬化するの一途を辿った。チェムバレンもダラディエも、戦争準備に向って全力を挙げた。ドイツとの妥協に、これ以上進むことは英仏の世論の許すところではなかった。

欧州の風雲　その三（チェッコとポーランド問題）

スロバキア独立運動

ヒットラーが、ベネシュに一撃を加うる真の機会が、ミュンヘン会議後間もなく到来した。それは、スロバキアの独立問題からである。

チェッコ・スロバキア国と云っても、工業国であるチェッコの方が、農業国であるスロバキアよりも、文化水準は高く、チェッコが事実上スロバキアを支配していた。スロバキアの独立運動は、従って、チェッコ・スロバキア立国以来の問題であった。

チェッコの羈絆を離れんとするスロバキアの独立運動は、フリンカ独立党を中心とするものであって、その首領はチソであった。墺国はドイツに合併せられ、スデット・ドイツ地域はまたドイツに復帰し、チェッコはドイツ領土によって半ば包囲され、もはやスロバキアに対しては統轄の威力を欠くに至った。これがために弾圧を加うれば加うるほど、独立運動は激化して忽ち全国的となり、スロバック独立派は、救助を墺国の統治者ツァイスインクワルトに求めた。彼は墺国最後の首相シュスニックの後に、ヒットラーより任命された墺国の総督であった。ツァイスインクワルトは、直ちにこれをベルリンに取りついだ。チソは、更にベルリンに赴いて、直接ヒットラーに訴えて、その目的を果さんことを計った。ヒットラーが、この機を捉えてチェッコを処分し、ベネシュを排除することを決意したのは、一九三九年の春であった。

チェッコの占領とその反響（昭和十四年三月）

三月十五日、ドイツ軍は突然チェッコに侵入して、ヒットラーは、プラーグに入城し、ボヘミア、モルダヴィア地方、即ちチェッコをドイツに合併して、ドイツの保護領と宣言してしまって、一九一四年の旧態を恢復した。ベネシュ大統領は亡命した。而して、スロバキアは独立を宣言して、チソは大統領に、ツカは総理に就任した。彼等は、いずれも独立運動のために、かつてベネシュによって獄に投ぜられた人々である。

チェッコ・スロバキアの問題については、ポーランドの外相ベックは、絶えずドイツと連絡をとっていたが、いよいよドイツが兵をチェッコに入れることとなるや、ポーランドも、ドイツの承認を得て軍隊を動かしテッセン工業地域に接するポーランドの国境地帯リサ地区を占領して、ポーランドに合併してしまった。チェッコは、ドイツとポーランドとに分割されるに至ったのである。ドイツが、ポーランドに対し、チェッコの犠牲において満足を与えたのは、やがて、ドイツが北方のダンチッヒ廻廊問題について、ポーランドに対してなす、要求の代償の意味が含まれていたのである。

ヒットラーが、ドイツ民族でないチェッコを侵略し、しかもこれをドイツの領土に編入したことは、欧州のみならず世界を震駭した。ミュンヘンで、ヒットラーがチェムバレンに与えた保障は、反故として引き裂かれたわけである。流石のチェムバレンも、重大決意をせざるを得なくなり、ドイツ軍のチェッコ侵入とともに、遅滞なくポーランドに対し安全保障の声明を行った（三月三十日）。チャーチル等の反ドイツ派は、殆んど嘲笑的態度をとった。英国人は、保守党も自由主義者も労働党も国を挙げて、もはや忍耐は限度に達したと云う風になった。戦備は夜を日についで行われ、徴兵制度も施かれた。仏国も、ダラディエの下に同様に戦争準備に邁進し、頻発する罷業をも弾圧した。マヂノ線は完全に修復せられ、更にダラディエ線が、ベルギイ国境に沿い海岸へと増築された。共産党を中心とする、米国初め世界各国における左翼方面の対独戦争挑発宣伝は極度に達した。資本主義国が、ナチ・ドイツと衝突することは、ソ連のもっとも歓迎するところであることは云うまでもない。

ダンチッヒ廻廊問題交渉と英仏の決意

ヒットラーのタイム・テーブルは、英仏における形勢を考慮することなしに、予定の通りに進行し、マイン・カムプの定理によって東進はいよいよ続行せられた。今度はポーランドの番である。

第一次世界戦争後、ヴェルサイユ条約によって、ポーランドに海港を与うるために、バルト海に通ずる地域がポーランドに分割せられた。プロシヤ発祥の地たる東プロシヤは、これによって、ドイツ本国より遮断せられてしまった。ポーランドは、主としてドイツ人の居住するダンチッヒ港の外に、グディンゲンに大規模の築港を行い、純然たるポーランド海港の建設を急ぎ、将に完成せんとしていた。このダンチッヒ廻廊問題は、独波両国の間に、何時かは重大問題となることは、初めから予見されていた所であった。

キョーニッヒスブルクを首都とする東プロシヤを、ドイツ本国から切り離されたことは、感情上から云っても到底ドイツ民族の堪うるところではなかった。またこの重要なるドイツ人の地域が、海によるの外直接の連絡を本国と保つことが出来ぬと云うのは、ドイツの東進と云う大きな目的を別としても、実際上から云っても不便至極であった。チェッコ占領に引き続き、ドイツはこの問題の解決を計るために、ポーランドと交渉を開始した。

ドイツの提案は、廻廊地帯の旧ドイツ領の大部分を恢復するも、ポーランドは、グディンゲンの海港とこれに通ずる交通線路を保持し、ドイツの東プロシヤ行きの鉄道及び道路と立体交叉する構築を行い、この問題を解決せんことを提議したのである。ダンチッヒ廻廊問題に対するドイツの要求は、単に第一次世界戦争によって失った、旧ドイツ領を恢復せんとするに過ぎず、またポーランドには海港を保持せしめんとする案であるから、甚だしく無理なものではない。しかのみならず、ドイツは、さきにポーランドに対しては、チェッコ領の分割を認めて、既に可なりこれに対する代償を払っておるわけである。リッペントロップは、そこで、この問題について、英仏が戦争を賭することはない、と判断したのであった。

しかし、問題は左様に簡単ではない。チェッコは、すでにドイツの合併するところとなった。もし、東プロシヤに直通する路が、ドイツのために開かれるならば、ポーランドはドイツの半ば包囲するところとなり、ドイツの東進の通路に当るポーランドの運命は、チェッコの運命の如く全く定ってしまう。それ故、ダンチッヒ廻廊問題で、ポーランドが屈するや否やは、結局ポーランドが、ドイツに屈するや否やの問題と看做されるに至った。

これまでドイツ側に絶えず接触していたベック外相は、さらにパリやロンドンにおいて、英仏政府の意向をも聴取した。

ポーランド問題は、すでに独波両国間の問題ではなくして、欧州全局を左右する大国間の重大関心事であった。チェッコ問題のために、欧州の各首都は、反独熱に沸き立っていて、チェムバレンもダラディエも、決してミュンヘンを再演せざるべく決意していた。英も仏も、ポーランドに対して、チェッコの二の舞を繰り返さざるよう警告を発して、ポーランドの独立及び領土権を擁護する意志のあることを、ベックに通告した。英仏は、すでにポーランド及び東欧小国を、ドイツの侵略より断乎防衛するの決意をなしていたのである。ポーランドのドイツに対する態度は、この鉄骨の支柱を得て硬化し、容易に妥協の色を見せない。ドイツは、またも重大決意をなして軍隊を東境に集中した。

欧州の風雲　その四（独ソ不可侵条約と開戦）

英仏軍事委員のモスクワ派遣

英仏においては、すでに述べて来たように、ドイツが言質を無視してチェッコを蹂躙して以来、世論の沸騰の中に、政府は堅く決意するところがあり、全力を挙げて武力の充実に着手するとともに、政策の転換を計った。すなわち妥協政策（アピーズメント）を放棄して、ドイツに対する直接包囲政策具現に邁進したのである。ドイツ東進の進路に当る東欧諸小国に対する保障によって、これら諸国のドイツに対する反抗を固むるとともに、更にソ連の協力を確保することが対独包囲政策の第一着手であった。

ソ連は仏国の同盟国であり、その立場は、防共国ドイツを仮想敵とし常に反独であって、国際連盟においては、しばしばファッショ反動勢力に対する共同動作を要求し、リトヴィノフは平和は一にして二ならざることを高調し、ドイツ包囲陣構成のために、軍事専門家の会合を提案したのは前述の通りである。今日、ドイツはポーランドの障壁を破壊して、ソ連に向って突進せんとしている。ウクライナ及び白露の占領は、ドイツの目的とするところであることは、すでに明らかである。ソ連は、自国を防禦するために、今や英仏の協力を歓迎する場面に押し迫られて来ていることは、ソ連及び共産党が全力を挙げて、対独戦を要求しているのを見ても明らかである、という風に感ぜられた。

英仏は、この機を逸せず、ソ連と対独軍事同盟を締結すべく決心して、先ずモスクワに外務省の専門家を派遣し、次いで八月、軍事専門家の一行を派遣した。これはかつてリトヴィノフの仏国代表者になした提案の趣旨に一致するところのものであった。英外務省代表者は、ストラング東欧局長であった。モスクワにおけるソ連と英仏軍事専門家との交渉は、遅々として進行せず、ただ急迫せる欧州の形勢の下に、一日一日と過ぎ行くばかりであった。その際、突如として独ソの間に新発展が発生した。

ソ連の対独政策転換

ドイツのチェッコ侵入に当って、政策の基調を変更したのは英仏のみではなかった。ミュンヘン会議で、欧州問題の処理から除外されたと感じたソ連は、チェッコの運命を見て、英仏はドイツの東進について、暗に了解を与えたものであって、仏国との同盟条約は清算されたとなして、この上は、自ら独自の立場に帰らざるを得ない、また独自の立場をもって、行動するの機会が来たとなした。ソ連は決してミュンヘンに対する復讐を忘れなかった。而して、ソ連のもっとも利益とするところは、英仏がドイツと死闘の戦に入り、自らは局外に立って、その力を保存する位置に立つことであることは云うを俟たぬ。

今や英仏の反独戦は、当に点火されんとしている。もしこの際ソ連にして、ドイツと妥協することが出来、東に向いている強大なるドイツの武力に方向転換をなさしめ得るならば、ソ連の東欧における地盤を固めることが出来る。更にまた、ドイツをますます西に追いやることが可能ならば、共産党の敵視する諸国家の力を一挙に減殺し、資本主義に徹底的打撃を与うることが出来るわけであって、一九二八年七月第六回コミンテルン大会において、特に決議せられた資本主義国間の争闘に関する戦術が、実を結ぶ次第である。今日は、その絶好の機会が到来したのであった。ソ連が、鷸蚌《いつぼう》の争いによって漁夫の利を占め、二桃三士を殺すの縦横の政策を弄するの機会が到来した。

この政策を具体化するために、リトヴィノフはその地位を去り、人民委員会議長の職にあるモロトフ自身が、これを継いで外務人民委員を兼任するに至った（一九三九年五月三日）。モロトフ外相は、すでに五月三十一日第一回の外交演説を行い、英仏の提案した、相互援助協定の締結を拒否するの意を仄めかし、対独協定を示唆するところがあった。

独ソ不可侵条約の締結（昭和十四年八月）

ドイツのチェッコ占領によって、軍事上、さし当り直接影響を及ぼすのはスコダ軍需工場である。クルップよりも大規模といわれており、莫大なるフランスの資本によって動く大軍需工場が、そのままドイツの手に入ったわけである。

スコダには、チェッコ時代に、ソ連よりの註文も少なくはなかった。ソ連は、註文品の引渡しをドイツに要求し、ドイツはこれを容れ、独ソの関係はこれを端緒として転換の曙光が見え、独ソ間に通商クレヂット協定も締結された（八月十九日）。スターリンは、クレムリンから、独ソのイデオロギーの差異は、何ら国交の親善を妨碍するものではないと声明して、独ソ関係に新方向のヒントを与え、更に、ベルリンにおけるソ連大使は、ドイツ政府に対し右声明について解釈を試み、かつこれを敷衍した。かくして、独ソ接近の交渉は、モスクワにおける英仏との軍事同盟に関する交渉と睨み合わせながら進められた。

当時米国の外交機関は、その様子を探知して、これを英仏に内報したが、英仏は、殆んどこれを信じ得なかった状況であった。かくしてソ連は、英仏とドイツ側とを操縦して、極めて冷静なる打算に基づき、もっとも利益とする相手を、もっとも利益とする時機に選ぶの自由なる地位に立つことが出来た。

独ソの交渉は、一九三一年六月（二十四日）更新せられた独ソ中立条約（一九二六年調印）の線より一層進んで、不可侵条約の締結に向って進み、ポーランド問題の切迫とともに交渉は妥結した。リッペントロップ外相が、新たなる不可侵条約調印のためにモスクワに現れるという報道は、欧州の各首都をして茫然たらしめた。独ソ不可侵条約は、八月二十三日ソ都モスクワにおいて署名とともに直ちに発表せられ、ドイツ外相は、クレムリンの賓客として大歓迎を受けて、新聞を賑わした。英仏の交渉委員達は、静かにソ都を引き上げた。ソ連はかくして、ミュンヘンの復讐をも完全に果すことが出来たわけである。

スターリンは、後に戦争中テヘランで、ルーズヴェルトに対し、この時のことを、ソ連は一時の戦術としてドイツと妥協したものであると洩らした。ソ連はドイツと妥協しつつバルト及び東欧における地位を堅め、更に、バルカンにも進出せんと企図していたのである。

日本と防共協定を結んでいるドイツもまた、一時的戦術として、ソ連と不可侵条約を締結したものであると思われる。独ソは、一年半後、バルカン問題を契機として大衝突をなすことになるのである。

ポーランド分割と独ソ新境界

かくて、ドイツのポーランド侵入を妨ぐる何物もなくなった。形勢は急迫し、英仏は、ポーランドに正式に保障を与え、英波間にも相互援助協定が、八月二十五日ロンドンにおいて、ポーランド外相ベックと英国外相との間に調印された。ポーランドが、ドイツに屈服することはもはや許されざるところである。東部国境に集中されたドイツ軍は、一九三九年八月三十一日潮の如くポーランドに侵入した。英仏は、ドイツに対して直ちに宣戦した。かくの如くして、第二次世界大戦は、遂に火蓋を切られたのである。その日は、一九三九年九月二日であって、第一次世界大戦の始まった一九一四年八月一日から丁度二十五年の後で、軍事行動に便である夏期であった。

ポーランド戦はドイツ軍の電撃戦であった。ポーランドの大軍は殆んど立ち向う暇もなかった。ドイツの機械化部隊は、三週間にしてポーランド軍を粉砕し、一ヶ月にして領土の西半を占領してしまった。ドイツの侵入に呼応して、ソ連軍は、直ちに出動してポーランド領土の東半を占領した。これより前リッペントロップは、九月再度モスクワに飛行し、ソ連との間にリトアニアの西境よりポーランドの中央を南下し、プコヴィナに至る線を、大体独ソ勢力の分界線とすることに協定した（九月二十八日独ソ間境界及び友好条約調印）。かくして、幾回目かのポーランド分割は実現せられた。不幸なるポーランドは、大国の間に挟まれる運命の国である。東欧における独ソ間新境界の制定は、一九四〇年八月（三十一日）完了と後で発表された。

開戦と英国

英国議会は、一九三九年九月三日、チェムバレン首相の報告と決意とを聴取し、淡々として、英国の運命を左右すべき対独宣戦を決議した。議場には、すでに軍服姿も見え、また応召した議員も少なくなく、議場は空席が目立った。英国民は、すでに十分に決意していたので、この歴史的議事も、ただ当然なる一事務として簡単に取扱われた。記者の知っていた政府の政務官であった貴族出身の一青年は、開戦前ナチ・ドイツの遣り口に甚だしく憤慨し、居ても立ってもいられぬと云っていたが、その時にはすでに、軍隊に志願して議場には姿を見せなかった。その後彼は、戦場における勇敢なる最初の犠牲者の一人となった。

宣戦とともに、ロンドンの空中には、敵の空襲に備える一手段として、大きな鯨のような気球が無数に上げられ、英国は空中においてすでに準備のあることを示した。瓦斯マスクも、開戦後一日にして全国民に交附せられ、外出の際には、必ず携帯するよう発令せられた。しかし、敵の空襲はその後一年にわたって来なかった。かくして奇怪な戦争（Phony war）は始まった。

防共協定によって、ソ連の負担を軽からしめざることを、日本に対して約束したドイツは、同じソ連と協定を締結して、親善不可侵を保障するとともに、平沼内閣がその存立を賭してまで、破綻を避けようとした英仏とは、戦争状態に突入して行ったのである。平沼内閣は、これはドイツの不信行為であるとして抗議を提出し、以上の如き欧州政局をもって複雑怪奇のものと声明して退陣してしまった。この同じドイツと、日本は、また後に、同盟を締結して、共同戦線に入ったわけである。平沼内閣は、何処までも、近衛内閣より引継いだ三国同盟の交渉に終始した内閣であった。

ノモンハン

外蒙古の立国

蒙古族が過去において偉大な民族であり、元の時代においては、殆んど亜欧両大陸を征服し、その遠征の跡は南は印度に入り、更にアラビヤ及び西はダニューブ河辺からライン河にも達するものであって、ロシアを中心とする大陸奥地の大部分が、数世紀にわたって、その統治に伏していたことは、歴史上の事実である。言語系統からいえば、日本、朝鮮、満洲、フィンランド、マヂャール、トルコ等と共に何れもチューラニア系に属するので、これら民族間には、何等かの種族的連繫もあったことを想像せしめる。

蒙古族は、遊牧の民族として、二十世紀の今日地球に残存している殆んど唯一の集団民族である。外蒙の草原を中心として、北はシベリア（ブリヤート・モンゴール）、東は満洲、南は内蒙古、西は新疆以西に繋がる種族であって、政治的にも経済的にも甚だしく取り残された民族である。

内蒙古は勿論、外蒙古の地域は、支那の領土として、国際間においては、支那の主権が承認せられていた。しかし、清朝時代においても、実際上自治は許されており、民国革命以後は、支那の束縛から離れんとする運動があった。ソ連革命後に至って、ソ連は外蒙古一帯を占領して、タンヌ・ツバ（Tannu Tuva）と外蒙との二独立国を建てて、事実上、これをソヴィエットの組織に入れてしまった（一九二一年十一月五日外蒙古とソ連との修好条約モスクワにて調印）。ここにおいて、外蒙古は完全に支那から遮断されてしまった。モスクワには、これらの蒙古国の代表者が駐在している。支那は、革命時期に起ったこの状態に不満であって、度々ソ連に抗議したが、外蒙古はソ連の関知せざる独立国である。との返答であった。当時ソ連は、帝政ロシアの支那から得た特権は、一切支那に返還する、と声明していた時である。

一九四五年一月、ヤルタ会議の結果、ルーズヴェルト及びチャーチルは、スターリンの要求に応じて、蒙古の現状を承認し、支那も戦争後のソ支条約（一九四五年八月十五日）によって、正式にこれを認むるに至った。

満蒙国境の紛争

外蒙古と満洲及び内蒙古の一帯にわたる地域は、ゴビ砂漠に接する草原であって、一望千里の広漠たる原野である。今日でも、蒙古民族は、家畜とともにこの地域に遊牧している。外蒙古と満洲との境界は、支那領土内、辺境地域の国内における区画の線とて、十分でなかったのみならず、実際支那時代においては、その境界線は、余り意味をなさなかった。ソ連の背景を有つ外蒙古に接壌して、日本の背景を有つ満洲国が出来てから、問題がやかましくなって、国境のせり合いが始まった。日ソの間の国境問題は、満洲国が充実し、また日ソの関係が緊張するに従って、頻発し注目されるようになった。

日満議定書によって、日本軍が満洲国の国防の責任を負担するようになって、ソ連も外蒙古との条約によって、同様の責任を外蒙古に対して負担したことを発表した。従って外蒙と満洲国との国境の争議は、直接日ソ両軍衝突の危険を意味することになった。

関東軍は漸次充実し、その一部（後に第六軍に編成さる）はハイラルより以南、外蒙との満洲国境地帯の守備を担任することになった。ノモンハン地域の境界は、日本側はハルハ河であると認めた。その河以外に国境らしいものはない。ソ連を背景とする外蒙側は、ハルハ河の遥か東方を通過する平野に一線を画して、これが従来の国境であると主張した。これが争いの源である。

日ソ軍隊の衝突（昭和十四年五月）

一九三九年五月日本軍はハルハ河の線を占領した。ソ蒙軍がこれに対して反撃を行った。衝突が激化して、ソ連は優秀なる機械化部隊を集結し、空軍をも動かした。蒙古の草原は、近代機械化された軍隊の戦場としては理想的の地形であった。

集結されたソ連機械化部隊のために、日本軍（第六軍）は粉砕され、小松原第二十三師団は、全滅した（八月末）。関東軍の憤慨は極度に達し、遂に司令官植田大将及び参謀長磯谷中将は、大部隊よりなる軍隊の集結を計って、敵に一撃を加えんとする企図に賛成したが、勅命をもって阻止せられ、戦闘は終止した。司令官も参謀長も更迭を命ぜられ、退役することとなった。後任として梅津司令官の任命があった。

ノモンハンの衝突の後片付けとして、ソ都において、東郷大使とモロトフ外相との間に交渉が続けられて、死体や俘虜の返還が行われ、国境確定委員会を設けることとなって、停戦協定が成立した（九月十五日）。その時は欧州には戦雲がただよい、独ソ不可侵条約が締結せられ、ドイツ軍はポーランドに侵入した後のことである。停戦協定によって国境委員会が設けられて、問題となった満蒙の国境が大体ソ連の主張通りに確定（一九四〇年八月二十五日）承認せられた。

ノモンハンの衝突は、支那戦争も一段落となった板垣陸相時代に起っており、また参謀本部においても北方派の勢力が強かったので、張鼓峯の場合にあったように、日本がソ連のこの方面における実力を試験したものである、との批評も外国にあったが、当時は参謀本部においても、唯軍備の充実に汲々としておって、ソ連に手を出す余裕も意志もなかったことは明らかである。結局、ノモンハン（一九三九年五月）の衝突も、国境不明確に基づく一つの国境紛争事件であったが、出先の所謂中堅将校の思慮を欠く行き過ぎた行動が、事態を悪化したことは免れぬ。

第六編　軍部の盲進（阿部、米内軍部内閣）

絶好の転換期

平沼内閣の退陣と政策の転換期

欧州の中原において、独英の争覇を中心として、第一次世界戦争以来の大戦争が始まったことは、一体世界政局に如何なることを意味するか、またそれが東亜及び日本に如何なる影響を及ぼすかに就いては、当時の日本の指導者としては、他の如何なる国の指導者よりも重大なる関心をもって慎重に考慮し、画策せねばならなかった筈である。何となれば、この欧州における混乱によって最も影響を受けるのは、満洲事変を経て日支事変に突入した日本であったからである。

満洲国を建設しつつある日本に、今要求されていることは、国策の整理に依って、国の安全を確保すると云うことであって、この上の冒険でない、ことは極めて明瞭である。欧州における強国間の死闘によって、欧州勢力は東亜より減殺され、米国の力は欧州に牽制せられ、戦争の前途は、少なくとも複雑にして長期にわたる傾向を有っていることは確かであった。何れも孤立せる日本に対する列強の圧迫が、一時的に減退することを意味し、日本が満洲事変より日支事変へと、泥沼の中へ足を履み入れて、抜き差しならぬようになった苦境から、体面を維持しながら、脱出する絶好の機会が来たことを意味する。換言すれば、日本は、この機会に将来日本の生きる唯一の途を選んで、政策を正道に引き戻し、国の進路を安全ならしむるの機会に恵まれたのであった。

三国同盟交渉は、何故に空中分解をし、平沼内閣また、何の故に欧州政局を理由として、抗議的に退陣したのであるか。重要なる条約を結んでいる日本との友好をも無視した相手方と、同盟の交渉を継続することの無意味であって、また、ドイツと日本とは、おのおの別のことを考え、その向う所も利害関係も、一致していないことが、明らかとなった訳である。防共協定は白紙に還元されたと同様で、日本のドイツに対する関係は清算されて、新たなる出発をなすために、日本は行動の自由を恢復した次第である。平沼内閣の退陣は、また、国内的には、軍部の親独政策の破綻を如実に示したものであり、日本の政策を左右している軍部に対する抗議でもあった。故に、今後の日本の指導は、新たなる出発点に立つべき極めて重大な局面に直面したものであった。

平沼内閣が、欧州に起った戦争が「複雑怪奇」であると云って辞職したのは、欧州政局観察上の不明を国民に陳謝する意味だけでなく、日本の理解することの困難なる欧州政局に介入することの危険なることを示唆しており、世界的重大事件の発生に鑑み、満洲事変以来、日本の乗り出して来た対外方向に対して、深刻な反省を促す政治上の意味が、多分に含まれていた、と云う以外に解釈のしようはない。これは記者が絶えずロンドンより政府に進言した趣旨であった。

日本は、もともと軍部の横暴によって、国力以上の大事業に乗り出したため、満洲事変以来、劣等感と孤立感に襲われておった。大きく大陸に進出して見ると、日本は何もかも不足であった。実質上、一つとして、世界の大国としての地位に副う資格を見出すことは出来なかった。この不足を補うために、ますます手を拡げて行った。結局、自信を失った劣等感が、国内的に表面上優越感を有つ軍部につき纏い、軍部の計画はつぎつぎと拡張されて行ったのである。内心自信を失っておるものの行動は、焦燥と無反省とである。無反省なるが故に、政策は排他的となり誇大妄想的となる。劣等感を有つが故に、武力は濫用せられ、ブラフ政治が行われる。かくて独善的日本第一主義が宣伝せられ、狂信せられるようになって、満洲事変以来の日本の大陸政策の乱脈となった。然るにいま、第一次世界戦争以来の欧州における急変に会って、警鐘は乱打され、日本は絶好の自省の時機に恵まれたのである。

日本は、今や自己の地位に対して自信を恢復し、且つ深く自省を行い、政策に根底的の変革を加え、もって、東亜における自然にして永続的なる大国としての地位を、発見すべき絶好の機会に遭遇したのであった。

政策転換の機会を逸す

欧米の帝国主義的勢力が、東亜から退潮するに従って、東亜の指導的地位に虚空（ヴァキューム）が生じ、日本がこれを満たして行くことは、自然の順序でなければならぬ。しかし、日本が真に東亜の指導者となるには、列強のこれまでの帝国政策を踏襲した遣り方では不可能である。何となれば、覚醒して来た東亜人を敵としては、指導権はとれないからである。日本が東亜諸国の信頼する友人となってこそ、これらの諸国は、日本を先進国として仰ぐのである。アジアが、欧州の植民地として取り扱わるべき時代はもはや去った。民族主義はアジアにも実行せられねばならぬ。今次大戦は確かにその機会である。日本がアジアの先頭に立って、東亜各民族の要望たる独立解放を主張し、実行してこそ、東亜人は日本を指導者とするのである。若し、日本が誤って、過去の欧州の帝国主義的政策を学んで、東亜の他の民族に臨んだならば、これらの民族は、日本が地理的に近いだけに、日本を侵略者として、欧米の諸国に対するよりも憎悪の念をもって見ることは必至である。日本は絶対にこの過失を犯してはならなかったのである。この根本義は、単に国際上の倫理とか道徳とか、または人権上の感情とかの抽象的問題でなく、現実の利害関係の問題としてもかくあるべきである。根底においてこの善隣友好の観念がなくて、誰が日本を信頼して資源を開き貿易を助長し、日本の生産品を歓迎する気持になるものがあろうか。

この根本政策から見ても、支那問題は速かに円満に解決を計らねばならなかった。日本が国際間において劣等感を有って孤独感に打たれるのは何の故か、答うるまでもなく、それは日支の関係を調節し得ない点から来る。英米の圧迫を感じなくなった日本は、支那と妥協するために必要な譲歩をなし得る余裕のある地位となった筈である。支那問題について、支那は勿論、英米その他の国も納得し得る解決方法を案出することは、劣等感を払拭し、孤独感を解消する唯一の方法である。かようにして、初めて我が国際的常態を恢復し、また通商貿易を維持し得て、人口問題を解決し、日本国民の生活水準維持の目的をも達し得るのみならず、この方策は、満洲問題を解決して、多年の難局を打開する鍵となるものであった。要するに、日本はこれまでの国策を清算してこれを正常に復し、列強との不必要な摩擦を排し、親善関係を恢復して、国家の安全感を取戻すべきであった。

以上の方策は、欧州戦争の帰趨如何に拘らず、日本としては採るべき万全の策であった。しかし、若し当時の欧州戦争の帰趨について一応の判定をして見ても、ドイツは陸軍において優勢である。英国は海上においてまた絶対優勢を維持している。若し空中勢力において大なる優劣がない場合は、戦争は長期にわたることは必至である。長期戦においては、米国はまた必ず英国側に参戦するようになること、第一次世界戦争によってすでに経験済みである。然らば、欧州戦の終局の帰趨もまた既に明瞭でなければならぬ。以上は国際的常識による判断であって、決して珍奇の説ではなく、記者もロンドンから繰り返し指摘したところであった。日本は東亜の番人として、欧州戦争の東亜に波及することを絶対に防ぎ、自らは、東亜諸民族に対する善隣友好の親善政策を打ち立てて、大きく世界の大国として、生きる途を発見すべきであった。

貧弱なる阿部陸軍内閣

独善的軍部の支配する日本は、すでに冷静なる国際情勢の判断に、耳を藉す余裕はなかった。ただ軍部の希望的観察に基づく一方的判断によって、極端論者の立てた企画を、馬車馬のように突っ走ることしか出来なかったような国情になってしまっていた。

この国情に支配されている日本の指導者は、欧州の危機に際して行われた、平沼内閣総辞職の大局的理由について、深く考慮するの暇もなく、ひたすら目前の国内政治を糊塗するに汲々として、内閣の更迭を日常の事務として処理した。

これがため、この重大なる時期において、いまだ曾つてなかった弱体なる陸軍内閣が出来て、陸軍の首相に配するに、海軍の外相をもって、単に陸海軍勢力の平衡をとったに過ぎなかった。阿部陸軍大将の内閣は野村海軍大将（吉三郎）をもって外相となした外、陸海軍大臣その他には異色はなかった。穏健なる人格の持主である陸海両大将を中心とする内閣は、無為と混雑の中に貴重なる時間を失い、約半年の後に倒れてしまった。

失われた機会は再び帰っては来ない。支那事変も南進政策も、今まで転回している機械の運動の続きとして、世界の大変動には無頓着のまま陸海軍に依って続けられて行った。それのみではない。英米勢力の退潮に乗じて隴《ろう》を得てまた蜀《しょく》を望み、これまでの誤謬に満ちた極端政策を、更に強力に遂行するの機会が来たものと逆に考えて、ますます深みに落ち込んで行ったことは、国家のため痛恨事であった。元老既に老い、軍部の横暴の甚だしき国内事情によるものとは云いながら、所詮、日本国民自身の政治性が国際政局の水準から見て、一般的に甚だ貧弱であったことを示すものと云わねばならぬ。

米内海軍内閣

米内海軍内閣（昭和十五年一月）

当時、若し日本に世界の大勢を見て、これに沿うように国の楫を取り得るものがあったとすれば、陸軍勢力でもなく海軍勢力でもなく、その上に立つ最高指導層の、断乎たる決意に拠る団結した努力でなければならなかった。当時の日本の最高指導層においては、国際情勢と日本の将来を見透すだけの識見と強い人格を有するものがなかったのであるか、または、深く憂を包みながら、敗戦主義的心理に陥り、表面に挺身することを避けたのであるか。結局指名される内閣の首班は、単にブレーキをかけるための陸海軍部内の穏健分子と云うに止まり、陸海軍勢力の上に立って、国家の方向を左右する地位にはいなかった。日本という船は、すでに楫取りの無いままに国際場裡の荒海に乗り出し、激しい機関の働きによって、船は奔放に進んでおった有様であった。

湯浅内府は、岡田海軍大将（前首相）等と協議し、阿部陸軍内閣の後継として米内海軍大将を推した。内閣は、陸海軍の取り合いの観であった。陸相には天皇の御思召により、穏和派の畑前侍従武官長が留任した。軍部はすべてに不満であった。国際的の最も重大なる時期に出来た米内内閣は、単に陸海軍勢力の均衡と、なるべく穏健なる政策の実行とを、目的として作られたものに過ぎなかった。従って、軍部の行動は、内閣の気持とは何の調和もなく推し進められて行った。

有田外相はこの間に立って行き過ぎを調整せんと奮闘したが、軍部の積極的態度は、何等の反省なく、且つ国際政局の全局に眼を配る余裕も、またその意志もなく、ただ眼前の事象に左右され、激成されて行った。日支事変は南方進出となり、「共栄圏」の観念はドイツのレーベンスラウムの意義において、日満より東亜全域に拡張せられ、「国防国家」は一党政治実現を要求するナチ張りとなった。

一九四〇年一月に出来て、同年七月に倒れた米内内閣も、ただ軍部の行動に対応するのみで、積極的な政策を樹立するの暇もなく、国内情勢に押し流されて、貴重なる半年余を消費したに過ぎなかった。

日英関係の調節

ロンドンにおいて、記者は、大使として本国政府と英国政府との調和に全力を尽した。欧州戦勃発の機を逸せず、日英の疎通を計り、支那問題の解決へと我が方針を誘い、東亜に戦禍の及ぶことを避けて、もって東亜における我が地位を確保することが、日本の向うべき唯一の道と信じたからである。

元来、保守党本流の作っているチェムバレン内閣は、日本との関係の調整に対して異存がないのみならず、日本の態度如何によっては、これを切望していたと解し得べき十分の理由があった。要するに、日本の政策の合理的転換如何に懸っていたのである。ハリファックス外相は、特に政務次官バトラーを個人的代表として、日本大使たる記者と接触せしめ、日本関係問題を鄭重に取扱った。政府部内の有力なる閣員ロード・ハンキーも、ロード・ロイドも、日本大使としばしば会談して熱心に対策を講究した。いずれも皆その希望するところは一つであって、歴史的の日英関係の悪化を防ぎ、これをこの際、適当に調整したいと云うことであった。日本軍が、英仏租界を封鎖した天津事件が起っても、東京湾沖において英艦が臨検捜索してドイツ人を逮捕した浅間丸事件が起っても、結局、両国の間に円満に事は解決せられた。駐日クレーギー大使の尽力は一通りではなかった。また、日本の英国に対する註文品は勿論、ドイツに対する軍需註文品の積み出し問題についても、英国は妥協に応じた。いずれも皆、日英大局の利益を顧慮した結果、交渉が成功したのであった。

英国のこの対日政策は、在野時代に、日本を非難していたチャーチルがチェムバレンに代っても続けられた。チャーチルは、幾度か記者と会談して、理解は益々進められ、遂に、重慶支那政府援助のためのビルマ・ルートを一時閉鎖して、日支間に妥協の道を発見することを希望するまでになった。チャーチルは日本大使に対して、英国は決して日支間の合理的妥協に反対するものではない。自分の在野時代の日本に対する批判的警告は、日本の極端なる積極政策に対するものであった。自分は、日英同盟には率先して賛成した一人である。ビルマ・ルートは、雨期前後三ヶ月間閉鎖して、日本の切望に応じよう、その間に日本は、日支妥協の曙光を見出すように努力せられたい、英国はこれを歓迎する。米国と日本との、物質的国力の余りに大なる差異に鑑み、また日本が数千哩外のシンガポールを攻撃することは、ニューヨークからジブラルタルを攻撃するようなもので、自分は日本が、シンガーポールを攻撃して、戦争に参加するような無謀な国でないことを信ずるに至ったと述べた。ビルマ・ルートの閉鎖は、当時の世界情勢から見て、重大な出来ごとであったため、英国は勿論、支那及び米国においても、多大の反響があった。特に在英支那大使は、英国の対日政策の寛和に抗議した。ただ何等の反応を示さなかったのは、日本政府だけであった。米内内閣はすでにこの機会を捉えて、大勢を挽回するだけの気力はなく、もはや軍部の圧迫及び策動に対するその日の応接に忙殺され、国際的の根本問題には、努力する余裕のない存在に過ぎなかった。

日本においては、仏国の敗戦後は、英国の実力は過小評価せられ、ドイツの成功は過大評価せられ、冷静なる世界形勢の判断には眼を蔽って、軍部の施策は無軌道に狂奔するの有様であった。

日本の政策的混乱

日本の政策は、整理せられ統制せられなければならない、最後の時期にますます膨脹し、ますます混乱して行った。

軍の推進力は、支那派中堅分子の手に帰しており、畑陸相は、単に帽子に過ぎなかった。軍部の指導する興亜院及び、その出先機関たる連絡部の支那占領政策は、乱雑に突き進められ、影佐少将の手で、汪兆銘中央政権の樹立は着々進行し、近視眼的支那満洲化政策は、恰かも成功するかの如くに日本人をして誤解せしめた。

無謀なる支那占領政策が、漸次進行するにつれて、また南進政策に拍車がかけられ、海軍は陸軍を誘って、ますます南方問題に力を入れるようになって来た。もはや海陸共同の南進態勢は、理論の時代でなくして、実際的政策問題として取り上げられる時機になって来た。この勢いは、欧州戦争の進行とともに、遂に日本にとって抜き差しのならぬようになって来るのである。

政党の解消と一党政治

この時に当って、国内における国家改造運動は、ますますナチ・ドイツを模倣するようになり、国防国家の建設と相並んで、一国一党の強力なる統制政治が要望されるようになった。満洲における協和会、北支における新民会は、いずれも、その先駆であった。満洲製の国家改造案に基づき、且つ、過去における政党の政権争奪に伴う醜態の暴露に鑑みて、この国家の難局を切り抜けるためには、ナチ式の強力なる政党の樹立が必要であると云って、これに向って画策するものが増加して来た。軍は、純然たるナチ式に統制せられたる政党を、在郷軍人を中心として造り上げんとして政党の解消を提唱した。これに対して政党人は、従来の政党を合同するを可とし、政治力を政党の基礎の上に保存せんとして政党の合併運動に着手した。近衛公は、また、この機運を捉えて、公を中心とする一大政党樹立を計画し、時流に投ずる声明を繰り返して人気を博した。

雑然たる政界の、かかる分解と統合との作用が、一方、左右両極端分子の乗ずるところとなるとともに、他方、日本政界の政治的勢力はますます枯渇消耗し、軍部の勢力に追随し、その指導に甘んずる敗戦主義的（軍部に対する）傾向を強めるのみであった。

共栄圏の拡大

他方、ドイツのレーベンスラウムの思想はまた、大いに歓迎せられ、ハウスホーファ的ドイツ流のゲオポリチークの理論が流行するに至った。

国防国家の建設のためには、重要なる軍需資源は、自国の勢力範囲内において供給を仰ぎ得る態勢を獲得せねばならぬ。然るに、世界は挙げて封鎖経済制度を執っている。日本は国民的生活維持のためにもますます通商貿易を行う必要があるにも拘らず、今やこれすら許されぬ世界の形勢である。国民生活を維持し、軍需資源の供給を確保するためには、満洲だけでは不足で、北支の資源開発を必要とする。よって、日支満の共栄圏確立は絶対に必要である。またそれだけではなお不足である。日本海軍は、特に石油資源に眼をつけねばならぬ。欧米方面に失われたる貿易は、また東亜方面にこれを償うの外はないと云う、議論が極めて理由あるものの如くに響いた。

日本軍の占領地域が、拡大すればするに従って、日本の経済的要求は増大して来て、日満支共栄圏は東亜共栄圏の考え方となり、遂に大東亜共栄圏とまでなった。経済活動範囲拡張の理論は、軍の占領地域の拡大を促し、占領地域の拡大は、次ぎの欲望へと進ましめ、遂に統制と反省なき日本軍の行動のままに、また列強勢力の一時的退潮に誘惑され、あるいは封鎖経済の世界的風潮に刺戟せられて、日本の勢力範囲の観念は、雪達磨式に拡がって行ってしまった。

若し、日本が忍耐し自省し大局に目覚めて、善隣友好の政策に立って、支那問題を円満に解決し、東亜の民族主義に立脚して、漸進的に列強との関係を調整して行くことが出来たならば、東亜共存共栄の経済的利益は自ら収穫し得たのである。けれども、日本は、王道を選ばずして覇道を選んだ。力をもって短兵急に国防国家を建設せんとしたのであって、大勢に順応し、水の低きに就く勢いを利用することは、日本人の好まざるところであって、奇襲的玉砕主義は、その選ぶところであった。政治行動として、奇襲ほど危険なものはない。

三国同盟論の再燃

阿部内閣より米内内閣へと、軍部を中心とする勢力に押し流されて、世界の大勢とは何の関係もなく、国内における改造運動及び支那の占領政策は盲進が続けられた。平沼内閣の辞職による、日本の政策建て直しの機会の、逸し去られてしまった一年余の時間は、貴重であった。清算せられた筈のドイツとの関係は、何時の間にか軍部を中心として復旧し、ドイツの主張と宣伝とは、無制限に受け入れられる態勢が日本に出来て来た。

ドイツの宣伝の主力は、ドイツの勝利の絶対に確実なること、及び英帝国の崩壊の必至なることに集中せられた。而して、ドイツは日本側に対して、支那問題の解決についても、日本の将来の発展についても、英米は到底日本の味方であり得ないことを説得するに努めるとともに、ドイツこそ日本の友人であることを現実に示した。これがために、ドイツの日本に対する宣伝は非常に有効であった。

孤独を感ずる日本軍部は、その計画を遂行する上において、援助者を求むることがまた急となった。もはや、目的は、満洲国の国防だけの問題ではなく、日本の東亜における全地位防護の問題であった。ここにおいて、軍は三国同盟の交渉を蒸し返して来た。平沼内閣退陣によって解消された三国同盟の問題が、復活されるに至ったのである。

三国同盟の問題は、もはや、欧州戦発生前の平沼内閣時代のような、同盟の対象をソ連に置くか、または英米等をもこれに包含せしむべきかと云うような、理窟走った問題ではなく、ドイツが、英仏と死活の戦争に入っている今日において、三国同盟の談を復活し、これを成立せしめると云うことは、日本がドイツに味方して立つと云うことを意味し、かかることは、戦争に参加すると云う決心なくして出来ることではない。ドイツは、日本軍部に対して、崩壊に瀕している英帝国について十分の分け前を主張するためには、日本は直ちに、ドイツと同盟して参戦すべきであると云うことを説いた。これを受け容れた日本の軍部は、内閣に対して三国同盟交渉の開始を要求することが急であった。当時は、大島大使は日本に帰り、来栖大使が嗣いでベルリンにいた。

米内内閣は、参戦を余儀なくされるような三国同盟の交渉には強く反対した。ためにまた軍の倒閣運動が起った。

戦争帰趨に関する両論

当時、欧州戦争の帰趨については、二つの見方があった。一つは、ベルリン及びローマにおける陸軍武官を中心とするもので、ナチ・ドイツの偉大なる陸軍、空軍の威力が効を奏し、戦争は短期間にドイツの勝利をもって終結すべく、特にイタリアが参戦するようになれば、英帝国の地位は、直ちに崩壊するに至るのは必至であるから、速かに独伊との連繫を密にし、戦勝の利益を共にする機会を逸せぬようにすべきである。今日は、日本が日本の指導する大東亜共栄圏を確立し、自足自給的の世界大国としての地位を取得すべき絶好の機会である、と主張するものであった。

他は、ロンドン駐剳大使館（ロンドンにおける陸海軍武官も同意見であった）を中心とするもので、ドイツは陸において優勢であり、英国は海において優勢である。ドイツ空軍は、英国の空を制圧するには不足であり、また潜水艦隊も英国の封鎖を完成するには不十分である。従って、戦争は長期性のものとなり、米国の戦争介入は必至であって、包囲せられるドイツは、遂には敗北の外はない。従って、日本は一時の戦勢に迷わされることなく、欧州戦進行中に、英米との妥協の途を発見し、支那問題を片附け、戦禍の東亜に波及せぬため、東亜を非戦闘地域に指定する等あらゆる手段を講ずべきである。その間東亜民族の要望を顧慮し、これに同情ある東亜政策を確立し、欧州戦には終始不介入の態度を堅持すべし。これが日本の地位を擁護し、自然に国際間に重きをなす所以であって、戦後において、大国としての運命を開く途であると云うのであった。この意見は、その後においても、終始一貫して変るところなく主張せられた。

米内内閣（有田外相）は、後者の意見を重んじ、飽くまで戦争不介入の政策を支持していた。戦争の帰趨は、世界各国及び識者の重大関心事であって、日本におけると同様、その見方に両論があったのは事実である。しかし、世界の大勢を詳細冷静に観測せるものには、その判断は左程困難なことではなかった。特に、一九四一年独ソ戦の勃発後は左様であった。

欧州大陸に国をなし、ドイツ勢力に近接せる諸国の、戦争に関する差し迫った場合の観測は、素より容易なものでなく、その判断を誤ったものはフランス、ベルギイその他特に東欧諸国に少なくはなかった。これらの諸国は、戦争終局の判断を顧慮するの暇なく、切羽詰った目前の危機の回避のために、国策を決せねばならぬ場合が多かった。しかしながら、その必要のない諸国は、具体的の実際政策においても、「複雑怪奇」なる政局を、能く解剖し、または綜合して大局的判断を誤ることがなかった。その見本的のものは、トルコとスペインとである。日本が、戦局の中心より遠隔の地にあったことは、欧州戦争を判断する上に必ずしも不利益なる地位ではなかった。日本はことさら世界の大勢を無視し、眼前の事態に捉われ、大局的判断と措置とを誤った感が深い。

欧州の急変

「奇怪な戦争」

米内内閣が、国内軍部勢力の対応に忙殺されて、対外的に荏苒月日を送っておる間に、欧州の戦勢に一大変化が起った。これは一九四〇年初夏、米内内閣の末期のことであった。

電撃を特徴とするドイツの戦術を知る英国は、開戦とともに、予てドイツの誇りとしたゲーリング空軍が、直ちに英国に襲来して、都市爆撃を開始することを予期して、これに対する英国の空の備えに怠りはなかった。しかし、ドイツの空襲はなかった。ドイツの作戦は、前回大戦時よりは遥かに進歩したものであった。

ドイツは英国に対し、海上の逆封鎖を宣言し、潜水艦戦は始められ、貿易破壊船も放たれた。しかし、海上においては、英国は前回大戦よりも一層自信を有っていた。ドイツは、仏国に対して何等行動を起さず、ポーランドの占領を終って東方の戦線を堅め、ソ連の出方を見た後、冬期を通じて不気味な無言を続けて、次の作戦を練っていた。

仏国は、ガムラン将軍総帥の下に、ドイツ軍の進撃を待ち受けており、その間、英仏の空海陸の戦備は急速に進められた。かようにして一九三九年は暮れ、一九四〇年の春も過ぎんとして、英国人はこの静かなる沈黙の戦争を、奇怪な戦争（Phony War）と呼んだ。英仏共同の戦闘準備は、余すところなく進められ、マヂノ線の防壁も海峡の守備も、すでに万全の策が講ぜられ、ヒットラーの年を越えての無為は、遂に西方に対する攻撃の機会を逸し、延いて戦争の大局を決せしめたかの観を与え、チェムバレンは議会において戦争経過報告を行い、ヒットラーは、今度こそバスをミスしたと気焔を吐くに至った。

ヒットラーはバスをミスしたのではなかった

ヒットラーはバスをミスしたのではなく、考えていたのであり、準備をしていたのである。彼の考えは定まり、準備は整った。その計画はやはり電撃戦の形において爆発した。

ヒットラーは、ドイツの必要とするスウェーデンの鉱石を、北ノルウェイのナルヴィックからノルウェイの海岸伝いにドイツに輸入することを妨害するために、ドイツに対する戦術上の要地たるノルウェイ及びデンマークに向って、ある種の軍事行動を起さんとするチャーチル等の企図を探知した。彼は、今次戦争では、欧州には中立国はないと断じた。彼は機先を制して、一九四〇年四月を期してデンマークを占領した上、ノルウェイに向って陸海軍の行動を起し、オスロに突入し（四月九日）、第五列を動員して、クイスリングをしてノルウェイに傀儡政権を立てしめ、進んで英国軍に先立ってトロントハイムを占領し更に北方ナルヴィックに進出した。すでに上陸していた英仏の軍隊は、ついに両地域よりそれぞれ撤退の已むなきに立ち至った。ヒットラーのノルウェイ作戦は、ドイツ海軍（レーダー長官）の進言を無視して行われたもので、レーダー提督は、制海権を有せざる劣弱軍の海上作戦の無謀を指摘したが、ヒットラーは、政治上の理由をも考慮に入れて、これを聞かなかった。ノルウェイ作戦の成功は、海軍に対するヒットラーの権威を高めた。ドイツのノルウェイ占領軍は、ドイツに対する北方よりの脅威を除くことを目的としたものであって、これがドイツの西方大作戦の手始めであった。ヒットラーは、今次戦争の世界性を十分に認識していたのである。

ノルウェイ作戦に引き続いて、五月（十日国境突破）ドイツ軍は、シュリーフェン戦術の伝統に拠って、ベルギイ、オランダに先ず侵入し、抵抗するロッテルダム及びアムステルダムを灰燼に帰せしめて、瞬く間に、北海に面する海岸線の全部を占領してしまった。

両国政府は、ロンドンに蒙塵したが、ベルギイ国王は故国に留まり、ドイツに降伏して（五月二十八日）国民を戦禍より救った。

仏英軍隊は、非常な決意をもって直ちに部署に就いた。ヒットラーの武力は、一九一四年のカイザーの軍隊よりも、遥かに強力のものである事実が明らかに目の前に展開して来た。ドイツの作戦は、やはり電光石火の奇襲を得意とするものであった。

英国の挙国一致内閣（チャーチルの出馬）

西欧大陸に対する大攻勢の開始は、仏国にも英国にも、政治上の激動を呼び起こした。英国は今度こそは、挙国一致の内閣を立てねばならぬ。国家存亡の秋にこそ、英国民の真の姿は顕われて来るのである。チェムバレンは敵が多かった。彼の総帥する純正保守党の政綱は、余りに労働党の左傾政策と懸け離れていて、永い間の論争に溝が深過ぎた。彼の融和外交政策は、また、ミュンヘン以来、各方面より激しい非難を受けるところとなっていた。チェムバレンは、挙国一致内閣を作るべく努力したが、労働党は、チェムバレン首相の下では、協力せぬ態度を明らかにした。そこで、労働党の協力を得るためには、多数党である保守党は、政府とともに、党首をも変更せざるを得ざる羽目に陥った。チェムバレンは挙国一致の内閣を作るために、自ら退くことを決意し、その後任には、保守党の本流では外相ロード・ハリファックス、外様格では海相チャーチルを擬したが、当時の英国の政情当然の帰結として、下院に議席を有つチャーチルの出馬を見るに至った。

保守党の左翼を率いるチャーチルは、労働党との連繋に最も適した人であり、その実力も貫禄も申分がなかった。私的感情を一擲した保守党は一致して、チャーチルを推し、而して、英国は未曾有の国難に際し、救国の指導的闘士としてチャーチルを指名した。

チャーチルの挙国内閣には、労働党も自由党も協力した。チェムバレンも、シンクレア（自由党）も、アトリー（労働党）も参加した。ロード・ハリファックスは暫く外相に留まり、後イーデンと交代して、米国に大使として出て行った。ダフ・クーパーは、情報相として閣員に列し後、シンガポールに出張して、対日関係を処理するために、東亜における文武官を統轄した。

チャーチルは、五月十三日新閣員とともに議会に臨み、英国の最高戦争指導者として、英国人の決意を促し、自分はこの際英国の同胞に対して提供し得るものは「血と涙と汗以外の何物もない」（"I can only offer blood tears and sweat"）と演説して、冷静なる英国人の血を沸かした。

マヂノ線の突破

難攻不落と称せられた、マヂノ線を突破するのは容易なことではない。これに失敗すれば戦争を失うこととなる。ドイツ参謀本部は、シュリーフェンの作戦によって、オランダ、ベルギイよりの右翼侵入軍を海岸に沿って南下せしめ、最も弱いベルギイ国境より、ダラディエ線を突破する作戦を樹てたが、第一次世界大戦では軍曹で出征した、総統にして大元帥たる、今のヒットラーは、マンシュタインの献策を容れて攻撃点として、セダン北方の戦線を選んだ。その背後地はアルデーンの山林地帯で、軍の行動にも不便であると考えられ、軍参謀部にはその計画実行に難色があったが、ヒットラーはこれに耳を藉さず、ついにその決定を実行することとなった。

攻撃の予定日が来た。ドイツ軍の鋭鋒は、地上及び空軍の勢力を集中して、全力を挙げて攻撃を敢行した。戦争はすでに立体戦である。優秀なる空軍を有するドイツ軍は、ソ連軍と同様立体戦を自分のものとして体得しており、ドイツ参謀本部の周密なる計画に基づき、猛烈果敢な戦闘力を発揮した。不意を衝かれたフランス軍は克く戦ったが、前大戦時の地上平面戦術をもってしては、到底ドイツ軍を支えることが出来なかった。最も強固な敵の陣地を突破したドイツ機械化部隊は、完全なる道路設備を利用して、雪崩の如く仏英軍の後方に突進し、その背後を攪乱してしまった。

ドイツ軍の進撃は、仏軍の退却よりも遥かに速かで、仏軍の行動は避難民のために著しく阻害せられた。大勢は既に決した。マヂノ線も、ダラディエ線も、背後から次ぎ次ぎに巻き返されて用をなさなかった。突破して来たドイツの機械化部隊は、パリを側に見て海岸へと直進し、英仏軍の大部隊を海岸線に圧迫した。英軍は善戦してドイツ軍の包囲を免れ、漸くダンカーク橋頭堡を背にして海岸に退却することを得た。

ダンカーク

仏国防禦の頼みの綱であったマヂノ戦が、突破されたと云う報道は、英仏にとっては真に青天の霹靂であって、また正に致命的の打撃であった。

仏軍はすでに統一を失い、大陸に送られた全英軍の運命は、今や悲惨なものとなった。英軍は、仏白軍の援助を得て、善戦しつつ海岸に達した。海を越えて本国に退却するためである。ドイツ軍の陸上及び、空軍よりする追撃は激烈を極めた。その集中せる立体的勢力に対して、英軍は死闘した。ダンカークまで退却した英軍は、海を背にして死物狂いの最後の戦いを闘った。ドイツの優勢なる空軍は、海上を渡らんとして集合せる英軍を昼夜容赦なく爆撃した。

夏の北海は波静かで、さしもの英仏海峡もさざ波一つ立たぬ鏡の如き海面であった。平時ならば、海水浴客に満たされている場所である。歩いても渡れるかと思われる五、六月の海峡に立って、カレーからドウバの白崖も烟霞の間に望むことが出来る。海浜に退却した英軍は、空爆に曝されながら、疲労と饑渇とに身を横たえて西を望んでいた。その際であった。英国の海岸方面からあらゆる型の蒸気船が近づいて来た。ヨットもあり、荷物船もあり、無論海軍用汽艇もあり、テームス河の遊覧船もあった。ドイツの空軍からやられてもやられても、英国の男女によって操縦された、これらの小舟は蟻のように、ダンカークの海浜に近づいて来た。兵士を救い出さんがためである。兵士達は、命からがら、大小の船で英国に引揚げた。英陸軍の有っていた武器は殆んど全部、遺棄するの巳むを得なかったが、軍隊の人員は、英国民の英雄的救助によって、その大部分（三十三万人）が救出された。英国海軍の発表によれば、五月末から六月初めにかけて、ダンカークの救出のために働いた小舟は、八百五十隻で、うち七百が英国籍であった。

陸軍を失った英国の対岸には、和蘭海岸からブレターニュ半島までドイツ軍が立っている。英国内に、何時空輪部隊が空より飛び降りて来るかも知れぬ。武装した一ヶ師団は空《から》になっている英国を征服するに足るとも見られた。イーデン陸相のかき集めた民兵が繰り出された。義勇隊が、猟銃を肩にして、田舎の街道の要所要所を警戒している。無防備の英本国は、単に海軍と英仏海峡と、それから小さき空軍とによって守護されているに過ぎない。百数十年前ナポレオンは、この英国の対岸に多くの筏船を集めて、英仏海峡を睨みつけて立った。今度は、ヒットラーが、同じ場所に「今日海は何等の障害とはならぬ」と豪語して立っている。今若し、英国が制空権を全然喪う時は、海の防禦は無きも同様である。英本国の運命は、正に風前の灯のようなものである。

仏国の降伏

ガムラン将軍に代るべく、植民地から招かれたフォッシュ将軍の名参謀長ウェーガン将軍も、手の施しようがなかった。フランス軍はすでに寸断され、有力なる予備軍の準備もなかった。陸軍大臣の地位にあったペタン元帥は、仏国民とパリとを戦禍より救うためにドイツに降伏するの外はないと、結論するに至った。レノー首相は、米国大統領及び国民に対して、ラヂオを通じて、最後的に呼びかけて援助を要望したが、その声は誠に悲壮であった。

米国は援助を誓い、同情を表し、激励はしたが（ルーズヴェルト大統領は、レノーの六月十日の電報に対して十三日返電を送り、あらゆる物資の援助を約し、フランスの戦争継続を激励して米国の参戦を仄めかしている）、差当りそれ以上如何ともすることは出来なかった。英国政府は、仏国に対し英仏共同市民権の提案をなし、両国は事実上の合体の下に、存亡を共にすべきことを申し出て、仏国の降伏を防止せんとしたが、この提案は、唯自負心に富む仏国人の感情を傷つくるのみであった。

対英感情に良からざるペタン元帥は、戦争の継続の不可能なるを説き、遂に降伏を決意するに至った。レノーもダラディエもエリオもブルームも、相次いで北阿を目指してボルドウを遁れた。レノー首相と、ペタン元帥との連絡の任に当っていたド・ゴール少将は、曾つてマヂノ線の頼むに足らざるを論じ、新戦法を建議した人であったが、首相レノーと行動をともにして、一旦北阿に遁れ、さらにロンドンに至り、決然戦争継続の急先鋒に立った。

戦勢は、ますます進展し、パリもドイツ軍の進入するところとなり、仏国全部が、ドイツ軍の占領に帰するのは単に時日の問題となった。この形勢を見たイタリアは、ドイツの異議を押し切って、英仏に対し宣戦し（六月十日）、軍隊を進めてサボイの国境山岳地域を占領した。イタリアはかくして、正式に第二次世界戦争に参加したのである。ドイツは、資源の欠乏している実力のないイタリアは、寧ろ中立国として止まることが枢軸勝利のために必要であると考えたのであった。

ポーランドを数週間にして占領して、世界を驚かしたドイツ軍は、また世界第一の陸軍国と思われた仏国を、二ヶ月にして席捲し、世界を戦慄せしめた。その政治的意義は、素より絶大なるものがあった。米国は愈々英国に対する徹底的の救援を決意した。日本の軍部は、愈々ドイツの終局的勝利を確信するに至った。

ペタン元帥はドイツ軍に降伏し（六月二十二日）、ヴィシーにおいて、ダルラン、次いでラバールとともに仏国政府を樹立した。仏国民を戦禍から救ったペタン政府は、降伏条件においてなお仏国の大部分を支配し、仏国民の信望を維持しておったので、多くの国の政府は、これを正当なる仏国政府として承認し、使臣をその下に留めた。日本もその一国であった。米国は、主として欧州の形勢進展の観測のために、ヴィシーに、ルーズヴェルトの最高軍事顧問リーヒー提督を大使として派遣した。

欧州戦と中立国

ルーズヴェルト大統領は、英仏は米国の安全を保障する前哨であると信じ、自己の有する権限の最大限を運用して、仏英に対して救援を約した。英国人の精神を遺憾なく代表しているチャーチルは、ルーズヴェルト大統領に対し、若し英国がドイツ軍に占領せられる最悪の場合が起っても、英国はその全艦隊を大西洋の彼岸に移し、英帝国のあらゆる力を動員して、勝利の日まで戦を続行することを確言し、米英両国が、精神上においても、利害においても全く一致した関係にあって、英国の滅亡は、米国の滅亡をも意味することを了解せしむるに努めた。ルーズヴェルトの指導する米国は、英国の決意と実力とに信頼して、両国が、共同の安全感に立つものであるとの前提の下に行動した。米英は、ルーズヴェルトとチャーチルの指導の下に、戦争に関する限り、すでに合体政策を採用したのである。これが戦争の帰趨を決したのである。

欧州戦争の帰趨如何が、直ちにその国の運命に関する地位にあって、ドイツの目まぐるしい一時的勝利によって眩惑されなかった中立国が二つある。一つはスペインであり、他はトルコである。フランコ＝スペインは、独伊の援助によって赤化を防ぎ得て、現に防共協定に加入している枢軸国であった。戦時、ヒットラーから多大の圧迫を受けて、戦争に参加し、ジブラルタルを攻撃すべきことを強いられたのであるが、明敏なるフランコは、一九四〇年夏期においてもその以後においても、戦争の帰趨について判断を誤らなかった。彼は、幾多の誘惑と圧迫とに拘らず、英国の実力を計り、冷然として戦争の傍観者として終始し、遂にスペインの地位を国際間に安全に指導して今日に至った。

ドイツとソ連と英国との三国勢力に包囲されて、亜欧を繋ぐ海峡を保有しているトルコの地位は、戦時非常に困難なものであった。トルコの政治家は、強国の間にあって、多年の経験に基づき、極めて正鵠を穿った冷静なる判断を有つことが出来た。トルコは、英国と密接なる連繫を保って、経済上軍事上の援助を受けつつ、終始中立的地位を確保することに少しも迷わなかった。ドイツの勢力が、バルカンに押し寄せ、今にも中東エジプト方面より英国の勢力を駆逐して、英帝国の分断が実現しそうに見えても、またその後、戦勢が逆転し、ソ連の勢力に圧迫せられるようになっても、動揺することなく、戦争の結果について正しき判断を確保した。これらの諸国が、欧州の形勢を近距離に観察するの便宜があったとは云え、(距離の近接は却って大局上公平な判断を誤り易い)日本の指導層が、ドイツの宣伝にのみ影響されて、遂に国家を恢復すべからざる破綻に導いて行ったことに比べて、余りに甚だしい対照と云わねばならぬ。

史上の偉観

英国人

英国を知るものは、英国人が国家存亡の関頭に立って、如何なる態度に出づるかを、想像し得るであろう。記者は、前回世界大戦中、英国に滞在してすでに英国人を見た。国難が増せば増すほど冷静となり、自信を加え、平易なる気持で困難に耐え得るのは英国民である。

ダンカーク後の危機において、為政者も街の人も、男も女も、労働者も貴族も、最後の勝利に自信を喪ったものはなかった。寧ろ、外国人が如何なることかとあわてた位で、英国人は平素と少しも異なるところがなく、ただ誰も彼も部署につき働きに行った。その状況は実に見事なものであった。

議会は開かれた。英国の歴史上、最大の危機において全国民の代表者は、ダンカーク直後の形勢を遅滞なく審議して、英国の決意を天下に闡明しようと云うのである。実に一九四〇年六月十八日であった。テームス河畔ウェストミンスターに立つ英国議会の建物は、今日は大きく浮び出た。世界の耳目は、此処に集まったのである。議会は満員で空席はなかった。傍聴席は、外交官席も婦人席も超満員であった。鬘を被り、古服を着けた議員の行列が型のごとく悠々と議場に入って来た。議長の着席とともに議事が始められ、先ずその日の議事が秩序正しく取り行われた後に、満場は固唾をのんでチャーチルの登場を待った。

チャーチルと英国議会

チャーチル新総理の第一回の戦況報告演説が始まった。議場は緊張と静粛とをもって、一語も聞き洩らすまいとする。

チャーチルは、淡々として、北仏における敗戦を少しの虚飾もなく正当に評価して、その経緯を詳細に叙述し、ドイツ軍の見事な戦術とその大成功とを説き、連合軍は健闘に拘らず惨敗し、英軍はついに海岸に退却を余儀なくせられたことを述べ、ダンカークの悲壮にして勇敢なる軍隊の救出状況を叙し、英雄的に闘った仏国軍も、ついに力尽きたることを明らかにし、言々句々、現実に即した冷静平明にして、男性的なるその叙述は、聴くものの肺腑を抉るが如きものがあった。彼は続けた。仏国脱落せば、英国は単独にてこの強敵と死闘せねばならぬ。敵は対岸に立っている。何時侵入して来るかも知れぬ。今日は、英国歴史始まって以来の最大危機である。自分は、陸海空三軍の首脳部に専門家の意見を徴した、彼等は未だ勝利可能の見込みを捨てぬ。英国人の戦意が、ドイツの享有している量的及び物的の優越を乗り越え得ることを信ずると云うのである。英国人は、独裁専制の敵に屈するよりも、最後の一人まで戦う決意を有っている。かようにして、英国がついに最終の勝利に到達することを今日なお確信するものである。「今や英国の戦い（Battle of Britain）が展開せられんとしつつある。人類文明の安危は、この戦に懸っている。四自治領は、我々の戦争継続を全面的に支持している。勝利か、死か、我々はその一つを選ばんとしている。若し、英帝国が千年の久しきに亘って続くものならば、これぞ彼等の最も光輝ある時（their finest honr）であったと、後世の人をして讃美せしめようではないか」と述べ終って、熱涙の下るまま頭を抱えて自席に着席したその光景は、これを見たものの忘れることの出来ぬ光景であった。

英国議会は、大陸的の日本議会とは異なり、雛壇がうしろ上りに向い合って作られ、演説はその中間においてなされる。中央の一方に、仲裁者の席のような議長席がある。雛壇は政府党と反対党とが向い合いに着席するのであるが、チャーチル挙国内閣では、共産党（一人）を除き全員は政府党である。雛壇の下方前列の中央部に中心人物が席を占める。

議場の中央に立って演説を終えたチャーチルが、一、二歩後方の自席に引き下がった瞬間に、議場は沸き返った。隣の席にいたチェムバレンは、立ち上って熱烈に拍手しハンケチを振った。議場は総立ちになって、議事日程やハンケチを振り、足摺りをして熱狂した。傍聴席も沸いた。この光景は、宣戦布告をした一年前の議会の冷静にして事務的なりしに比して、何と甚だしく異なったものであることよ。英国人は、時としてかくも血を沸かすことがあるのである。

議会の表示した決意は、英国民一人一人の決意であった。この国家存亡の危機に際して、国民的決意の表示せられた瞬間は、真に光輝ある一と時であった。英国民はまた元の冷静に還って、日々の仕事を急いだ。政府も工場も家庭も日夜働きを続けた。

記者は本国政府に対して、この歴史的議会を参観した後「史上の偉観」であったと報告した。

対英作戦の失敗

ドイツ軍のフランス席捲は、ドイツにとっても予定以上の成績であって、その上英国に侵入することは、未だ準備が整っていなかった。ドイツ軍は、英国の対岸を堅め、上陸作戦(あしか作戦)の準備に忙殺された。英国の上空は、海峡方面を初めとして、連日ドイツの偵察機が飛来し、空襲は繰り返された。

ドイツの対英作戦の準備は、夏を越してほぼ出来上ったと見え、九月に入ってから空爆は一層激しくなった。チャーチルは、これを英国の戦い（Battle of Britain）と呼んだ。即ちドイツの対英作戦である。ドイツ軍の英国侵入がなるか否かが、英国の運命を決する戦争であったのである。ゲーリング空軍は、先ず英国の軍事目的物を破壊するとともに、制空権の奪取に乗り出し、毎日毎日昼間の爆撃を遂行した。これを防ぐために、英国のまだ劣勢な空軍が立ち向った。全空軍勢力は、当時ドイツの三分の一と推算されたが、戦闘機の数は少なくなかったのみならず、英国の陸上防空設備は非常に進んでいた。英空軍は、墜されても墜されても突込んで行った。善く戦った。次第次第に、墜されるよりも墜す方の数が多くなった。一、二週の後には、一日敵機百以上を撃墜したことが発表された。その損害は、ドイツの補充能力を超ゆるものであって、ここにおいて、ドイツは遂に英国の制空権を掌握することの出来ないことを悟った。

イギリス海峡の波は次第に荒れる時期に入った。制空権なく制海権なきドイツ軍は、少なくとも一九四〇年においては、英国侵入の作戦は放棄せねばならぬこととなった。英国の空軍は、単に防禦のみでなく、夜間を利用してキール、ヘリゴランドを爆撃した。ドイツは、夜間の無差別爆撃に対して抗議したが、英国は、軍事施設を目標とする空襲であると云って抗議を無視した。ドイツはまたその復讐のために、夜間の無差別爆撃を行うようになった。ドイツの夜間空襲は、先ずロンドンに集中され、更に英国全都市に亘って猛烈に行われた。しかし、これは対英上陸作戦にはもはや直接の連繫はなかった。

対英作戦は遂に英国の勝利に帰し、英国の小さき空軍が、海軍とともによくドイツの侵入を防止し得たのは、英国の軍事上の基礎的の成功であった。何となれば、年を越ゆれば、英国の戦備特に空軍の比率は、遥かに有利となるからである。ダンカーク後の英国の危機を救ったものは、英国人の決意の結晶の如き沈勇なる英国の小空軍であった。一九四〇年度において不成功に終った対英作戦は、翌年に至って更に困難となるは当然のことで、ドイツの対英侵入は、事実上遂に断念されたと判断された。ドイツは、次年度には必ずこれを実行すると云って、威圧的の宣伝はこれを続けたが、それは合理的のものではなかった。

英米と科学兵器

英国の空軍は、ドイツのそれに比較して劣勢ではあったが、決して準備がなかった訳ではない。英国はすでに前からチャーチル等の主張によって、防空の設備は、相当強力なる空軍の建設とともに、かなり進んでおった。電波探知の方法の如きも、亦戦前すでに或る程度完成して居って、開戦の時は、海峡に面した方面はいずれもその設備を有ち、七、八十哩以内における敵機の存在を探知することを得た。その後長足の発達を遂げた電波探知機利用が、英国の戦いにおける空襲防止に与って力あったのみならず、海上封鎖、潜水艦戦即ち大西洋戦（Battle of Atlantic）における有効なる武器となった。米国はこれを受け継いで、更に完全のものとならしめたのであって、太平洋アリューシャン、アッツ玉砕戦の際、駆逐艦が濃霧の中で射撃を受けて撃沈せられたことは、その当時日本海軍を憂鬱ならしめた。

今次の戦争において、ドイツが科学的に幾多優秀なる新兵器を考案したにも拘らず、英米においても、更にそれ以上の工夫をしたことは、有力なる戦争の勝因である。優秀なる電波探知機（Rader）の発明の如きは、その一例であって、最後に広島及び長崎に落した原子爆弾に至って、クライマックスに達した。

英国が、本国を敵の攻撃及び封鎖から衛り得たことは、英国の勝利の基礎をなすものであることは云うまでもない。

恥ずべき軽燥

戦争見透しと国策に関する意見

ダンカーク後においても、記者は、欧州戦に対する終局的判断を変更するの必要を認めなかった。ドイツは、陸においてはなお優勢を持続する。しかし海においては、英国は絶対優勢であり、空中においても防禦に十分なる力を有っていて、ドイツの英本国上陸作戦は望み難くなった。植民地に対する戦争は、英国の方が上手である。相互的封鎖戦においても、ドイツの方が不利である。米国の対英援助は急進し、英国の力は急に増昇する。ドイツの占領地政策は、将来困難を加うるであろう。この形勢から見れば、英国は不敗の地位から、米国の援助を得て、勝利の地位に転ずることが予見せられると云う前に記した見透しに対して、ますます確信を有するに至った。

欧州戦争によって、欧米諸国の勢力が、東亜方面から減退することは当然のことであり、その空間を、次第に日本の勢力をもって満たすのも亦当然のことである。しかし、その手続きに至っては、日本は極めて慎重なる態度に出でねばならぬ。今回の戦争は、東亜民族の覚醒を促し、東洋における民族主義の実現の機会である。日本は、苟も東亜民族を踏み台にしてこれを圧迫し、またはその利益を侵害してはならない。日本は、東亜民族の友人であり、その要望は即ち日本の要望であることを如実に示さねばならぬ。従ってこの機会において、条件の如何を問わず支那問題を解決し、日支の親善を恢復し、更に東亜民族親善の政策を樹立せねばならぬ。然らざれば、如何に日本が外面上発展しても、それは終局的には崩壊の因をなすに過ぎぬ。何となれば、武力的発展は東亜民族の了解を得ざるのみでなく、戦後何れの大国よりも承認を得ることが出来ぬからである。日本の対外発展は、世界の公認する外交手段によって、列強との関係を調整するものであって、漸進的に自然の趨勢に乗る大乗的のものでなければならぬ。そうすれば、戦後日本の大国として有利なる地位は、たとい戦争が如何なる結果となるとも、坦々として展開して来ると記者は主張したのである。この点は東京裁判の判決においても、指摘されている。

日本の上層部及び識者の間に、この意見が相当広く共鳴を得たことは事実であるが、実際日本を動かしていた軍部の判断は、かかる観察を全然無視したものであって、日本の実際政策は、今日では不思議と考えられるくらいに、これよりも反対の方向に走った。

ドイツの勝利と日本の方向

ドイツの大勝利が、世界に対し、特に日本に対して、大なる印象を与えたことは已むを得ないことであるのみならず、ドイツにとっては絶好の宣伝材料であった。絶対優勢なるドイツ陸軍は、英国の対岸に立っており、対英上陸作戦は、一時延期されたに過ぎない、英本国の占領は単に時の問題であって、英帝国の崩壊は目前に迫っていると宣伝された。この宣伝は、日本に対して最も効果的であって、軍部を初めとして、政府部内においても、深く研究することなしに、ドイツの目ざましい勝利に目がくらんだ形であった。ヒットラーは、終局的勝利は既に確保されたと宣言し、リッペントロップ外相は、大島大使に、英帝国の崩壊は遠きに非ず、日本はつかむべき千載一遇の好機を迎えつつあり、と公言する有様であった。

日本側では、若し終局の勝利がドイツの手に帰するならば、東洋における英国の植民地はどうなるであろうか、またオランダ、フランスの植民地がドイツの占領するところとなったときは、日本は一体どうなるであろうか等と、取り越し苦労をするものが少なからず出て来た。

彼等は、支那問題の解決の如き根本的の問題を置き去りにして、新しい南方の問題について、空論を弄ぶのであった。彼等は、日本が大国としての国防国家を建設するためには、これに必要なる資源獲得の要あるとともに、大国としての生活圏、レーベンスラウムを設定する必要がある。そのためには、武力をも用いて、一方的処置によってその目的を達することは已むを得ぬと主張した。彼等には、何時の間にか、ドイツの勝利と英国の崩壊とは既定の事実となってしまって、これに反対する意見に傾ける耳を有たぬこととなった。

ドイツが勝利を得て、英帝国が崩壊する場合に、日本が袖手傍観するにおいては、英国領土は悉くドイツの手に帰し、戦前の状態より更に日本の地位は不利となることは明らかである。何となれば、積極的なドイツは東洋をその勢力下に置くべく、無遠慮な行動を直ちに開始するであろうと云って、ドイツの勝利を鵜呑みにして、更にその前提の下に、ドイツの勝利に対して恐怖心を起す有様であった。

日本は、戦争の終局的勝敗の未だ決せざるに当って、ドイツと協定して戦後の世界の勢力範囲を定めて置かねば安心が出来ない、前回の大戦で日本がドイツから獲た南洋委任統治地域ですら、どうなるか分らぬ、恐るべきドイツ勢力の東亜に対する拡張は、今の内に喰い止めて置かねば悔を千載に残すこととなろう。これがためには、機を見て参戦し、ドイツとともに戦うことをも辞すべきではない。否それが利益である、これに向って速かに行動せねば、日本は遂にバスに乗り遅れるやも知れぬと憂慮せられた。

冷静なる現実的判断を離れて、日本は、誰も彼も、ドイツの勝利を信じ、ドイツの勝利に対して対策を講ずるようになった。ドイツの宣伝の好対象となっている軍部ならば兎も角、日本の指導者層の大部分が、この傾向を有つに至ったことは、日本の恥辱である。

三国同盟と支那問題

ドイツの勝利を盲信する軍部は、ドイツの勝利後に対処するために独伊との連繋を急ぐのみであった。軍部の頭には、もはや支那問題を解決するためにも、また将来日本の地位を国際的に確保するためにも、ドイツとの連繋が必要であった。支那の占領政策が拡張されて、陸軍が海軍とともに南進態勢を執ってから、三国同盟の交渉を打ち切る原因となった、独ソ不可侵条約の締結は、却って、日ソの関係にも好影響を及ぼし、北方の危険を減少したものとして、寧ろ歓迎すべきものとすら考えられるに至った。いまや、三国同盟交渉再開に対しては、何等の障害の存在も感ぜられぬようになり、ドイツとの勝利の分け前を夢見ている軍部の態度は、次第に傲岸不遜、眼中人なきが如きものとなった。

軍部は又、支那占領は完了し、汪政権も樹立されたに拘らず、蔣介石の重慶政権がますます反抗の決意を堅めているのは、全く英米仏等の外部よりの援助があるからである、香港よりの密輸入、雲南鉄道による供給及びビルマ・ルートによる輸血によって、重慶政府の命脈は保たれているのである、かような諸国の蔣介石援助は、支那問題の解決を不可能ならしめ、日本軍に対する侮辱的行為である、と論断するに至った。

軍部の英国に対する威嚇

一九四〇年七月のある日曜日であった。英国外務大臣は、ロンドンにおいて日本大使に対し、至急会見を申込んで来た。ロンドンにおける日曜日の会見は稀有のことであった。会見は、公園を見下ろす英帝国外務省の大臣室で行われた。ハリファックス外相は、東京におけるクレーギー大使より重要なる急電に接したと云って、日本の参謀本部第二部長は、英国の大使館附武官を招致して、香港を通ずる重慶援助中止を要求して曰く、「英国は既に敗北し、英帝国は将に瓦解に瀕している。それにも拘らず、英国はなお重慶に援助を与えて、日本に反抗せしめんとしている。日本は今日は実力を有する、日本軍は現に香港の対岸に砲列を敷き、命令一下香港を攻撃せんとしている。英国は宜しく重慶援助を止め、香港よりの密輸を厳重に取締るべきである。日本において、今日実権を有するものは日本軍部である、英国の当てにする外務省の如きは、無力にして信頼するに足らぬ、宜しく英国は、日本軍部の要求を容るるべし」云々と、クレーギー大使の電報を読み上げた。この非常識の言動は、記者には信ぜられぬものがあった。英国側は、日本軍の英領攻撃は、すでに差し迫っていると観察したようである。ハリファックス外相は、我々は貴下とともに、日英国交の改善にひたすら努力しつつある今日、この参謀本部当局の英国政府に対する申し入れは、何を意味するものであるかと詰め寄った。

記者は、ハリファックス外相が、クレーギー大使の報告内容として読み上ぐるものに耳を傾けながら、軍部側の態度は、ここまで来たかと感じ、内心暗澹たるものがあった。参謀本部第二部長の脅迫が、ブラフであっても、英国の如き大国に何等効果のあるものでないことは明らかである。かかる軍部の態度によって貴重なる国交を破綻に導くことは残念至極に思った。このままこれを正面より額面通りに受けては、正に国交は破壊されてしまう。記者は、日本の真意は決してかようなものではない、またあってはならぬと、信じた。英国外務大臣に対して、先ずかかる重要なる国交に関する政治問題を、大使館附武官は何人より聴取したるやを反問した。ハリファックスは、日本参謀本部の第二部長某なりと答えた。記者は、これに対して、日本においてはかかる問題を取扱い得るものは、東京においては外務大臣、ロンドンにおいては日本大使たる記者のみである。参謀本部員の暴言は、まことに遺憾至極であるが、しかし責任なきものの暴言であって公けのものではないと反駁し、日本政府の政策は、責任者の言明する通りに、日英国交の維持である。かかる参謀本部員の暴言は全然取り上ぐべきものではない、と答えた。

英国外務大臣の態度は、冷静となり懇談的となった。而して、その後、国交を改善する努力は、更に英国外務省側と日本大使との間に続けられた。英国においては、外相が更迭してイーデンとなり、同氏が地中海戦争処理のため近東方面に長く出張していた間、日本大使は、屢々チャーチル首相と直接折衝して、遂には香港よりの密輸出の取締りも、ビルマ・ルートの雨期三ヶ月間の閉鎖も、英国において実行し、日支両国の和解を希望する英国の方針をも明らかにするに至った。日本が大局を顧念して、日支関係を軌道に上せ、英国、延いては米国との関係を改善し、我が対外政策を常道に復するの最後の好機会が与えられた訳である。

記者は、政府に対し繰り返し進言し警告した。

しかし、日本の実情は、今日から顧みれば、結局、参謀本部第二部長の英国武官に云った通り、実権は軍部の手にあって、政府は無力であった。英国側の差し延ばした手も、記者の努力とともに皆無駄であった。日本の情勢の唯ならぬことを感じて、ロンドンにおける記者の煩悶の月日が続いた。

軍部の米内内閣打倒工作

軍部は、バスに乗り遅れざらんがために、速かに独伊と結ぶことを決意し、一致の態度をもって米内内閣に迫った。米内内閣は、軍部の政策に反対する識者及び上層部の支持を得ていたことは事実であったが、軍部の横車に対しては、如何ともする能わざる状況であった。

軍の日独伊三国同盟交渉復活の要求が急であったのみならず、ナチ・ドイツに倣う一国一党の制度を確立するために、既成政党の解散を主張する声は高く、国内改造に対する軍の圧力は急迫した。米内内閣は、これら画期的問題の処理に当るには適当でない、と云う理由の下に、軍は遂に米内内閣に協力することを拒絶するに決した。武藤軍務局長は、暗躍し、畑陸相は辞表を提出し、その後任を推薦することを承諾しなかった。米内内閣は、ここにおいて総辞職することになった。

近衛公は、これより前に枢密院議長を辞職し、既成政党を解散して、自ら一大政党を樹立すべしとの決意を公表して、軍部の人気を一身に集めていた。

（下巻に続く）

資料

一　支那に関する九国条約

一九二二年・大正十一年二月六日華盛頓に於て署名調印

第一条　支那国以外の締約国は左の通約定す
(一)　支那の主権、独立並其の領土的及行政的保全を尊重すること
(二)　支那が自ら有力且安固なる政府を確立維持する為最完全にして且最障礙なき機会を之に供与すること
(三)　支那の領土を通して一切の国民の商業及工業に対する機会均等主義を有効に樹立維持する為各尽力すること
(四)　友好国の臣民又は人民の権利を減殺すべき特別の権利又は特権を求むる為支那に於ける情勢を利用することを及右友好国の安寧に害ある行動を是認することを差控うること

第二条　締約国は第一条に記載する原則に違背し又は之を害すべき如何なる条約、協定、取極又は了解をも相互の間に又は格別に若は協同して他の一国又は数国との間に締結せざるべきことを約定す

第三条　一切の国民の商業及工業に対し支那に於ける門戸開放又は機会均等の主義を一層有効に適用するの目的を以て支那国以外の締約国は左を要求せざるべく又各自国民の左を要求することを支持せざるべきことを約定す

（イ）支那の何れかの特定地域に於て商業上又は経済上の発展に関し自己の利益の為一般的優越権利を設定するに至ることあるべき取極

（ロ）支那に於て適法なる商業若は工業を営むの権利又は公共企業を其の種類の如何を問わず支那国政府若は地方官憲と共同経営するの権利を他国の国民より奪うが如き独占権又は優先権或は其の範囲、期間又は地理的限界の関係上機会均等主義の実際的適用を無効に帰せしむるものと認めらるるが如き独占権又は優先権

本条の前記規定は特定の商業上、工業上若は金融業上の企業の経営又は発明及研究の奨励に必要なるべき財産又は権利の取得を禁ずるものと解釈すべからざるものとす

支那国は本条約の当事国たると否とを問わず一切の外国の政府及国民よりの経済上の権利及特権に関する出願を処理するに付本条の前記規定に記載する主義に遵由すべきことを約す

第四条　締約国は各自国民相互間の協定にして支那領土の特定地方に於て勢力範囲を創設せむとし又は相互間の独占的機会を享有することを定めむとするものを支持せざることを約定す

第五条　支那国は支那に於ける全鉄道を通じ如何なる種類の不公平なる差別をも行い又は許容せざるべきことを約定す殊に旅客の国籍、其の出発国若は到達国、貨物の原産地若は所有

者、其の積出国若は仕向国又は前記の旅客若は貨物が支那鉄道に依り輸送せらるる前若は後に於て之を運搬する船舶其の他の輸送機関の国籍若は所有者の如何に依り料金又は便宜に付直接間接に何等の差別を設けざるべし

支那国以外の締約国は前記鉄道中自国又は自国民が特許条件、特殊協定其の他に基づき管理を為し得る地位に在るものに関し前項と同趣旨の義務を負担すべし

第六条　支那国以外の締約国は支那国の参加せざる戦争に於て支那国の中立国としての権利を完全に尊重することを約定し支那国は中立国たる場合に中立の義務を遵守することを声明す

第七条　締約国は其の何れかの一国が本条約の規定の適用問題を包含し且右適用問題の討議を為すを望ましと認むるときは何時にても関係締約国間に充分にして且隔意なき交渉を為すべきことを約定す

二　上海停戦協定

第一条　日本国及中国の当局は既に戦闘中止を命令したるに依り昭和七年五月五日より停戦が確定せらるること合意せらる双方の軍は其の統制の及ぶ限り一切の且有らゆる形式の敵対行為を上海周囲に於て停止すべし停戦に関し疑を生ずるときは右に関する事態は参加友好国

の代表者に依り確めらるべし

第二条　中国軍隊は本協定に依り取扱わるる地域に於ける正常状態の回復後に於て追て取極ある迄其の現駐地点に止まるべし前記地点は本協定第一附属書に掲記せらる

第三条　日本国軍隊は昭和七年一月二十八日の事件前に於けるが如く共同租界及虹口方面に於ける租界外拡張道路に撤収すべし尤も収容せらるべき日本国軍隊の数に鑑み若干は前記地域に隣接せる地方に当分の間駐屯せしめらるべきものとす前記地方は本協定第二附属書に掲記せらる

第四条　相互の撤収を認証する為参加友好国を代表する委員を含む共同委員会を設置すべし右委員会は又撤収日本国軍より交代中国警察への引継の取運に協力すべく右中国警察は日本国軍の撤収するとき直に引継を受くべし右委員会の構成及手続は本協定第三附属書の定むる通なるべし

第五条　本協定は其の署名の日より実施せらるべし

本協定は日本語、中国語及英吉利語を以て作成せらる意義に関する疑又は日本語、中国語及英吉利語の本文の間に意義の相違あるときは英吉利語の本文に拠るべし

昭和七年五月五日上海に於て之を作成す

陸軍中将　植田謙吉（署名）

特命全権公使　重光　葵（署名）

三　塘沽協定

一九三三年・昭和七年五月十一日

一、中国軍は速かに延慶、昌平、高麗営、順義、通州、香河、宝抵、林亭口、寧河、蘆台を連ねる線以西及以南の地区に撤退し以後同線を越えて前進せず又一切の挑戦攪乱行為を行うことなし
二、日本軍は第一項の実施情況を確認する為随時飛行機及其の他の方法に依り之を視察す中国側は之に対し保護及諸般の便宜を与うるものとす
三、日本軍は第一項に示す規定を中国軍が遵守せることを確認するに於ては再び該線を越えて追撃することなく且自主的に概ね長城の線に復帰す
四、長城線以南及第一項に示す線以北並に以東の地区内に於ける治安維持は中国側警察機関之に任ず
右の警察機関には日本側の感情を刺戟するが如き武力団体を用いざるものとす
五、本協定は調印と共に効力を発生するものとす

四　国際連盟脱退の詔書

一九三三年・昭和八年三月二十七日

朕惟うに曩に世界の平和克服して国際連盟の成立するや皇考之を懌ひて帝国の参加を命したまい朕亦遺緒を継承して苟も懈らす前後十有三年其の協力に終始せり

今次満洲国の新興に当り帝国は其の独立を尊重し健全なる発達を促すを以て東亜の禍根を除き世界の平和を保つの基なりと為す然るに不幸にして連盟の所見之と背馳するものあり朕乃ち政府をして慎重審議遂に連盟を離脱するの措置を採らしむるに至れり

然りと雖国際平和の確立は朕常に之を冀求して止ます是を以て平和各般の企図は向後亦協力して渝るなし今や連盟と手を分ち帝国の所信に是れ従うと雖固より東亜に偏して友邦の誼を疎かにするものにあらす愈信を国際に篤くし大義を宇内に顕揚するは夙夜朕か念とする所なり

方今列国は稀有の世変に際会し帝国亦非常の時難に遭遇す是れ正に挙国振張の秋なり爾臣民克く朕か意を体し文武互に其の職分に恪循し衆庶各其の業務に淬励し嚮う所正を履み行う所中を執り協戮邁往以て此の世局に処し進みて皇祖考の聖猷を翼成し普く人類の福祉に貢献せんことを期せよ

五　共産インターナショナルに対する協定

一九三六年・昭和十一年十二月二十五日署名調印

大日本帝国政府及び独逸国政府は
共産インターナショナル（所謂コミンテルン）の目的が其の執り得る有らゆる手段に依る現存国家の破壊及び暴圧に在ることを認め共産インターナショナルの諸国の国内関係に対する干渉を看過することは其の国内の安寧及び社会の福祉を危殆ならしむるのみならず世界平和全般を脅すものなることを確信し共産主義的破壊に対する防衛の為協力せんことを欲し左の通り協定せり
第一条　締約国は共産インターナショナルの活動に付相互に通報し必要なる防衛措置に付協議し且つ緊密なる協力に依り右の措置を達成することを約す
第二条　締約国は共産インターナショナルの破壊工作に依りて国内の安寧を脅さるる第三国に対し本協定の趣旨に依る防衛措置を執り又は本協定に参加せんことを共同に勧誘すべし
第三条　本協定は日本語及び独逸語の本文を以て正文とす本協定は署名の日より実施せらるべく且つ五年間効力を有す締約国は右期間満了前適当の時期に於て爾後に於ける両国協力の態様に付了解を遂ぐべし

共産「インターナショナル」に対する協定の秘密附属協定

大日本帝国政府及び独逸国政府は
ソヴィエト社会主義共和国連邦政府が共産インターナショナルの目的の実現に努力し且つ之がため其の軍を用いんとすることを認め
右事実は締約国の存立のみならず世界平和全般を最深刻に脅かすものなることを確信し
共通の利益を擁護するため左の通り協定せり

第一条　締約国の一方がソヴィエト社会主義共和国連邦より挑発に因らざる攻撃を受け又は挑発に因らざる攻撃の脅威を受くる場合には他の締約国はソヴィエト社会主義共和国連邦の地位に付負担を軽からしむるが如き効果を生ずる一切の措置を講ぜざることを約す
前項に掲ぐる場合の生じたるときは締約国は共通の利益擁護のため執るべき措置に付直に協議すべし

第二条　締約国は本協定の存続中相互の同意なくしてソヴィエト社会主義共和国連邦との間に本協定の精神と両立せざる一切の政治的条約を締結することなかるべし

第三条　本協定は日本語及び独逸語の本文をもって正文とす本協定は本日署名せられたる共産インターナショナルに対する協定と同時に実施せらるべく且つ之と同一の有効期間を有す

六　国策の基準

一九三六年・昭和十一年八月七日五相会議決定

一、国家経綸の基本は大義名分に即して内国礎を鞏固にし外国運の発展を遂げ帝国が名実共に東亜の安定勢力となりて東洋の平和を確保し世界人類の安寧福祉に貢献して茲に肇国の理想を顕現するにあり

帝国内外の情勢に鑑み当に帝国として確立すべき根本国策は外交国防相俟って東亜大陸に於ける帝国の地歩を確保すると共に南方海洋に進出発展するに在りて其の基準大綱は左記に拠る

一、東亜に於ける列強の覇道政策を排除し真個共存共栄主義により互に慶幅を頒たんとするは即ち皇道精神の具現にして我対外発展政策上常に一貫せしむべき指導精神なり

二、国家の安泰を期し其の発展を擁護し以て名実共に東亜の安定勢力たるべき帝国の地位を確保するに要する国防軍備を充実す

三、満洲国の健全なる発達と日満国防の安固を期し北方蘇国の脅威を除去すると共に英米に備え日満支三国の緊密なる提携を具現して我が経済的発展を策するを以て大陸に対する政策の基調とす而して之が遂行に当りては列国との友好関係に留意す

四、南方海洋殊に外南洋方面に対し我民族的経済的発展を策し努めて他国に対する刺戟を避けつつ漸進的和平的手段により我勢力の進出を計り以て満洲国の完成と相俟つて国力の充実強化を期す

二、右根本国策を枢軸として内外各般の政策を統一調整し現下の情勢に照応する庶政一新を期す要綱左の如し

一、国防軍備の整備は

イ、陸軍軍備は蘇国の極東に使用し得る兵力に対抗するを目途とし特に其在極東兵力に対し開戦初頭一撃を加え得る如く在満鮮兵力を充実す

ロ、海軍軍備は米国海軍に対し西太平洋の制海権を確保するに足る兵力を整備充実す

二、我外交方策は一に根本国策の円満なる遂行を本義として之を綜合刷新し軍部は外交機関の活動を有利且円満に進捗せしむる為内面的援助に勉め表面的工作を避く

三、政治行政機構の刷新改善及財政経済政策の確立其の他各般の施設運営をして右根本国策に適応せしむるが為左記事項に関しては適当の措置を講ず

イ、国内世論を指導統一し非常時局打開に関する国民の覚悟を鞏固ならしむ

ロ、国策の遂行上必要なる産業並に重要なる貿易の振興を期する為行政機構並に経済組織に適切なる改善を加う

ハ、国民生活の安定、国民体力の増強、国民思想の健全化に就き適切なる措置を講ず

ニ、航空並に海運事業躍進の為適当なる方策を講ず

ホ、国防及産業に要する重要なる資源並に原料に対する自給自足方策の確立を促進す
へ、外交機関の刷新と共に情報宣伝組織を充備し外交機能並に対外文化発揚を活発にす

七　北支処理要綱（第二次）

一九三六年・昭和十一年八月十一日

一、北支処理の主眼は北支民衆を主眼とする分治政治の完成を援助し該地域に確固たる防共親日満の地帯を建設せしめ併せて国防資源の獲得並に交通施設の拡充に資し以て一は蘇国の侵寇に備え一は日満支三国提携共助実現の基礎たらしむるに在り
二、右目的達成の為には該地政権に対する内面指導に依ると共に之と併行し南京政権をして北支の特殊性を確認し北支の分治を牽制するが如き施措をなさず進むで北支政権に対し特殊且包括的なる自治の権限を賦与せしむる様施策するものとす

要　綱

一　自治政府の内容　分治の内容は前記方針に基づき北支政権をして財政産業交通等諸般の事項に付実質上の権限を行使せしめ北支民衆の安居楽業並に日満支三国の提携共助を目的とする政治上及経済上各般の施措に関し南京政権其の他の排日的工作により影響を受けざるが

如き状態に在らしむるを以て目途とす。特に該地域に於ける支那領土権を否認し又は南京政権より離脱せる独立国家を育成し或は満洲国の延長を具現するを以て帝国の目的たるが如く解せらるる行動は厳に之を避くるを要す

二　自治政府の範囲　分治の地域は窮極に於て北支五省を目途とす。徒に地域の拡大に焦慮するは却って我方所期の目的を達する所以に非ざるを以て先ず冀察二省の明朗化（経済の開発及民心の安定）と分治の完成とに主力を傾倒す。尚爾他三省に対しては第五項に基づき施策するものとす

三　冀察政権の指導　冀察政権の指導に当りては最も公明なる態度を以て臨み該政権の機構を改善し其の人的浄化刷新を計ると共に特に財政経済軍事等百般の事統て軍閥的秕政を清算して明朗なる地域を構成し民心の把握に努めしむるを要す

右内面指導と共に南京政権に対する工作に依り同政権をして帝国の対北支政策に協力せしむる如く施策する等南京政権利用策をも併用し両々相俟って成果の向上に努むるを要す

四　冀東自治政府の指導　冀東自治政府の指導に当りては特に其の内政の向上に努めしめ同政権をして冀察政権に対する範たらしむるに着意するを要す

同時に冀東自治政府は結局単独に存立し得ざるものなる点をも考慮に容れ北支五省分治結成の障害となるが如き施策は之をなさざるを要す

冀察政権の分治機能信頼するに足るに至らば冀東地域は之を冀察政権下の特別区として同政権に合流せしむるものとす

五　山東、山西及綏遠諸自治政権の指導　山東に対し強て此を冀察側に合流せしむるが如き工作を行うは却て其の対日依存を困難ならしめ延て其の存在をも危くするの惧多きを以て之を慎み防共親日及日満支経済提携を主眼とする諸般の工作に依り帝国との連帯関係を一層密接ならしむ

山西及綏遠に関しては右に準ず。而して此等両政権に対する指導は内蒙工作との調和を必要とすること勿論なるも同時に対支政策の円満なる遂行に留意し該省政権を駆逐し又之を内蒙政権に隷属せしむるが如き施策は之を行わざるものとす

六　北支経済開発は民間資本の自由進出を本旨とする我方権益の伸暢に依り日支人の一致せる経済的利益を基盤とする日支不可分の事態を構成し平戦両時に於ける北支の親日態度保持に資せしむるを以て目的とす。特に国防上必要なる軍需資源（鉄、石炭、塩等）の開発並に之に関連する交通電力等の施設は要すれば我方資本に依り速に之が実現を図るものとす

尚経済開発に当りては第三国をして我特殊地位並に権益を尊重せしむると共に第三国の既得権益は之を尊重し要すれば此等諸国の施設と合同経営し又は其の資本材料等をも利用する等特に英米との提携共助に留意するものとす

八　昭和十三年一月十六日の政府声明

帝国政府は南京攻略後尚お支那国民政府の反省に最後の機会を与うるため今日に及べり。然るに国民政府は帝国の真意を解せず、漫りに抗戦を策し、内民人塗炭の苦みを察せず外東亜全局の和平を顧みる所なし。仍て帝国政府は爾後国民政府を対手とせず、帝国と真に提携するに足る新興支那政権の成立発展を期待し、是と両国国交を調整して更生新支那の建設に協力せんとす。元より帝国が支那の領土及主権並に在支列国の権益を尊重するの方針には毫もかわる所なし。

今や東亜和平に対する帝国の責任愈々重し。政府は国民が此の重大なる任務遂行のため一層の発奮を冀望して止まず。

九　昭和十三年十一月三日の政府声明

今や、陛下の御稜威に依り帝国陸海軍は、克く広東、武漢三鎮を攻略して、支那の要域を戡定したり。国民政府は既に地方の一政権に過ぎず。然れども、尚お同政府にして抗日容共政策を固執する限り、これが潰滅を見るまで、帝国は断じて矛を収むることなし。

帝国の冀求する所は、東亜永遠の安定を確保すべき新秩序の建設に在り。今次征戦究極の目的亦此に存す。

この新秩序の建設は日満支三国相携え、政治、経済、文化等各般に亘り互助連環の関係を樹立するを以て根幹とし、東亜に於ける国際正義の確立、共同防共の達成、新文化の創造、経済結合の実現を期するにあり。是れ実に東亜を安定し、世界の進運に寄与する所以なり。

帝国が支那に望む所は、この東亜新秩序建設の任務を分担せんことに在り。帝国は支那国民が能く我が真意を理解し、以て帝国の協力に応えむことを期待す。固より国民政府と雖も従来の指導政策を一擲し、その人的構成を改替して更生の実を挙げ、新秩序の建設に来り参ずるに於ては敢て之を拒否するものにあらず。

帝国は列国も亦帝国の意図を正確に認識し、東亜の新情勢に適応すべきを信じて疑わず。就中、盟朋諸国従来の厚誼に対しては深くこれを多とするものなり。

惟うに東亜に於ける新秩序の建設は、我が肇国の精神に淵源し、これを完成するは、現代日本国民に課せられたる光栄ある責務なり。帝国は必要なる国内諸般の改新を断行して、愈々国家総力の拡充を図り万難を排して斯業の達成に邁進せざるべからず。

茲に政府は帝国不動の方針と決意とを声明す。

『昭和の動乱』上　一九五二年三月　中央公論社刊

中公文庫

昭《しょう》和《わ》の動乱《どうらん》（上《じょう》）

2001年10月25日　初版発行
2018年３月25日　５刷発行

著　者　重《しげ》　光《みつ》　葵《まもる》

発行者　大橋　善光

発行所　中央公論新社
〒100-8152　東京都千代田区大手町1-7-1
電話　販売 03-5299-1730　編集 03-5299-1890
URL http://www.chuko.co.jp/

印　刷　三晃印刷
製　本　小泉製本

Published by CHUOKORON-SHINSHA, INC.
Printed in Japan　ISBN4-12-203918-5 C1120

中公文庫既刊より

し-45-3
昭和の動乱（下）
重光　葵
重光葵元外相は巣鴨に於いて新たに取材をし、この記録を書いた。下巻は終戦工作からポツダム宣言受諾、降伏文書調印に至るまでを描く。〈解説〉牛村　圭
203919-3

い-61-2
最終戦争論
石原　莞爾
戦争術発達の極点に絶対平和が到来する。戦史研究と日蓮信仰を背景にした石原莞爾の特異な予見は、日本を満州事変へと駆り立てた。〈解説〉松本健一
203898-1

と-28-1
夢声戦争日記 抄　敗戦の記
徳川　夢声
活動写真弁士を皮切りに漫談家、俳優としてテレビ・ラジオで活躍したマルチ人間、徳川夢声が太平洋戦争中に綴った貴重な日録。〈解説〉水木しげる
203921-6

き-13-2
秘録　東京裁判
清瀬　一郎
弁護団の中心人物であった著者が、文明の名のもとに行われた戦争裁判の実態を活写する迫真のドキュメント。ポツダム宣言と玉音放送の全文を収録。
204062-5

ほ-2-5
細川日記（上）
細川　護貞
戦争の只中、著者は天皇に国情の実際を報せるよう命を受ける。重臣間の確執、クーデター計画そして小磯内閣成立。生々しい迫力をもった詳細な日記。
204072-4

ほ-2-6
細川日記（下）
細川　護貞
戦争終結につき苦悩する指導者たち、敗戦と近衛文麿の自殺、ゆれにゆれる日本の中枢。その動きを余すところなく伝える貴重な記録。〈解説〉高橋哲哉
204073-1

い-108-1
昭和16年夏の敗戦
猪瀬　直樹
開戦直前の夏、若手エリートで構成された模擬内閣が出した結論は〈日本必敗〉だった。だが……。知られざる秘話から日本の意思決定のあり様を探る。
205330-4

各書目の下段の数字はＩＳＢＮコードです。978－4－12が省略してあります。

い-108-4
天皇の影法師
猪瀬 直樹
天皇崩御そして代替わり。その時何が起こるのか。天皇という日本独自のシステムを〈元号〉を突破口に徹底取材。著者の処女作、待望の復刊。〈解説〉網野善彦
205631-2

と-32-1
最後の帝国海軍 軍令部総長の証言
豊田 副《そえ》武《む》
山本五十六戦死後に連合艦隊司令長官をつとめ、最後の軍令部総長として沖縄作戦を命令した海軍大将が残した手記、67年ぶりの復刊。〈解説〉戸高一成
206436-2

ク-6-1
戦争論（上）
クラウゼヴィッツ
清水多吉 訳
プロイセンの名参謀としてナポレオンを撃破した比類なき戦略家クラウゼヴィッツ。その思想の精華たる本書は、戦略・組織論の永遠のバイブルである。
203939-1

ク-6-2
戦争論（下）
クラウゼヴィッツ
清水多吉 訳
フリードリッヒ大王とナポレオンという二人の名将の戦史研究から戦争の本質を解明し体系的な理論化をなしとげた近代戦略思想の聖典。〈解説〉是本信義
203954-4

シ-10-1
戦争概論
ジョミニ
佐藤徳太郎 訳
19世紀を代表する戦略家として、クラウゼヴィッツと並び称されるフランスのジョミニ。ナポレオンに絶賛された名参謀による軍事戦略論のエッセンス。
203955-1

い-61-3
戦争史大観
石原 莞爾
使命感過多なナショナリストの魂と冷徹なリアリストの眼をもつ石原莞爾。真骨頂を示す軍事学論・戦争史観・思索史的自叙伝を収録。〈解説〉佐高 信
204013-7

い-13-5
生きている兵隊（伏字復元版）
石川 達三
戦時の兵士のすがたと心理を生々しく描き、そのリアリティ故に伏字とされ発表された、戦争文学の傑作。伏字部分に傍線をつけた、完全復刻版。
203457-0

お-2-2
レイテ戦記（上）
大岡 昇平
太平洋戦争の天王山・レイテ島での死闘を再現し戦争と人間を鋭く追求した戦記文学の金字塔。本巻では「一 第十六師団」から「十三 リモン峠」までを収録。
200132-9

各書目の下段の数字はISBNコードです。978－4－12が省略してあります。

お-2-3
レイテ戦記（中）
大岡昇平
レイテ島での日米両軍の死闘を、厖大な資料を駆使し精細に活写した戦記文学の金字塔。本巻では「十四軍旗」より「二十五　第六十八旅団」までを収録。
200141-1

お-2-4
レイテ戦記（下）
大岡昇平
レイテ島での死闘を巨視的に活写し、戦争と人間の問題を鎮魂の祈りをこめて描いた戦記文学の金字塔。地名・人名・部隊名索引付。〈解説〉菅野昭正
200152-7

こ-8-1
太平洋戦争（上）
児島襄
二五〇万人が命を失って敗れた太平洋戦争とは何であったのか？　旧戦場を隈なく訪ね渉猟した内外資料を突き合せて戦争の赤裸々な姿を再現する。
200104-6

こ-8-2
太平洋戦争（下）
児島襄
米軍の反攻が本格化し日本軍の退勢が明らかになる昭和十八年以降を描く。軍上層部は何を企図していたのか。毎日出版文化賞受賞。〈解説〉佐伯彰一
200117-6

と-18-1
失敗の本質　日本軍の組織論的研究
戸部良一／寺本義也／鎌田伸一／杉之尾孝生／村井友秀／野中郁次郎
大東亜戦争での諸作戦の失敗を、組織としての日本軍の失敗ととらえ直し、これを現代の組織一般にとっての教訓とした戦史の初めての社会科学的分析。
201833-4

き-46-1
組織の不条理　日本軍の失敗に学ぶ
菊澤研宗
個人は優秀なのに、組織としてはなぜ不条理な事をやってしまうのか？　日本軍の戦略を新たな経済学理論で分析、現代日本にも見られる病理を追究する。
206391-4

キ-6-1
戦略の歴史（上）
ジョン・キーガン
遠藤利國訳
先史時代から現代まで、人類の戦争における武器と戦術の変遷と、戦闘集団が所属する文化との相関関係を分析。異色の軍事史家による戦争の世界史。
206082-1

キ-6-2
戦略の歴史（下）
ジョン・キーガン
遠藤利國訳
石・肉・鉄・火という文明の主要な構成要件別に「兵器と戦術」の変遷を詳述。戦争の制約・要塞・軍団・兵站などについても分析した画期的な文明と戦争論。
206083-8